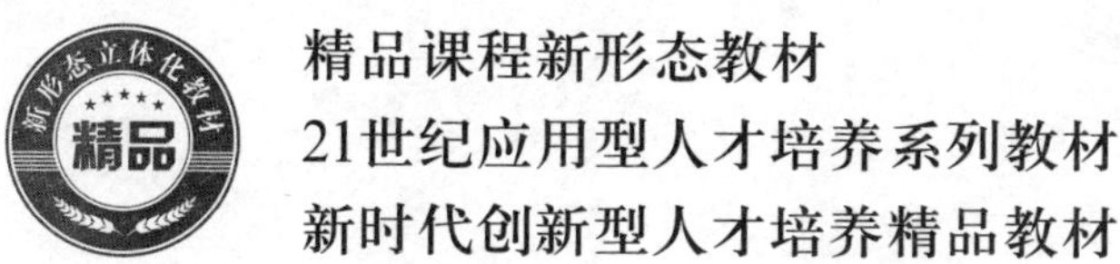

精品课程新形态教材
21世纪应用型人才培养系列教材
新时代创新型人才培养精品教材

跨境电商运营实务

李 悦 主编
王 松 陈丽金 副主编
吴雨桐 李 喆

中国商业出版社

图书在版编目(CIP)数据

跨境电商运营实务 / 李悦主编 . -- 北京 : 中国商业出版社, 2025. 3. -- ISBN 978-7-5208-3344-8

Ⅰ. F713. 365. 1

中国国家版本馆 CIP 数据核字第 2025WZ5219 号

责任编辑：石广华

策划编辑：张　盈

中国商业出版社出版发行

（www. zgsycb. com 100053　北京广安门内报国寺 1 号）

总编室：010-63180647　编辑室：010-63033100

发行部：010-83120835/8286

新华书店经销

涿州汇美亿浓印刷有限公司印刷

* * * * *

787 毫米×1092 毫米　16 开　19 印张　423 千字

2025 年 3 月第 1 版　2025 年 3 月第 1 次印刷

定价：49.00 元

* * * *

（如有印装质量问题可更换）

前 言

跨境电子商务（以下简称跨境电商）是传统国际贸易与电子商务相结合发展形成的一种新型贸易方式。跨境电子商务不仅成为国民经济发展的又一增长点，还促进了经济转型升级，提升了国际竞争力。

在跨境电商的快速发展中，我们秉承党的二十大精神，坚持创新驱动发展战略，推动形成全面开放新格局，以培养具有国际视野和实战能力的跨境电商人才为目标，精心编纂本教材。

伴随着跨境电商行业的持续发展，企业对电商人才需求标准也不断提高。作为典型的交叉学科，跨境电商要求从业人员不仅要有扎实的国际贸易、电子商务相关的理论知识，还需具备较强的平台操作及运营能力。此外，该行业具有先天创业优势，吸引了大量高校学生、自由职业人员涌入，开启自己的创业之路。这些都加剧了高校培养跨境电商应用型人才的紧迫性，要求高校应注重学生实践能力的培养。基于上述市场需求及人才培养目标，本书在编写过程中以工作流程为主线，与实际工作岗位标准相吻合，力求做到任务驱动、理实一体化，“教、学、做、创业”贯穿始终，强调在真实的跨境电商平台进行实操和职业能力的培养。同时，在教材编写的过程中，有效加入课程思政元素充分发挥课程德育功能，运用德育学科思维，提炼跨境电商课程中蕴含的文化基因和价值范式，并将社会主义核心价值观转化为具体、生动的教学案例，在“润物细无声”的知识传播中进行理想信念层面的精神引导，使本教材更具有“温度”和“厚度”。全书体现了理论知识与职业能力培养的融合，跨境电商与思政元素的结合，实现全面育人教育理念，为培养服务于社会的跨境电商人才提供理论和技术支持。

本书依托校企合作的方式，调研、收集了企业对跨境电商从业人员需求标准、企业实战案例，以当前较为成熟的跨境电商平台（亚马逊、全球速卖通、敦煌网等）为实操对象进行编写，语言通俗易懂，内容图文并茂，系统、详细地介绍了跨境电商平台运营的相关知识及实战技巧，并附有完善的教学课件及其他辅助资料。

本书共分为十二章，教学内容、课程思政融入点及推荐学时如下表所示。

序号	教学内容	课程思政融入点	学时
一	跨境电子商务概述	介绍我国跨境产品出口全球的良好势头，将我国跨境电商发展水平的介绍和历程与国家倡议相结合，引导学生深入思考国家、社会、个人发展的道路。加强爱国主义教育，培养学生民族自豪感	3

续表

序号	教学内容	课程思政融入点	学时
二	跨境电商平台简介	通过介绍全球跨境电商发展历程、各平台特点，让学生了解中国在世界市场上所处的地位，树立大国自信，培养家国情怀	3
三	跨境电商选品与定价	介绍核心技术和品牌发展构建竞争优势，引导学生树立科学发展观	6
四	跨境平台商品发布与文案策划	掌握商品发布规则和技巧，遵守平台规则，坚持诚实守信的职业素质	6
五	跨境电商物流	通过灰色通关的概念及其危害性介绍，了解灰色通关的弊端，树立合法合理通关意识	4
六	跨境电商营销	通过跨境电商市场调研及营销方式工具的应用介绍，让学生了解在具体工作中发挥勇于创新、精益求精、实事求是的职业精神	4
七	跨境电商数据分析	引入辩证唯物主义实践论的基本观点，用于实践、发现事物的内在联系，抓住事物现象的本质，掌握科学分析问题解决问题的辩证方法	4
八	跨境电商的视觉美工	通过实践环节培养学生认真、严谨、细致、一丝不苟的工作作风，引导学生遵守职业道德，弘扬工匠精神	4
九	跨境电商交易管理	通过跨境店铺运营，要求学生踏实肯干，团队合作，培养学生诚实守信的品质；将创新创业的观念嵌入跨境电商平台运营讲授，鼓励学生尝试创业，培养创新意识	3
十	跨境电商客服	通过对跨境电商客户关系管理介绍，树立爱岗敬业职业操守和诚实守信的良好职业道德	5
十一	跨境电商支付	通过资金结算的风险及其控制介绍，让学生了解资金结算风险，树立资金安全意识	3
十二	进口跨境电商	介绍我国进口跨境电商的发展，体现国民消费水平提高，凸显我国在当今全球经济地位，提升学生民族自豪感	3
合计		48	

在本书编写过程中，难免会有错误和遗漏，恳请广大读者予以指正，以便将来进一步修订和完善。

编 者

目录
CONTENTS

目录 | CONTENTS

目录 | CONTENTS

目录 | CONTENTS

第一章

跨境电子商务概述

学习目标

（1）掌握跨境电子商务的概念及特点。

（2）了解跨境电子商务的发展状况。

（3）掌握跨境电子商务的分类。

（4）了解跨境电子商务需要的人才需求特征及其应具备的能力。

素质目标

了解我国跨境电商发展水平，加强爱国主义教育，培养学生民族自豪感。

案例导入

敦煌网集团“黑五网一”创新玩法，掀起购物狂潮，优势全面升级！

全球的购物狂欢节即将再次来临，敦煌网集团作为领先的跨境电商平台，已经准备好了今年最大的促销活动——黑五网一。基于对行业趋势的精准预判，敦煌网集团在2023年投入全年最高力度的资源，并采用全新的AI营销策略，以实现平台交易额的大幅增长。

为了实现这一目标，敦煌网集团在智能科技方面进行了持续的投入和优化。经过不断的研究和打磨，“AI权益+选品投放”的转化效率不断提升，为卖家提供了更精准、更有效的推广手段。同时，敦煌网集团还对平台进行了全方位的升级，不仅优化了用户体验，还加强了平台的安全性和稳定性，确保用户在购物过程中能够享受到最好的服务。

敦煌网于2004年创立，致力于帮助中国中小企业通过跨境电子商务平台走向全球市场，开辟一条全新的国际贸易通道，让在线交易变得更加简单、安全、高效。敦煌网是国内最早一批出海的服务商，是专业的全球中小零售商一站式贸易和服务平台，专注于B2B模式19年，拥有254万家供应商，年均在线产品数量超过3400万个，累计注册超过5960万个买家，覆盖全球225个国家及地区。同时，敦煌网物流体系十分成熟，拥有110条物流线路和十多个海外仓。

敦煌网的优势主要体现在四个方面，分别是品牌优势、技术优势、运营优势、用户优势。在平台功能上，敦煌网作为一个跨境电商平台，面向有跨境交易需求的客户，在为客户提供业务帮助的时候，了解到客户存在的实际问题，比如诚信、税务、物流等方面的问题。敦煌网通过不断完善自身的业务体系满足客户的需求，目前，敦煌网主要有在线交易、数字贸易中心、诚信安全体系、出口退税、卖家增值服务、国际培训CBET、海外物流专线等功能。

在业务布局上，敦煌网以平台交易为核心，整合并升级产业链上的支付、物流、金融等供应链服务，并在国内、国外市场实现有效下沉和业务拓展。敦煌网开创了DHgate小额B2B交易平台，打造了外贸交易服务一体化平台DHport，为优质企业提供了直接对接海外市场需求的通路。敦煌网率先为传统贸易线上化提供从金融、物流、支付、信保到关、检、税、汇等领域的一站式综合服务。

在卖家端：敦煌网升级供应商结构，让拥有更优质的产品与服务的企业脱颖而出，并为产业集群优质商户提供更丰富的服务，实现交易和服务的融合。

在买家端：敦煌网在“一带一路”沿线和重点商贸区域，通过跨境贸易精准营销，整合互联网上的海量用户，带来业务量的持续增长。

敦煌网的大数据中心将全程为敦煌网的全球布局提供信息的有效获取、追踪、分析、处理与应用服务，为敦煌网更加高效的市场拓展、买家获取、用户服务、客户关系管理、供应商升级提供决策支持。

（资料来源：https：//www. sohu. com/a/256874885_ 100434）

案例思考：

（1）敦煌网属于哪种跨境电商模式？

（2）类似敦煌网的跨境电商平台是如何推动中小企业发展海外业务的？与传统贸易相比，跨境电商的优势、劣势体现在哪里？

（3）国家实施“一带一路”倡议的重要意义。

第一节　跨境电商的概念及特点

传统国际贸易一直受市场需求、劳动力成本、资源等多方面因素影响，综合成本的不断攀升使得国际贸易成为以大宗型货物为主的贸易方式，阻断了很多中小微卖家开拓海外市场，扩大产品销路的可能性。伴随着互联网技术的发展，跨境电子商务进入人们的视野，不仅有效降低了传统外贸的综合成本，更为中小微企业进入国际市场、提升本土品牌国际知名度提供了良机。

一、跨境电子商务的概念

跨境电子商务（cross-border electronic commerce）简称跨境电商，是指通过电子商务平台使处于不同关境的交易主体进行信息交流、商品交易、结算，并借助跨境物流完成商品送达的一种国际商务活动。

与传统国际贸易相比，跨境电子商务在交易形式、物流、结算方式等方面都存在较大差异。一方面，跨境电商实现贸易的无纸化、数字化、网络化，包括支付环节在内，都可以借由网络完成。同时，交易合同、运输单据等传统的纸质票据都是以电子文件形式存在的。可见，跨境电商是一种包括在线数据传输、电子交易、电子支付、电子货运单据等多环节的国际贸易新形式。另一方面，跨境电商缩短了传统国际贸易的交易环节，基于互联网传递信息的便捷、快速以及范围广，卖方可以直接与不同国家的消费者进行联络沟通，减少在传统贸易中的某些流通环节，将更多的利润给予消费者，这也是跨境电商最大优势所在，如图 1-1 所示。

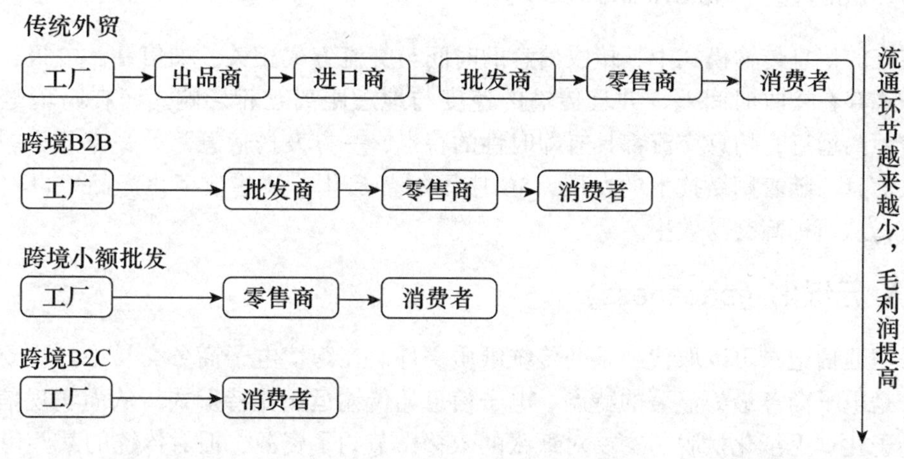

图 1-1　国际贸易发展

二、跨境电子商务的特点

（一）全球性（global）

互联网具有全球性和非中心化特征，跨境电商以互联网为基础也具备全球性及非中心化特点。区别于传统贸易受制于地理因素，跨境电子商务是一种无边界贸易，网络用户考虑更多的是产品属性及附加值，地域国界不再是阻碍贸易发生的主要因素。网络全球性积极的方面是信息共享，消极影响则是用户需面对更多因政治、文化、法律法规的不同而带来的风险。

（二）无形性（intangible）

数字化产品和服务在互联网时代得以盛行，借助不同类型的媒介（如数据、图像、声音）在网络环境下完成数字化传输，这些媒介是以计算机数据代码形式存在的，因而是无形的。跨境电子商务是一种特殊形式的数字化传输活动，不同于传统交易以实物交易为主，无形产品可以取代实物在跨境电商交易中发生。例如对于电子图书，消费者只需购买该书籍网上数据权即可获得书中的信息和知识。

（三）可追踪性（traceable）

跨境电商的整个交易过程（议价、下单、支付、物流等环节）都会留有记录，消费者可以随时查询购买记录，实时追踪交易产品的发货及物流信息。同时也有利于货物的报关报检工作效率的提高。例如，对于进口商品，我国建立了保税区试点，区内商品被纳入海关监管范围，商检部门对进口商品进行检验，从而建立对跨境电商企业源头可追溯、过程可控制、流向可追踪的闭环监管体系。

（四）即时性（instantaneously）

在传统的信息传输模式中，接收信息的时间与交流方式相关，如信件、电报、传真等不同的方式存在接收时间差，并且传输的速度与地理距离互相影响。而在跨境电子商务中，无论距离远近，信息交流都具有即时性的特点，一方发送信息，另一方几乎同一时间就可接收信息。随着网络技术的发展，5G 应用的普及化，某些数字化产品可以瞬间完成在线交易，从而提高交易效率。

（五）无纸化（paperless）

互联网通信记录可以取代一系列传统纸质文件。在跨境电子商务交易中，主要采取无纸化操作是电子商务最为显著的特点。电子信息的传输运用比特形式，从而实现信息发送和接收电子化。无纸化摆脱了交易对纸张的依赖，节约了资源，但对传统的某些以“有纸交易”为依据的法律法规是一个很大的挑战。

（六）快速演进（rapidly evolving）

互联网是一个新生事物，以迅猛的发展速度向前演进，网络设施和软件协议都具有很大的不确定性。在此基础上建立起来的跨境电子商务也同样处于瞬息万变中，不仅在技术、交易方式、商品种类上由原来的电子数据交换（electronic data interchange，EDI）转变为现在的电子商务零售，由最初单一电子化产品和服务为主扩展到现在几乎涵盖所有的产品大类。同时，政府制定的电商政策也具有较大的不确定性，传统的贸易政策是针对传统贸易制定的，在跨境电商交易中必然显现出不适应性，也带来了前所未有的冲击和挑战。

第二节　跨境电商的参与主体及进、出口流程

一、跨境电商的参与主体

（一）传统外贸企业

传统外贸企业从事国际贸易多年，具有较丰富的对外贸易经验及资源，随着跨境电商的盛行，越来越多的企业涉足线上经营并将其作为今后发展的重点，规模化、专业化成为网上业务的发展特点。传统外贸企业是跨境电商最为庞大的参与主体，代表企业有兰亭集势、唯品会等。

（二）电子商务企业

电子商务企业拥有巨大的资源优势，整合跨境电子商务各个业务环节，将平台延伸到国外市场，完成国内电商到跨境电商的转型升级，代表企业有阿里巴巴国际站、全球速卖通和京东全球购等。

（三）物流货代企业

国际物流货代企业一直服务于进出口贸易，涉及国际贸易中运输、仓储、报关报检等业务领域，跨境电子商务与一般国际贸易大体共用一套物流体系，因此，此类物流企业自然把业务范围拓展到跨境电商行业中，成为主要参与者，代表企业有顺丰速运、中外运敦豪（DHL-Sinotrans，DHL）等。

（四）金融企业

国际支付和结算一直以来是跨境电子商务交易的关键和难点，金融企业成为跨境电商的重要环节，很多银行迫于客户的需求，被动地进入跨境电商行业，开展跨境电商业务。但有一些第三方支付平台看准其中的商机，主动开展与跨境电商相匹配的金融服务，在海外平台开通支付端口，代表企业有支付宝。

二、跨境电商的进出口流程

对于一个国家或地区而言，跨境电商业务按照商品的进、出口方向可分为跨境电商进口和出口业务。下面以跨境电商进口与出口为例，介绍跨境电子商务具体业务流程。

从跨境电商进口流程来看，跨境电商企业需将企业信息、商品信息进行事前备案，商品即可通过平台在线展示。当国内买家支付下单后，跨境电商企业将订单信息发送到服务平台申报，同时跨境物流企业将预订的舱单信息发送至服务平台进行申报。当服务平台收到舱单信息后，自动生成商品清单供有报关报检资质的企业进行申报。清单经审核无异议，

则进入配送环节，最终送达买家（企业或个人）手中。一些第三方综合服务平台会提供物流、清关等一系列业务环节，跨境电商企业可直接与其合作，完成整个交易过程，以提高效率。跨境电商出口流程与跨境电商进口流程的方向相反，其他内容基本一致。跨境电商业务进、出口流程如图 1–2、图 1–3 所示。

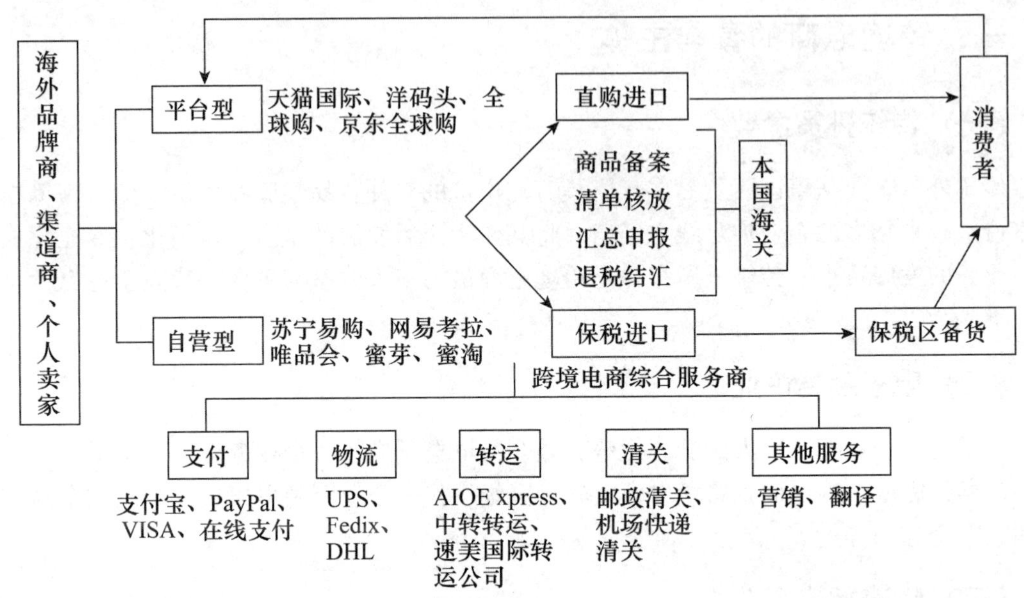

图 1–2　跨境电商进口流程

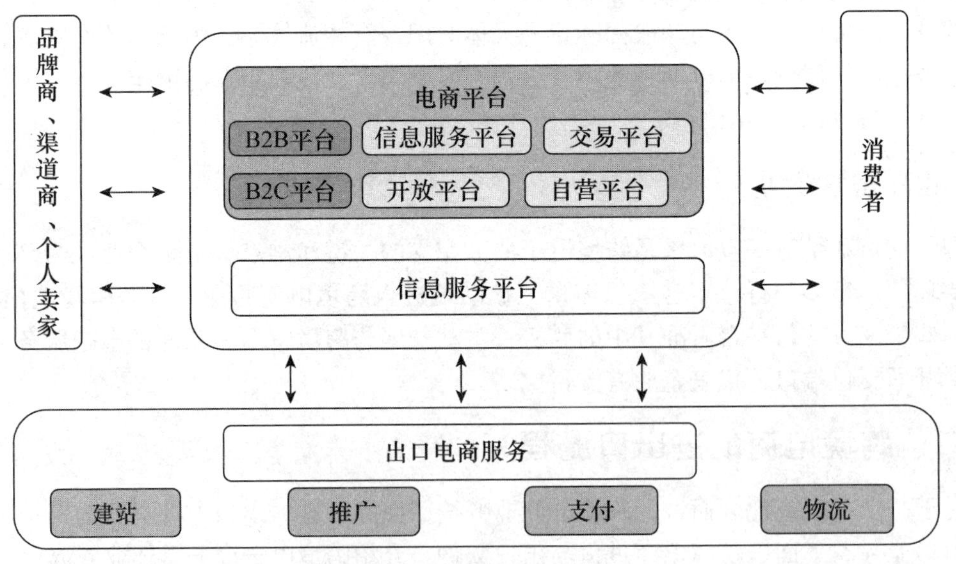

图 1–3　跨境电商出口流程

第三节　我国跨境电商的发展

一、我国跨境电商的发展现状

（一）影响我国跨境电商发展的因素

1. 税收

跨境电商的开展必然经过海关征收关税环节。根据《中华人民共和国进出口关税条例》第二条，中华人民共和国准许进出口的货物和进境物品，除法律、行政法规另有规定外，海关依照条例规定征收进出口关税。这意味着跨境电商的商品在进出口时，通常需要按照相关规定缴纳关税。跨境电商进口商品税收存在两个问题：一是税收监管难度大。跨境电商涉及网络、物流、海关等多个环节，而各环节间信息不能实时共享。一些跨境 B2C、C2C 采用邮政小包、快递的商品运输方式，逃避海关检查及缴纳关税，进一步加大了关税征收的难度。二是国内消费者通过跨境电商平台购买境外商品，除行邮税外无须支付其他税款，也导致国家税收损失及影响国内企业竞争的公平性，从而使得资本外流对我国经济发展造成负面影响。

根据《关于完善跨境电子商务零售进口税收政策的通知》（财关税〔2018〕49 号）提出，将跨境电子商务零售进口商品的单次交易限值由人民币 2 000 元提高至 5 000 元，年度交易限值由人民币 20 000 元提高至 26 000 元。在限值以内进口的跨境电子商务零售进口商品，关税税率暂设为 0%；进口环节增值税、消费税取消免征税额，暂按法定应纳税额的 70% 征收。这一政策调整旨在促进跨境电子商务零售进口行业的健康发展，为消费者提供更加便捷、实惠的购物体验，同时也为跨境电商企业提供更加清晰、规范的税收指导。

2. 支付

跨境支付是跨境电子商务的重要环节，无论是从国外购买商品还是将商品销往境外，都涉及支付问题。支付不仅受汇率、政策、税费等因素影响，还涉及不同币种的兑换、能否通用、货币间汇率波动等问题。常用的跨境支付方式有信用卡、预付卡、网络银行、电子钱包、各种移动支付工具等。不同国家对支付方式的偏好有较大的差异，如欧美偏爱 PayPal，我国常用支付宝、微信支付，俄罗斯则喜欢用 Yandex、Money、Qiwi Wallet 等。跨境电子商务的迅速发展，要求跨境支付与其相匹配，然而从目前跨境支付的发展来看远没有满足需求。我国跨境支付市场基本被支付清算的国家卡组织垄断，国内跨境支付机构所占市场份额有限。2013 年，政府出台相关政策，支付宝、财付通等成为第一批获得跨境支付试点资格的支付平台，目前处于领先地位。

3. 物流

作为现代化综合产业，物流不仅指运输，还包含仓储、配送、货代等业务。跨境电商物流涉及众多环节的同时，还具有海外订单零散、小批量、多批次的特点，增加了其复杂性和难度。运输周期、安全性、成本等问题一直影响国际物流的发展，使得跨境运输相比国内物流的时效性大打折扣。我国物流产业伴随电子商务的热潮有显著的发展，部分物流公司已将业务拓展到跨境物流领域，但整体水平因起步较晚、配套设施不完善、管理水平不高等因素限制仍然处于发展期，物流成本在中小微企业经营成本中的比例居高不下。

（二）跨境电子商务发展的历程

跨境电商始于国际贸易，早期国际贸易基本属于线下交易。随着互联网的民用化，各种电子商务网站及网络公司开始出现。我国的对外贸易经历了以下三个阶段而逐步向跨境电商产业转型。

第一阶段（1999—2003）是以网上信息传递、线下交易为主要商业模式的信息服务型。第三方平台是以提供企业间信息交流渠道和产品展示为主要功能存在的，并不涉及线上交易环节。其盈利模式主要是收取企业会员费用及相关信息的增值服务。阿里巴巴国际站、环球资源网是主要的代表平台。

第二阶段（2004—2012）是逐步实现在线交易，摆脱纯信息交换，使支付、物流等环节电子化的过程。与第一阶段相比，第二阶段更体现出电子商务的特质。借助电子商务平台，中小企业实现供应链的进一步缩短，提升了产品利润空间。第三方平台盈利模式也实现多元化，由原来收取以“会员费”为主转变为收取“交易佣金”，同时网络营销、支付服务、物流服务等也为平台带来增值收益。

第三阶段（2013 年至今）是全产业链都出现了跨境电商商业模式的转化，具有大型制造工厂上线、大中额订单占比攀升、大型服务商的加入、B 类买家比例提升及移动端电商迅速发展五大特征。生产模式由大批量刚性向小批量、多批次的柔性高效生产转变，这对产业链运营、配套服务、代运营都提出了较高的需求。

图 1-4 所示为我国跨境电商经历的三个阶段。

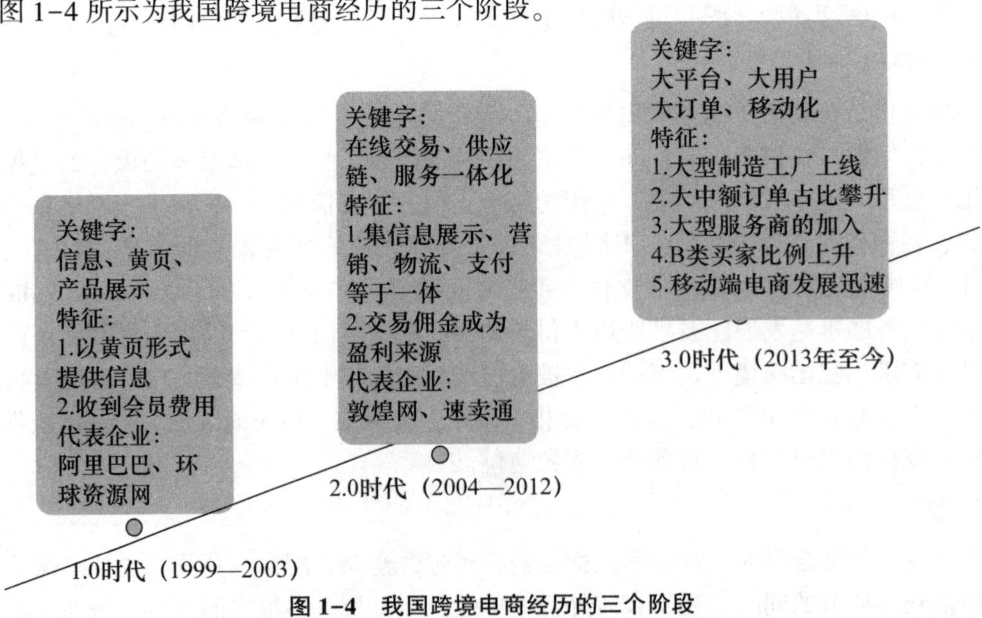

图 1-4　我国跨境电商经历的三个阶段

近些年来，随着互联网基础设施的完善以及人们消费观念和习惯的改变，跨境电子商务一直保持较快的增长速度，尤其是随着传统国际贸易条件的恶化，大批企业将目光锁定在电子商务上，并投身于跨境电子商务业务的开拓。海关总署数据显示，2022 年中国跨境电商进出口（含 B2B）达 2.11 万亿元，同比增长 9.8%，跨境电商进出口规模首次突破 2 万亿元关口。其中，出口 1.55 万亿元，进口 0.56 万亿元。目前，我国跨境电商以出口为主，并且出口货物占比逐年提高。2023 年上半年，我国跨境电商进出口为 1.1 万亿元，同比增长 16%。其中，出口 8210 亿元，增长 19.9%，进口 2760 亿元，增长 5.7%。在跨境贸易往来日益增加以及互联网技术渗透率提升的作用下，中国跨境电商进出口规模持续增长，2024 年我国跨境电商进出口 2.63 万亿元，增长 10.8%，占货物贸易进出口总值的 5.9%，显示出跨境电商在我国外贸中的重要地位。自 2019 年至 2024 年，我国跨境电商贸易规模增长超过 10 倍。截至 2024 年底，我国跨境电商企业数量已超 12 万家，跨境电商企业累计在海外注册商标超 3 万个。

由此可见，跨境电商正成为中国国际贸易增长的新动力。随着政府利好政策的支持及改革创新，跨境电商物流、支付等环节问题进一步完善和突破，跨境电子商务企业盈利能力将持续提升，行业也会迎来黄金发展期。

二、跨境电商现存的问题及对策

（一）跨境电商现存的问题

跨境电商现存的问题主要如下。

1. 同质化商品泛滥，侵权事件频发

随着跨境电商的迅速发展，大量商家涌入市场，行业竞争激烈。一旦发现某种商品有利可图，商家便会蜂拥销售并往往以低价作为主要的竞争手段抢占市场。价格的恶性竞争导致产品从“蓝海”跨越至“红海”，缩短产品的生命周期，其中尤以电子类、家电、母婴、服饰、美妆等产品为典型代表。此外，虚拟网络对于买卖双方的信用难以考核，国内电商法律还处于起步阶段，国民因信用、法律意识欠缺等因素造成售假行为在平台上屡见不鲜，这些都严重地损害了消费者的利益及跨境电商的发展。

2. 通关效率低

互联网技术促进了信息的交流，但货物流通速度远没有达到跨境电商业务的需求，其中通关环节成为阻碍跨境商品送达时间的主要因素。对于以小额货值占主要部分的跨境电商商品而言，其管理本身就是一个复杂的问题：完全放开小额商品进出口，将不利于进出境货物监管，造成国家（地区）关税损失；但如果管制过严，则会妨碍相关产业的发展，还会增加非法交易的比例。目前，大多数地区跨境电商商品沿用传统通关流程，经手环节多、手续繁杂、费用高，当遇到销售高峰时，大批跨境电商商品可能滞留海关，买家不能按时收货的现象时有发生。

3. 跨境物流滞后

跨境物流直接关系到跨境电商的发展，商品是否被安全、及时、准确地送达，关系到买家的购物体验和卖家的诚信、满意度。而跨境电商物流又较传统物流更为复杂，涉及两个以上国家的物流体系、报关报检等多个环节，很难像内贸一样自建物流体系，因此，目前跨境电商还做不到对货物进行全程、及时的货物跟踪。频率高、体积小、目的地多的商品特点对跨境电商物流的配送、仓储等业务环节提出了更高的要求。种种因素造成的商品送货周期长、安全性不稳定、成本居高不下等问题限制长期存在。

4. 跨境电商支付风险大

跨境电子商务买卖双方分属于不同国家，彼此通过虚拟网络进行沟通，这样存在一定的信用风险，即使通过第三方平台进行担保完成支付交易，一旦发生支付纠纷，也不能排除第三方支付平台有意偏袒本国用户利益的可能性。在这种情况下，如果相关企业对平台政策不了解，缺乏了解国际法律人士的帮助，自身实力不强，就可能会遭受巨大损失。网络安全问题时常威胁着跨境支付，如黑客攻击、计算机病毒、系统故障以及人为信息盗取、泄露都会使交易方受损。

（二）跨境电商发展的对策

1. 打造产品品牌，实施差异化策略

对于跨境电商从业者而言，树立品牌意识、推动品牌国际化、注重商品差异化才是企业得以发展、做大做强的必经之路。跨境电商为大量中小微企业提供了接触国际市场、融入全球产业链的渠道和机会，但如果一味地凭借价格低作为竞争武器，迟早会被强大的竞争对手所淘汰。调整经营模式，走品牌化道路，提高产品的质量及促进产品的多样化，才能赢得消费者的信赖。除提高自身实力外，企业还应有效地借助第三方平台的影响力，打造线上品牌，提供差异化服务，增强竞争优势。

2. 从政府及管理层面加大对跨境电商的监管与扶持

自 2019 年 1 月 1 日《中华人民共和国电子商务法》正式实施以来，为保护消费者权益、知识产权、跨境电商海关监管等方面提供了法律支持，配套颁发的海关总署公告 2018 年第 194 号（关于跨境电子商务零售进出口商品有关监管事宜的公告）进一步强化了海关对跨境电商的监管。同时，国务院颁发相关文件，要求全国各海关口岸建立“单一窗口”，尽快实现针对跨境电商货物的“一站式”通关，对于高信誉保障经营者，给予免除或减少查验通关的待遇，进而提高效率。

3. 强化基础设施建设，提升跨境电商物流服务品质

跨境电商物流要符合消费者的需要、具有国际竞争力，就应具备自动化、智能化、信息化等区别于传统物流的优势。一方面，政府应在全局部署、统筹规划、完善基础设施建设方面加强宏观调控，实现规模经济，培育具有国际竞争力的物流企业，并在税收、资金等方面给予政策支持；另一方面，就企业自身而言，应积极有效地调动、整合物流资源，通过多种跨境物流方式（如海外仓、边境仓、保税区、自贸区、国际物流快递等）提升配送质量、降低运输成本，通过提升自身物流现代化水平，与国际物流体系接轨，实现在战略、供应链、资源等方面的融合。

4. 完善、优化跨境支付服务支撑体系

首先，针对跨境支付效率差、成本高的问题，各级政府应推广在跨境电商中人民币作为结算币种，进而避免个人结汇每年5万美元金额的限制，以满足跨境电商支付需求；其次，加强银行与第三方支付企业的合作，借助银行严密的风控系统并结合第三方支付企业的创新技术，既扩大了银行的业务，又帮助第三方支付企业提升了跨境支付的安全性；再次，加强网络安全投入，从技术层面降低网络威胁，增加对跨境电商经营主体的培训工作，提升其网络安全防范意识；最后，从制度上，应借鉴发达国家电子商务法律法规的成熟做法，结合我国实际情况及实践，制定相关法律政策，进而优化支付管理环节，为跨境贸易做好支撑工作。

拓展阅读

商务部：2024年我国跨境电商进出口增长10.8%

2025年1月15日，中华人民共和国国务院新闻办公室举办“中国经济高质量发展成效”系列新闻发布会，介绍商务工作服务高质量发展的有关情况。商务部对外贸易司负责人表示，2024年，面对复杂严峻的国际环境，中国外贸顶住压力、迎难而上，货物贸易规模再上新的台阶，发展质量稳步提升，为全球经贸发展持续贡献力量。

第一，增长步伐更加稳健。一是贸易规模再创新高。2024年，我国货物贸易进出口43.85万亿元人民币，同比增长5%，展现出较强的韧性。二是积极扩大进口共享发展机遇。2024年我国进口增长了2.3%，创历史新高，连续16年保持全球第二大进口国的地位。我国已举办了7届中国国际进口博览会（简称进博会），全球的优质产品通过进博会这样的平台成功进入中国市场。

第二，创新活力更加充沛。一是主体数量不断增加。2024年，有进出口实绩的企业将近70万家。二是产品结构优化。中国企业更加重视提升产品的附加值，机电产品出口占比已经提升到59.4%，汽车出口首次突破600万辆。储能产品、智能家居等绿色低碳、智能化、数字化产品出口快速增长，纺织服装等传统优势产品更加注重品牌驱动和技术赋能。三是新业态活力涌现。2024年我国的跨境电商进出口增长了10.8%，占整个进出口的比重提升到了6%，更多优质的产品可以直达海外的消费者。保税维修已经落地270个项目，为企业拓展了发展空间。

第三，发展布局更加开放。一是贸易伙伴更加多元。我国对传统市场进出口保持增长，对共建“一带一路”国家进出口的占比提升到了50.3%。中国已经是150多个国家和地区的主要贸易伙伴，是全球分工体系中坚实可靠的组成部分。二是扩大面向全球的高标准自由贸易网络。我国已与30个国家和地区签署23个自贸协定，自贸伙伴遍及五大洲。三是为全球经贸发展作出应有贡献。从世贸组织公布的数据看，前三季度中国进口对全球进口增长的贡献率达到20.3%，有力促进了全球经济复苏。

讨论：

（1）我国跨境电商进出口增长的驱动因素有哪些？

（2）面对我国跨境电商进出口增长的态势，未来跨境电商行业将如何进一步发展？

第四节　跨境电商的分类

一、按商品的流向分类

按商品的流向，跨境电子商务可分为出口跨境电子商务和进口跨境电子商务。

（一）出口跨境电子商务

出口跨境电子商务又称出境电子商务，是指产品的产地在国内借助跨境电商平台与国外消费者达成交易、收取货款，并通过跨境物流递送商品，进而将商品销往海外市场的一种国际商业活动。

（二）进口跨境电子商务

进口跨境电子商务又称入境电子商务，是指产于国外的商品借助跨境电子商务平台达成国内采购交易、支付货款、借助跨境电商物流运送商品，输入国内市场的一种国际商业活动。

二、按商业模式分类

按商业模式，跨境电子商务可分为以下几种模式。

（一）B2B

B2B（Business-to-Business）又称在线批发，是指不同国家企业间通过跨境电商平台进行商品、服务及信息交换的一种商业模式。跨境电商企业最终面对的客户是企业或企业集团。目前，B2B 模式占中国跨境电商交易规模的 90%以上，占有主导地位，代表企业有敦煌网、阿里巴巴国际站、中国制造网、环球资源网。

（二）B2C

B2C（Business-to-Consumer）和 C2C 跨境电商统称为在线零售，是分属不同关境的跨境电商企业将产品或服务最终销售给个人客户，并通过跨境物流将商品递送给消费者的网上零售方式。B2C 类跨境电商模式在中国整体跨境电商交易规模比例不断提升，代表企业有全球速卖通、兰亭集势、米兰网、大龙网。

（三）C2C

C2C（Consumer-to-Consumer）是指分属于不同关境的个人卖家将商品或服务销售给个人买家，并通过跨境物流递送商品的电子商务应用模式，代表企业有洋码头、全球购、街蜜。

（四）B2B2C

B2B2C（Business to Business to Consumer）：第一个 B 是供应商，第二个 B 是电商平台，C 是消费者。这种模式是在 B2B 和 B2C 基础上发展起来的，融合了两者的优势。供应商通过电商平台将产品销售给企业用户（如零售商），企业用户再通过平台将产品销售给最终消费者。代表企业有洋葱集团、速卖通。

（五）C2M

C2M（Consumer to Manufacturer）：用户直连制造，是一种新型的电子商务模式。在跨境电商中，C2M 模式强调以消费者需求为导向，消费者通过平台直接向制造商下单，制造商根据消费者的个性化需求进行定制生产。这种模式减少了中间环节，降低了成本，提高了生产效率，同时也能更好地满足消费者的个性化需求。代表企业有拼多多跨境电商平台（Temu）、报喜鸟。

目前，我国主要的跨境电商出口模式是 B2B 和 B2C，进口模式则以 B2C 为主。随着跨境电商的发展，还衍生出一些其他跨境电商模式，如 M2C（manufacturers to consumer），是指生产厂商通过跨境电商平台直接提供商品或服务给消费者，无须经过传统流通渠道的多个环节，进而达到降低销售成本、保障产品质量、提升售后服务的目的。

三、按运营方式分类

现阶段跨境电子商务按运营方式可分为平台运营型跨境电商和自建网站运营型跨境电商。

（一）平台运营型跨境电商

平台运营型跨境电商也称第三方开放平台，是指电商平台搭建线上商城，并提供支付、物流、运营等跨境电商交易服务，吸引商家入驻平台从事对外贸易活动，平台以交易佣金和增值服务为主要盈利模式。其代表企业有阿里巴巴国际站、全球速卖通、敦煌网、环球资源网。

（二）自建网站运营型跨境电商

自建网站运营型跨境电商是指企业在线搭建跨境电商平台，整合供应链，通过进出货差价赚取利润，可分为综合型和垂直型两类。其代表企业有环球易购、兰亭集势、米兰网、大龙网。

第五节　跨境电商职业发展

人才是促进行业发展的原动力。随着跨境电商的迅猛发展，所需跨境电商人才也与日俱增。电子商务研究中心统计显示，中国跨境电商人才缺口达450万，并以30%以上的增长率增加。目前，从事跨境电商领域的工作人员主要是国际贸易、电子商务、国际商务、外语类等专业的毕业生，虽然高校每年都会向社会提供大量应届毕业生，但此类就业者普遍存在与企业需求不符、缺乏实战经验等诸多问题，导致跨境电商人才市场仍存在巨大的缺口，进而成为跨境电商发展的瓶颈之一，同时也出现人才难找工作、企业难找人才的“两难”局面。

一、跨境电商人才的需求特征

目前跨境电商企业对人才的需求特征主要集中在以下四个方面。

（一）熟知平台及外贸规则

目前，营销、服务类人才占跨境电商人才总数的绝大比例。此类人才既需熟悉外贸规则，在清关报检、物流仓储等环节上具有丰富的实践经验，又要具备能运营跨境电商平台的能力，熟悉平台规则。

（二）有较好的外语能力

跨境电商涉及一系列与国外客户营销、洽谈、服务的过程，这需要业务人员具备良好的外语阅读、表达能力。

（三）具备计算机技能

基本的计算机技能成为从事跨境电商人员的通用能力，网站开发、互动式、移动式应用等专业计算机技术人才更是行业的紧缺资源。

（四）良好的实操能力

相关调研显示，对于跨境电商人才的选用主要集中在大中专学历程度，企业最为看重的是员工的实操能力、学习能力。目前，高校输送的毕业生往往在实操上有所欠缺，这也是目前电商人才缺口较大的原因之一。

由此可见，对于与传统贸易、电商、外语人才专业性强的特点有较大差别的跨境电商人才，更强调复合型，不仅要熟悉电子商务专业知识和网站建设、运营、管理，还应通晓网络营销、国际贸易、跨境支付、通关等流程，更应具备良好的外语水平，了解目标国家的消费者的消费习惯、风俗与文化等。

二、跨境电商从业人员的类别与职业能力

跨境电商从业人员应具备的核心能力包括基本职业素质、网络营销能力、网站运营能力、网站销售服务能力、网上创业能力等。熟练掌握外语、熟悉快速通关流程、组织运营跨境物流等也是跨境电商人员所必备的实际业务操作技能。

（一）技术型人才

1. 网站搭建人员

网站搭建人员应精通主流网站编程语言，具备外语能力。

2. 网站营销推广人员

网站营销推广人员应根据公司营销战略，制订店铺产品营销计划；精通各大平台规则，通过社交、博客、论坛、视频等国外媒体以及搜索引擎营销（search engine marketing，SEM）、搜索引擎优化（search engine optimization，SEO），进而提升产品点击率、浏览量和转化率；具备良好的外语能力。

3. 美工、摄影人员

美工、摄影人员应按照公司品牌发展策略，制订产品品牌规划、创意设计；负责公司网站、店铺设计及美工工作；负责拍摄出与平台要求相符的产品图片，并具有文字排版能力。

4. 客服人员

客服人员应熟悉在线沟通工具、邮件的使用，运用外语与客户进行有效的交流；还需要熟悉不同国家的消费者消费习惯、政策法律，具备处理产品纠纷的能力。

国外（尤其是发达国家）客户的自我维权意识一般较强，相关平台对消费者权益有较强的保护倾向，在处理客户纠纷问题上就要求更加专业、谨慎和富有经验。

5. 物流人员

物流除可以极大地提升企业运营效率外，还是降低成本、提升盈利、增加顾客体验的关键环节。跨境电商物流人员应具备处理跨境订单的能力，选择合适的物流方式，准备通关文件，熟知各国家间物流发货的流程和法规，以及物流费用的审核、支付流程。

（二）综合型人才

相较于国内电商、传统贸易，跨境电商具有新的特点及复杂性，如不同国家、地区涉及的政策法规的差异化、需求的多样性、环节的冗长以及物流匹配的困难度。在此条件下，企业跨境电商业务的发展关键在于综合型人才。

1. 初级人才

初级人才主要具备平台实际操作能力。初级人才大多数为销售人员、客服人员，数量是最多的。初级人才具体满足以下条件：

（1）语言交流能力。即根据不同平台所面对的主要市场采用不同语言的交流方式。例如 eBay、亚马逊以欧美国家的市场为主，初级人才应具备使用英语与客户交流的能力；全球速卖通以俄罗斯、巴西新兴市场为主，则需要对俄语、意大利语、西班牙语等小语种精通的人才。

（2）了解目标国家（地区）当地消费习惯及文化。由于国内外文化风俗、消费者偏好、禁忌都有较大的差别，初级人才应对目标市场的风土人情，同行业产品的属性、价格、成本等情况都有深入的调研和了解。

(3) 熟知目标国家（地区）的相关政策法规。有调查显示，60%的跨境电商纠纷事件涉及图片、商标、专利等知识产权。初级人才应知晓与跨境电商有关的法律法规，进而具有处理纠纷的能力。

(4) 熟悉跨境电商平台运营规则。跨境电商平台不同，相应的跨境电商规则就有很大的差异性，初级人才只有熟悉平台规则，针对不同产品、不同需求采取差别化运营模式，以及注意平台要求，才能避免触犯平台的规则而遭受处罚。

2. 高级人才

高级人才是指从公司发展战略的角度对跨境电商的发展有预见性、洞察力，并熟练运用跨境电商专业知识，能够从事跨境电商营销、物流、金融、大数据分析等多领域工作的综合型人才。高级人才是企业转型升级、持续发展的保证。高级人才要求水平较高，因而在数量上也是稀缺的。高级人才具体满足以下条件：

(1) 匹配需求能力。跨境电商涉及的环节多，情况复杂，高级人才首先要识别国家（地区）差异、消费者需求差异，根据不同需求重塑供应链，选择合适的跨境电商平台、渠道，制定与之匹配的营销策略、物流方式和交易模式，进而满足不同行业、不同客户的不同需求。

(2) 具有本土化服务意识。高级人才不仅应熟知跨境电商各个环节业务的操作，还应对目标国家（地区）当地品牌、营销方式、分销系统、消费者行为有深入的了解，进而将资源进行有效整合而与本地服务商相融合，从而提升本土化服务质量，增加自身核心竞争力。

(3) 团队领导能力。作为跨境电商高级人才，要具备组建、领导团队的能力，要有识人、用人的能力，懂得如何管理团队，留住优秀人才，为人才的未来发展创建良好的氛围，进而为企业的发展提供优质的人力资源。这就需要高级人才具备良好的沟通、协调、决策、执行等综合素质。

(4) 灵活的应对能力。目前，跨境电商作为全球新的经济形式正处于成长初期，各国家（地区）对其实行的政策也在不断地调整变化。跨境电商企业尤其是领导者要时刻关注国内外的相关政策法规、海关等方面的变化，并对各国跨境电商及进出口趋势有深入的分析与预测。

(5) 企业家精神、创业能力。目前，跨境电商的发展缺乏稳定、成熟有效的运营方法，每个从事跨境电子商务的企业都不断地经历着各种考验。高级人才应具有勇立潮头、敢于尝试、服务社会的企业家精神及创业能力，才能在跨境电商业务上有所作为。

三、跨境电商从业人员的职业素质

（一）职业道德

与从事职业息息相关，符合职业特点要求的道德准则、情操、品质合称职业道德。跨境电商职业道德包括具有事业心和责任感、严于律己、坚持原则。从事任何职业都坚守职业道德，才能赢得客户的信任，从而达到目标，获得长远的发展。

（二）善于交流沟通

优秀的跨境电商从业人员应善于与团队、部门、客户进行交流沟通，否则将会影响团队合作、减少客户成交量等。时刻保持冷静、耐心的交流，认真倾听他人的意见并给予理解，是沟通交流的重点和难点。交流的形式多样化，如面谈、通话、线上交流，对于跨境电商来说，还涉及不同语言的交流，这些都要求从业人员要把握交流的主动性、融合性。

（三）责任心

责任主要包括自我责任、社会责任、集体责任、职业责任、家庭责任、他人责任六个方面。跨境电商从业人员要将个人目标与公司目标保持一致，以大局为重，做好分内的工作。责任心对于从事任何工作的人都尤为重要，跨境电商从业人员更应具备此项特质。

（四）国际化

跨境电子商务是全球化、经济一体化在现代社会中发展的重要体现和成果，是以信息技术为核心的国际商务活动的重要形式。跨境电商业务从业人员必须要具备国际化素质。首先是外语能力。我国实施外语教育尤其是英语教育已经数年，但更多的是应对考试，真正使用英语作为交流工具还是伴随近年来境外文化、经济交流活动的增多而出现的。其次是创新能力。企业需要创新才能在国际市场上占有竞争优势，而创新能力并不是一个与生俱来的特质，它依赖于跨文化沟通、信息整合等多方面能力的不断累积与发展。最后是良好的心理素质。面对成功与失败、激烈的竞争，都能保持沉着冷静、健康积极的工作态度，需要良好的心理素质作为支撑。培养具有国际化素质的跨境电商从业人员，目的是使其具备国际眼光、宽阔的胸襟、国际交流能力和国际竞争力，进而为行业提供高级人才。

（五）学习能力

在跨境电商这个快速发展且竞争激烈的领域，学习能力是跨境电商从业人员至关重要的职业素质之一，具体体现在以下多个方面。

1. 适应政策法规变化

跨境电商从业者需要及时学习不同国家和地区的政策变化、调整产品布局和定价策略，以维持业务的正常开展。从业人员若缺乏学习能力，就难以理解相关复杂的政策，可能导致税务违规，从而面临罚款甚至店铺关停的风险。

2. 掌握平台规则调整

主流跨境电商平台如亚马逊、速卖通等，为了保证平台的良性运营和用户体验，会不断更新规则。若卖家不具备学习能力，未能及时了解并遵守这些规则，可能会导致商品下架、账号受限等问题，严重影响业务。

3. 跟上市场趋势变化

一些新兴市场如东南亚、拉丁美洲等地区的跨境电商市场发展迅速，这些市场在消费偏好、支付方式、物流配送等方面都有其独特性。学习能力强的从业者能够快速了解新兴市场的特点，制定有针对性的市场进入策略，开拓新的市场空间。

4. 提升专业技能

数据在跨境电商运营中愈发重要。通过数据分析，从业者可以了解消费者行为、产品销售趋势、市场竞争态势等。学习能力强的从业者能够快速掌握数据分析工具和方法，从海量数据中提取有价值的信息，为运营决策提供依据，如优化产品定价、调整广告投放策略等。

（六）跨境电商从业人员应树立终身学习的态度

面对不断变化、快速发展的领域，从业人员应深刻领会及付诸行动。下面以联合国教科文组织提出的终身学习的四大支柱来说明跨境电商职业领域学习能力的塑造。

1. 学会学习的能力

应学会使用认识世界的工具，掌握如何最高效地获取、处理、利用信息的能力，懂得专与博的取舍及结合。

2. 学会做事的能力

应善于适应不同的工作环境，应对突发状况，不仅要学会实操技能，还要学会团队合作、社交、管理能力以及承担风险等综合能力。

3. 学会做人的能力

应适应、改造环境以求生存和发展。应充分挖掘潜能，发挥个性，提升素质，增强能动性、创造性和责任感，进而实现有价值的生存和发展。

4. 学会相处的能力

人类社会具有群体性，既存在竞争也离不开合作，因此应学会处理竞争与合作的共存关系，应尊重多样化的现实，尊重他人，相互理解和谅解，加强对相互依存的认识。

本章小结

本章都介绍了跨境电商的概念、特点、参与主体。不同于传统国际贸易，跨境电商进出口的各环节都发生了变化，因此应明确其进出口流程。分析影响我国跨境电商发展的因素，了解发展历程以及目前跨境电商存在的问题。最后，对跨境电商职业发展、跨境电商从业人员应具备的素质加以介绍。

知识测试与能力训练

一、选择题

1. （ ）在整个跨境电子商务中比重最大，（ ）虽然占跨境电商总量有限，但增长速度最快。

A. B2B，B2C　　B. B2C，B2B
C. B2B，C2C　　D. M2C，B2C

2. 与传统贸易相比，跨境电子商务呈现出（ ）的新特点。

A. 多边化　　B. 小批量
C. 多批次　　D. 数字化
E. 透明化

3. 跨境电商的意义是（ ）。

A. 促进产业结构升级
B. 为小微企业提供新的机会
C. 增加了对外贸易的中间环节，提供更多的就业岗位
D. 有利于传统外贸企业转型升级
E. 给予更多消费者剩余价值，促进国家间的贸易往来

4. 跨境电商的参与主体有（ ）。

A. 传统外贸企业　　B. 电子商务企业
C. 物流货代企业　　D. 金融企业

5. 跨境电商从业人员应具备的素质有（ ）。

A. 了解国外消费者的消费习惯和文化
B. 熟悉目标国家（地区）的相关法律法规
C. 熟悉各大跨境电商平台不同的运营规则
D. 具有本土化意识
E. 掌握本国语言即可

二、判断题

1. 广义的跨境电商 B2B 模式不仅包括通过跨境电商平台实现线上交易的部分，还包括通过线上渠道撮合实现线下成交的部分。（ ）

2. 跨境电商相较传统贸易交易环节复杂（生产商—贸易商—进口商—批发商—零售商—消费者），涉及的中间环节多。（ ）

3. 阿里巴巴国际站属于跨境电商第三方外贸服务平台企业。（ ）

4. 目前，跨境电商人才充裕，中国跨境电商发展潜力大。（ ）

5. 熟练运用外语与客户沟通仅是跨境电商高级人才应具备的能力。（ ）

三、案例分析

跨境电商“加速跑”，开辟企业出海新航道

政策有力度，企业有底气，使得跨境电商成为推动中国外贸增长、加速企业出海的新发力点。

“快”是中国跨境电商发展的一个鲜明特点。商务部数据显示，2023 年，我国跨境电商规模增长近 10 倍。国家政策支持、物流通关提速、电商平台加速布局，推动跨境电商突飞猛进，一跃成为外贸增长的新亮点。

中国跨境电商的快速发展离不开政策支持。自 2014 年“跨境电子商务”一词首次出现在政府工作报告中以来，跨境电商已连续 10 年被写入政府工作报告。从中央到地方，一系列支持政策出台，不断为跨境电商发展注入动能。

2023 年以来，上海提出实施“出海优品”行动计划、提升跨境电商公共服务能级等 18 项重点工作任务；山东提出，力争到 2025 年，打造 20 个跨境电商特色产业带；江苏提出，到 2025 年，建设跨境电商产业园 120 个以上，培育行业领先、国际竞争力较强的跨境电商企业 600 家以上。

物流通关提速以及配套服务不断完善，是推动我国跨境电商优势与潜力释放的重要基础。2023 年 11 月 4 日晚 8 时，全球首个跨境物流实况直播落下帷幕。一件商品从中国发出，只需 5 天就能送到远在万里之外的消费者手中。从原来的 60 日送达到 10 日送达，再到如今的 5 日送达，跨境电商物流时效不断刷新“最快”纪录。

世界银行物流绩效数据显示，2022 年中国物流绩效指数全球排名第 19 位；国际航运排名第 14 位。具体到通关时间，2022 年，全国进口、出口货物整体通关时间分别为 32.02 小时和 1.03 小时，比 2017 年缩短了 67.1%和 91.6%；比《全面与进步跨太平洋伙伴关系协定》（CPTPP）规定的 48 小时通关时间，缩短了约 16 小时。

跨境电商平台快速发展，正在助力企业加速“掘金”海外市场。对于中国出口电商来说，通常面临以下四个困境。

首先，从区域看，英美成熟市场有世界上最大的电子商务的体量，同时仍保持着 15%～20%的增长，但竞争异常激烈，商家都想入场。而印度尼西亚、中东等新兴市场一直被认为会有高增长，但结果却不如预期。作为中国品牌，应如何看准市场、做精市场？

其次，从品类看，产品创新与品类拓展势在必行。目前，时尚品类成为中国出口体量第二大品类，仅次于 3C 产品，并且仍保持着超过 50%的高速增长。中国品牌应如何发现有潜力的新品类，打造和培养爆款？

再次，用户获得和维护至关重要。如何在逐渐兴起的 DTC（direct to consumer）品牌与品牌独立站中寻找方向？是利用多渠道持续获得目标新客，还是提升老客黏度？

最后，明知火热的海外市场可以提高产品销售，但面对复合型跨文化、跨区域营销人才欠缺的窘境，不少中国品牌不敢出海，那么中国品牌如何培养懂得海外媒体的数字营销人才呢？

区域、品类、用户、人才是每个出海电商都要面对的挑战。应如何四位一体地获取增量，从容应对在出海过程中难以避免的狂风骤雨呢？

（资料来源：https：//news. cctv. com）

思考与讨论：

（1）分析中国跨境电商企业所面临的机遇与挑战。

（2）从区域、品类、用户、人才四个方面分析，中国跨境电商企业如何打造自身的竞争力。

第二章

跨境电商平台简介

学习目标

（1）了解各跨境电商平台的特征。
（2）熟悉各跨境电商平台的特点和规则。
（3）掌握各跨境电商平台的注册方法。
（4）能够根据企业或个人自身特点及商品属性，选择合适的跨境电商平台。

素质目标

了解各国跨境电商平台的发展，明确中国在世界市场所处地位，树立大国自信，培养国家情怀。

案例导入

亚马逊全球站点助中国卖家精耕跨境电商

“过去一年（亚马逊数据 2022.10.1—2023.9.30），中国卖家通过亚马逊全球站点，向消费者以及企业客户所售出的商品件数，同比增长超过了 20%。”在 12 月 12 日举行的 2023 年亚马逊全球开店跨境峰会上，亚马逊全球副总裁、亚马逊全球开店亚太区执行总裁戴竫斐表示，2024 年，亚马逊全球开店将以“全球创新与本地赋能相结合”为抓手，与中国卖家携手走好高质量发展之路。

销售额超过 100 万美元的中国卖家数量，同比增长超过 25%；销售额超过 1 000 万美元的中国卖家数量，同比增长接近 30%。而在今年“黑五网一”假日购物活动期间，与去年同期 11 天相比，超过 20%的中国品牌型卖家在亚马逊成熟站点的产品销量同比增幅超过50%；超过15%的中国品牌型卖家在亚马逊成熟站点的产品销量同比增幅超过100%。

“一方面，这说明中国卖家持续为全球消费者带来符合他们需求的产品。另一方面，这个数字也说明，跨境电商这条赛道，越多新生力量加入，赛道越宽敞。他们带来的，不仅仅是更多创新的产品，还有更集中、更具规模的供应链优势，以及更浓厚的创新和成长氛围。”戴竫斐说。

亚马逊每年都会在中国以及其他国家招商新卖家入驻。这一做法涉及多个因素，包括市场扩张、业务增长、消费者需求、竞争和商业机会。同时，中国卖家中意亚马逊的原因也很明显：亚马逊电商平台覆盖的区域和人群是全球性质的。所以，用户基数大，覆盖面积广，这就使很多产品有了市场空间，并且，亚马逊跨境电商市场空间本来就很大，处于高速发展的一个阶段，这些方面都是吸引国内卖家进入亚马逊平台的主要原因。

当然，国内卖家做亚马逊跨境电商，其实也是有很多问题存在的，由于国内卖家接触亚马逊跨境电商时间有限，缺乏行业经验，同时，没有相关专业的团队，在这种情况下要想做好亚马逊跨境电商还是有一定风险的。

（资料来源：https：//www. cifnews. com/article/152751）

案例思考：

（1）亚马逊平台有哪些特点？该平台如何吸引中国卖家？

（2）调研亚马逊平台有哪些规则需要卖家注意？

第一节　亚马逊

一、亚马逊平台简介

亚马逊公司是最早经营电子商务的公司之一，成立于1995年，位于美国华盛顿州的西雅图，是美国最大的互联网电子商务公司。其早期以经营网络书籍为主，现今已涉及众多产品类型，包括图书、音乐、游戏、影视、数码下载、电子和计算机、玩具、母婴用品、食品、家居、服装鞋饰、珠宝、汽车及工业产品等，成为全球经营产品品种最多的互联网零售商及第二大互联网公司。

亚马逊的影响力是巨大的。大多数中国外贸人最早接触的跨境电商平台就是亚马逊，开展跨境电商业务也多会选择亚马逊平台入驻，其目标市场为美国、加拿大。亚马逊注重平台上商品的品质、品牌，因此对卖家要求较高，注册手续要比全球速卖通等平台更复杂，最好有美国本地的注册公司或代理公司，可以申请到联邦税号。亚马逊商业模式属于B2C模式，主要面对企业客户，业务呈现多样化特点。

亚马逊平台分为14个不同的站点：美国、英国、加拿大、墨西哥、法国、德国、澳洲、日本、意大利、西班牙、印度、土耳其、荷兰、巴西。并不是卖家须分别在这些站点注册账号才可以销售产品，通常情况下，卖家在亚马逊全球开店进行注册后，只要欧洲站点已经通过审核并且是在一个正常运行状态下的话，那么北美站点以及日本站点都是可以正常运行并且可以上商品详情页（Listing）。当然，可能有部分卖家在切换成其他站点的时候会发现，北美、大洋洲以及日本站点显示的是“待注册”。这种情况就需要卖家进入注册页将相关站点注册完成，也可以在“开始销售”中点击“转至北美/日本/澳大利亚商城”来达到注册除欧洲外其他站点的目的。此外，基于本地的法律规定以及业务开展的便利性考虑，在申请各个亚马逊站点账号时最好由本地的公司、代理、银行账户来进行注册。亚马逊首页如图 2-1 所示。

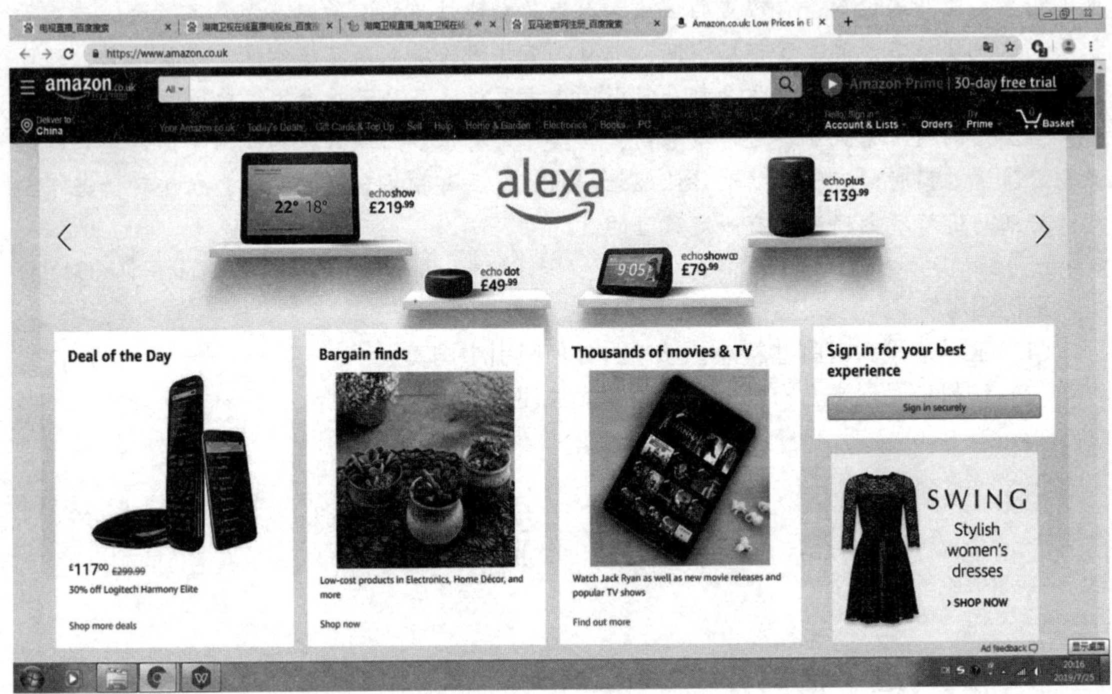

图 2-1　亚马逊首页

拓展阅读

美国公司注册亚马逊账号有何优势

（1）美国消费者更信赖本国公司，购物时对本土公司更有倾向性，商品销量高。

（2）亚马逊本身是美国公司，在平台政策、促销、责任等方面更偏袒于美国企业。

（3）以美国企业身份申请的账号，封号率不到 1%；而用中国公司申请的账号，封号率达 30%。

（4）美国公司的账号产品 SKU（stock keeping unit，库存量单位）无须很多。

（5）美国企业注册账号取名自由，维护简单，注册资本和经营范围都不受限制。

（6）美国公司注册时间短，并且经营类目要比中国公司多。

二、注册亚马逊平台账号

（一）亚马逊账户类型

亚马逊账户分为个人（individual）销售计划和专业（professional）销售计划。无论个人或企业均可申请“个人卖家”或“专业卖家”，在注册时选择不同的身份类型即可，并且两者间可以相互转化，如果在注册时是个人销售计划，之后可以升级为专业销售计划，反之亦然。因此，卖家就算没有企业资质，也可以在亚马逊申请专业销售计划，如图 2-2所示。

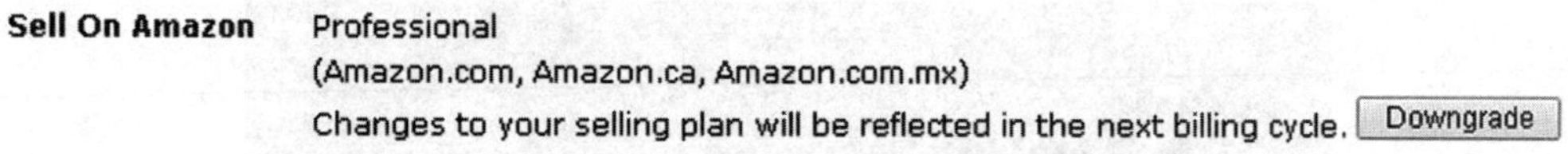

Sell On Amazon Professional
(Amazon.com, Amazon.ca, Amazon.com.mx)
Changes to your selling plan will be reflected in the next billing cycle. Downgrade

图 2-2　两种销售类型的切换

个人销售计划和专业销售计划的主要区别有：个人卖家账号没有月租金，按件收取费用，而专业卖家账号须缴纳月租金，不同亚马逊站点的月租费用不同；相比专业卖家账号，个人卖家账号有产品数量的限制，没有批量操作功能，没有订单数据报告，不能创建促销，没有黄金购物车（buy box）。表 2-1 所述为个人卖家账号与专业卖家账号的对比。

表 2-1　个人卖家账号与专业卖家账号的对比

账号类型	个人卖家	专业卖家
注册主体	个人/公司	个人/公司
月 租 金	免费	39. 99 美元/月
按件收费	0. 99 美元/件	免费
销售佣金	根据不同的品类，收取不同比例的佣金（8%～15%）	
功能区别	产品最多 40 个，单一上传，无数据报告，没有 buy box，不能创建促销等	产品数量没有限制，可批量上传，有数据报告

注：此处的收费标准以北美市场为例。

（二）注册亚马逊账号所需准备的材料

注册亚马逊账号所需要做的准备如下：

（1）可支付美元的双币信用卡（VISA、万事达双币信用卡等）。

（2）计算机、网络（未登录过亚马逊卖家或买家账号）。

（3）电子邮箱地址（不应与其他平台账号共用）。

（4）针对企业还需准备企业营业执照扫描件。

若注册欧洲站的亚马逊账号，还须准备以下资料：

（1）个人账单（近三个月的银行、通信、水电煤气账单等并带有个人姓名及地址）。

（2）企业账单（近三个月的银行、通信、水电煤气账单等并带有企业名称及地址）。

（3）身份证或护照、户口。

（4）其他亚马逊所需的资料。如做亚马逊物流（fulfillment by amazon，FBA）或欧洲海外仓时，还需要增值税（value added tax，VAT）税号。

（三）亚马逊账号的注册流程

以亚马逊北美站为例。

（1）登录亚马逊官网（www. amazon. com），单击网页底部“Sell on Amazon”按钮，开始注册，如图 2-3、图 2-4 所示。

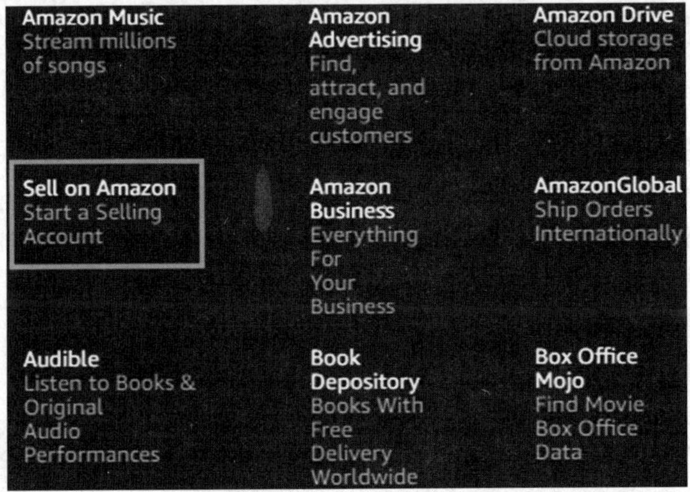

图 2-3　亚马逊注册页面 1

图 2-4　亚马逊注册页面 2

中国大陆卖家可直接在亚马逊中文网站（https：//gs. amazon. cn/），执行“立即注册→北美注册”命令开始注册，如图 2-5 所示。

amazon seller central

创建帐户

您的姓名

邮箱地址

密码

至少 6 个字符

i 密码必须至少为 6 个字符。

再次输入密码

下一步

已拥有账户？ 下一步 ›

图 2–5　亚马逊注册页面 3

（2）填写公司名称并同意亚马逊条款，如图 2–6 所示。

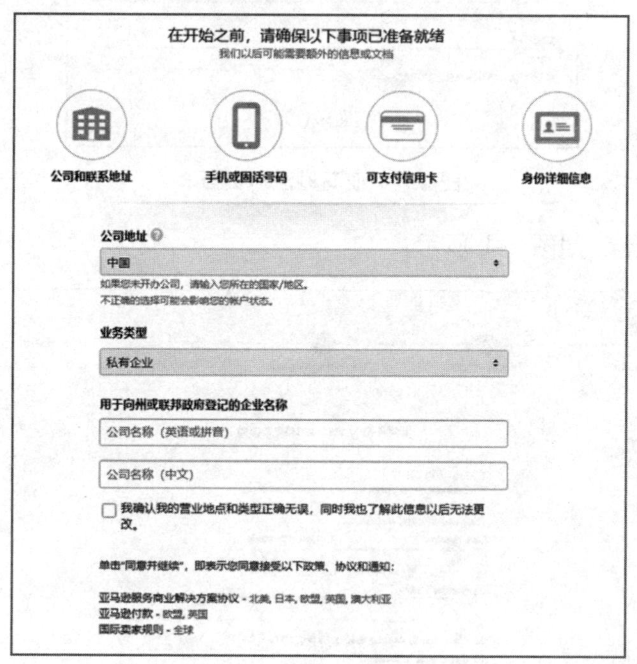

图 2–6　亚马逊注册页面 4

（3）填写地址信息。填写地址时，可以用拼音代替英文；对于是否有其他网点，如果有可以直接粘贴网站，如果没有可以不填，这不是必填项。最后，验证时须注意以下三种情况：

①有三次验证机会，如不能进行电话验证，应及时更换短信进行验证。

②确定手机号没有在亚马逊卖家系统使用过，如使用过应弃用，否则容易关联。

③电话验证时，页面会弹出四位的 PIN 码；短信验证时，手机接收到含有四位 PIN 码的短信，将 PIN 码输入即可，如图 2-7 所示。

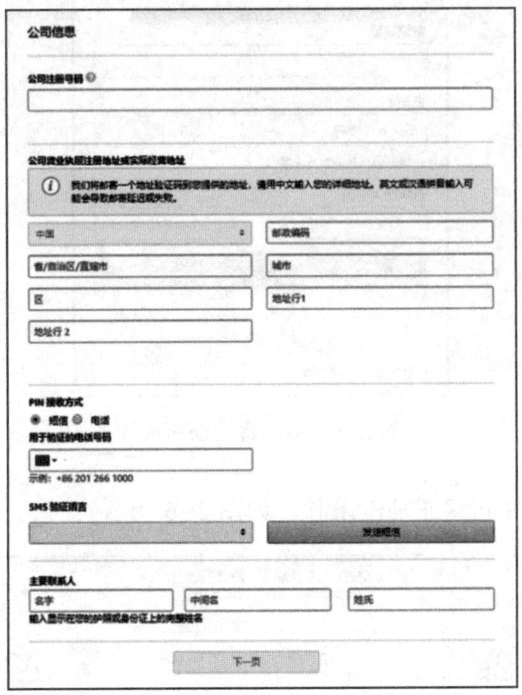

图 2-7　亚马逊注册页面 5

（4）绑定信用卡，如图 2-8 所示。

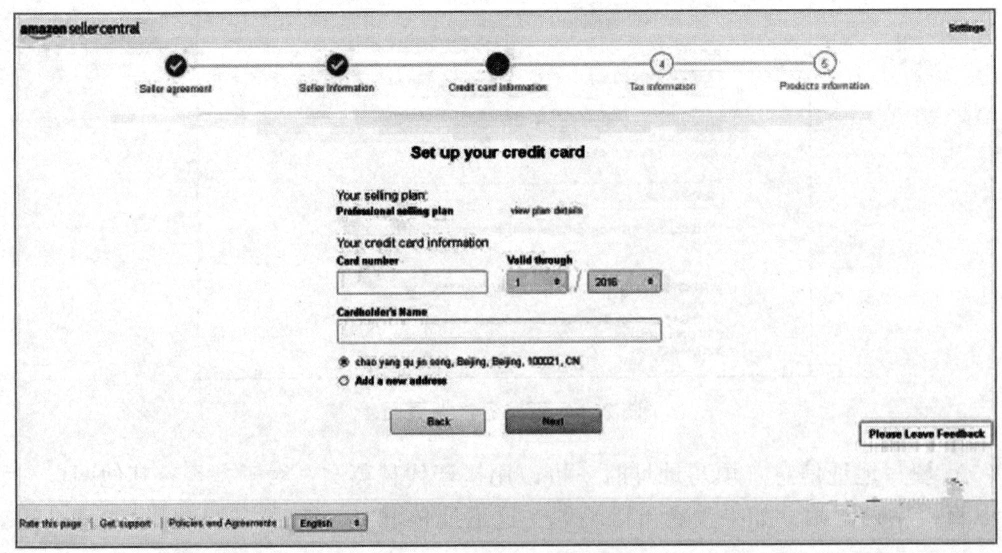

图 2-8　亚马逊注册页面 6

（5）进行税务信息调查，预览美国纳税表格，如图 2-9 所示。

amazon services
seller central

Your Progress 50%

Tax Help
Tax Information Interview Guide

Tax Information Interview

Review

Review the taxpayer identification form to ensure the accuracy of your previous inputs. If any fields are not correct, please go back to the relevant screen and update your information.

Form **W-8BEN**

Certificate of Foreign Status of Beneficial Owner for United States Tax Withholding and Reporting (Individuals)

SUBSTITUTE (February 2014)

Do NOT use this form if: | **Instead, use Form:**

- You are NOT an individual — W-8BEN-E
- You are a U.S. citizen or other U.S. person, including a resident alien individual — W-9
- You are a beneficial owner claiming that income is effectively connected with the conduct of trade or business within the U.S. (other than personal services) — W-8ECI
- You are a beneficial owner who is receiving compensation for personal services performed in the United States — 8233 or W-4
- A person acting as an intermediary — W-8IMY

Part I Identification of Beneficial Owner

1 Name of individual who is the beneficial owner: Ma Haolin

2 Country of citizenship: China

3 Permanent residence address (street, apt. or suite no., or rural route). **Do not use a P.O. box or in-care-of address.**
chang ping qu tian tong yuan

City or town, state or province. Include postal code where appropriate.
Beijing Beijing 102218

Country
China

4 Mailing address (if different from above)

City or town, state or province. Include postal code where appropriate.

Country

Part III Certification

Under penalties of perjury, I declare that I have examined the information on this form and to the best of my knowledge and belief it is true, correct, and complete. I further certify under penalties of perjury that:

1. I am the individual that is the beneficial owner (or am authorized to sign for the individual that is the beneficial owner) of all the income to which this form relates or am using this form to document myself as an individual that is an owner or account holder of a foreign financial institution,
2. The person named on line 1 of this form is not a U.S. person,
3. The income to which this form relates is (a) not effectively connected with the conduct of a trade or business in the United States, (b) effectively connected but is not subject to tax under an income tax treaty, or (c) the partner's share of a partnership's effectively connected income,
4. The person named on line 1 of this form is a resident of the treaty country listed on line 9 of the form (if any) within the meaning of the income tax treaty between the United States and that country, and
5. For broker transactions or barter exchanges, the beneficial owner is an exempt foreign person as defined in the instructions.

Furthermore, I authorize this form to be provided to any withholding agent that has control, receipt, or custody of the income of which I am the beneficial owner or any withholding agent that can disburse or make payments of the income of which I am the beneficial owner. **I agree that I will submit a new form within 30 days if any certification made on this form becomes incorrect.**

Sign Here

Signature of beneficial owner (or individual authorized to sign for beneficial owner)   Date (MM-DD-YYYY)

Capacity in which acting

Exit without saving   Previous   Save and continue

图 2-9 亚马逊注册页面 7

(6) 设定电子签名，生成纳税表格。

经过以上步骤，即可进入亚马逊后台管理，完成账号申请流程。

三、亚马逊平台的规则

(一) 跟卖

跟卖（listing）就是在他人的产品详情页上加入自己的链接销售相同的产品，是亚马逊独有的机制。其目的是营造良好的公平竞争体系，当一个卖家上传某种产品时，该产品平台详情页的图片、信息的控制权就归属于平台，其他拥有该类别商品销售权的卖家也都有销售该产品的权利。因此可能出现一种商品页面下链接着几个、几十个甚至更多的卖家在出售此种商品，这样方便消费者找寻所需的商品，通过比较可以选出质量更好、价格更优的产品，吸引更多的流量。同时，良性的竞争关系可促进卖家创立产品品牌，形成不可取代的竞争优势。此外，跟卖对于新手卖家也是一个分享他人流量、“搭顺风车”的好机会。

卖家实施跟卖策略要注意几个事项：

(1) 跟卖商品必须是无品牌、无平台备案的商品。可通过品牌检索网站 USPTO（https：//www. uspto. gov）查询跟卖商品是否已经被注册商标。

(2) 确认自己的商品与跟卖商品是完全一致的，包括产品本身、赠品、功能、品牌等，否则会有侵权嫌疑，一旦构成侵权就会受到平台的处罚。

(3) 谨慎选择跟卖产品，当发现好卖的产品但并没有人跟卖时，就要当心此种商品可能是授权产品，如果跟卖会被投诉。

(4) 跟卖会引发价格战，压缩利润空间，但获得购物车的概率会提高。购物车的权重依次为 FBA>价格≥信誉度。

(5) 如果被投诉侵权，应立即取消跟卖，可与对方沟通确定是否真的发生了侵权行为，若是则予以道歉。

(二) 被亚马逊处罚的主要原因

1. 账号关联

为防止重复铺货、不公平竞争，亚马逊不允许一个卖家在同一站点同时经营多个同类账号，即开店资料只能用于申请一个账号，要注册其他账号需使用不同资料申请，同时也要使用不同的网络及设备。一经发现同一个卖家在同一站点开设多个账户，平台将强制下架店铺商品，并且如果封店将影响其他店铺。值得注意的是，亚马逊允许卖家在不同站点经营多个店铺。为避免发生账号关联，在申请和操作账号时，应确保 IP、网卡、系统都是未用于登录或操作过其他亚马逊账号的。对多个账号不要使用相同的税号、账号信息。如果 IP 地址、公司办公地址发生变更，应及时联系亚马逊客服说明情况。

2. 销售假货

无论哪家平台都不允许销售假货，这一点在亚马逊平台上尤为严格。一旦证实卖家销售假货，该店铺便会立即被关闭。这种零容忍的态度与其重客户、轻卖家的一贯作风保持一致。避免销售假货的预防措施如下：

（1）向供应商索要有明确品牌、制造商名称的发票。

（2）及时检查卖家账号中的返修报告、瑕疵订单、客户投诉等，解决存在的问题。

（3）对供应商及其竞争对手进行调研，与能提供质检证书的供应商进行合作，或仅与生产商合作。

（4）确保销售的所有产品都有保证书。

（5）对供应链进行详细的调研，谨慎进货；定期清理库存，亲自检查发货产品。

3. 线下交易

亚马逊平台不准许卖家引导买家站外交易，将平台客户带走，一旦发现此类行为就会对卖方发出警告，然后对账号进行审核。因此，卖家要注意在产品详情页、发送的邮件中禁止有任何相关其他平台或线下购买产品信息，遵守平台规则进行站内交易才能避免犯规。

4. 刷单、刷评价

刷单行为是一种不公平竞争，也是亚马逊自 2018 年以来一直严抓的违规行为，一旦发现此类行为，除删除卖家的商品评价外，还会暂停账号或封号。另外，如果账号差评过多、好评少，平台也会移除账号销售权或封号。某些商家为了索取好评或修改差评而在产品评价、Q&A 回答、邮件内容中利用赠品、返利等诱导买家评价或修改差评，这些行为都是平台不允许的。

5. 涉嫌侵权销售

产品涉嫌侵权是平台上经常遇到的问题，一些没有自己品牌的商家在选品、上传产品时，产品图、标题、描述等时常会涉及侵权，未经授权使用他人产品信息。在产品跟卖时一定要做好品牌调研，如果有品牌备案应停止跟卖。

6. 销售平台禁止商品

各平台都有自己的产品销售规则，亚马逊不允许销售枪支、动物等商品，卖家在选品时一定要熟知亚马逊平台禁止销售的商品范围，避免选择禁销品。

（三）申诉

当收到亚马逊平台发出的冻结账号、销售权移除的邮件通知时，卖家希望拿回账号需要进行申诉。具体的申诉流程及注意事项如下。

1. 第一步：了解账号被冻结的原因

亚马逊会给销售权被移除的账号发一封 Notification（通知）邮件，卖家可通过该邮件了解账号被冻结的具体原因，查看邮件中是否提到相关审核材料的提交。求助专业团队或直接向亚马逊后台咨询也是找出账户冻结原因的途径。

2. 第二步：设计补救计划，拟写申诉内容

制订一个对销售权被移除相关问题的说明计划，组织申诉信的内容及语言，力求最大限度恢复账号的销售权。申诉信应涵盖以下内容：

（1）积极的认错态度。

（2）针对被封问题加以说明，提供详细、准确的数据。

（3）制定改进措施，措施应尽可能翔实、可操作，让平台感受到卖家的真诚，以及今后会遵守平台规则、提供优质服务的决心。

（4）卖家对账户解冻的期盼。

此外，分点说明申诉内容、避免语法错误、内容详尽有理有据也是该步骤中所要注意的问题。

3. 第三步：递交申诉

有两种方法提交申诉信。

（1）进入卖家后台，单击“表现通知”（Performance Notifications）按钮，找到亚马逊通知账户被封的邮件，单击“申诉”（Appeal decision）按钮，将准备好的申诉内容写入，之后提交邮件。

（2）直接进入亚马逊官方邮箱（seller-performance@ amazon. com）进行申诉。

4. 第四步：等待 e-mail 及后台回复

亚马逊一般会在 2 个工作日内对卖家的申诉信做出回复，如果超过 2 天没有得到回复，卖家可再次发邮件询问是否收到申诉信。一般情况下，平台不会为难卖家，非严重情况收到申诉后，了解卖家的情况及改进措施后就会恢复账号的销售权。

第二节　eBay

一、eBay（易贝）平台简介

eBay 于 1995 年在美国加利福尼亚成立，成立之初仅仅是一个拍卖平台，用户借助平台针对自己的商品发起拍卖。如今 eBay 已发展成销售多品类商品、针对个人消费者的 B2C 销售平台，核心市场主要在美国和欧洲。eBay 类似于国内的淘宝，深受发达国家地区的欢迎，对从事跨境电商业务人员来说，eBay 的发展潜力巨大，是比较成熟的市场。相较于亚马逊，注册 eBay 账号简单，但 eBay 平台的一大特点就是制定规则时会明显偏袒买家，因此，产品经常出现售后问题的卖家应尤为注意。

自 2003 年起，eBay 的主要支付手段是 PayPal。2003—2015 年，PayPal 属于 eBay 旗下

子公司，但这种关系终止于2018年。2020年，Adyen成为eBay平台主要的支付工具。在eBay平台上经营成功的关键是选品，因此在入驻平台前，最好对欧美市场的消费者的消费习惯、水平、偏好、文化、政策及平台热销产品做全面的了解和研究，进而选择有竞争力及潜力的商品。

二、注册 eBay 平台账号

（一）eBay 平台的收费情况

在eBay平台上，卖家需要支付的费用包含基本费用和可选费用两部分。基本费用包括刊登费、成交费及PayPal费用，可选费用包括广告费、功能升级费和订阅店铺费。

1. 刊登费

卖家在eBay平台上传产品须缴纳一定的刊登费，不同类型卖家的免费额度有差异，具体见表2-2。

表 2-2　不同卖家的免费刊登额度

卖家类型	免费刊登条数
不开设店铺卖家	50条
订阅店铺的卖家	根据店铺等级来确定

当卖家超出免费刊登额度时，将被收取0.3美元/条的刊登费用。值得注意的是，某些品类是没有免费部分的。

2. 成交费

当交易成功后，平台会收取一定的成交费。成交费基于最终交易金额来计算，即产品费用和物流费用。如果卖家没有开设店铺，大部分产品的成交费是成交总额的10%，且不能超过750美元；如果是订阅店铺，平台会对刊登费和成交费在一定程度上给予优惠。

3. PayPal 费用

PayPal费用包括交易手续费、提现手续费和货币兑换手续费。

4. 广告费

推广列表（Promoted Listings）是eBay推广的付费服务，以提升产品曝光度，提高转化率。设置该服务，商品会被推广到特定位置，只有达成交易才会收取佣金，如只有点击行为而未发生销售行为，则不会收取任何费用。卖家可以根据自身的情况或不同的商品策略设置1%～20%的佣金抽取比例，且按照成交价（不包含物流费用）收取。

5. 功能升级费

对于预刊登、副标题、第二分类、标题字加粗等功能，eBay提供升级服务。

6. 订阅店铺费

eBay按照不同的店铺等级收取不同的费用，eBay上的店铺分为基础店铺、高级店铺和超级店铺。订阅店铺有月度、年度两种收费方式，不同等级的店铺每个月可上传的产品数量、刊登费、成交费收取比例均不相同，具体见表 2-3。

表 2-3　eBay 不同等级店铺的收费标准

店铺等级	月度订阅费	年度订阅费	每月免费刊登广告的数量（条）	拍卖刊登费	一口价刊登费（美元/条）	成交费（交易额占比）
无店铺			50	0.3	0.3	10%
基础店铺	\$24.95/月	\$19.95/月	250	0.25	0.2	3.5%～9.15%
高级店铺	\$74.95/月	\$59.95/月	1 000	0.15	0.1	3.5%～9.15%
超级店铺	\$349.95/月	\$299.95/月	10 000	0.1	0.05	3.5%～9.15%

不同品类商品的成交费率也不同，具体见表 2-4。

表 2-4　eBay 不同品类商品的成交费率

成交费率	内　　容
3.5%	吉他、贝司
4%	台式计算机及多功能一体机 笔记本电脑和上网本 平板电脑及电子书阅读器 电脑组件及零件 硬盘、存储空间 显示器、投影仪、配件 打印机、扫描仪、耗材
6.15%	DJ 设备、专业音频设备、邮票、大多数消费类电子产品、视频游戏及控制台分类
7.15%	大多数乐器和装备分类
8.15%	汽车工具和用品 零配件（服装和商品、车内技术、GPS 和安全分类除外）
9.15%	工艺品、公仔和玩具熊、娱乐纪念品、礼品卡和优惠券、健康和美容、家居及园艺、首饰及钟表、唱片、陶器和玻璃、运动用品、运动纪念品、运动卡、门票和体验

注：最高收费 250 美元（特殊商品除外）。

（二）注册 eBay 平台账号的方法

eBay 账号分为个人和企业两种。虽然不同账号在注册时存在差异，但相差不会很大。下面以申请个人账号为例进行 eBay 账号注册说明。

1. 申请个人账号需要的证件

申请个人账号时需要的证件有国际邮箱、身份证明和双币信用卡。

2. 注册步骤

第一步，登录 eBay 中国香港站点（www. ebay. com. hk），单击左上角的“注册”按钮，如图 2-10 所示。

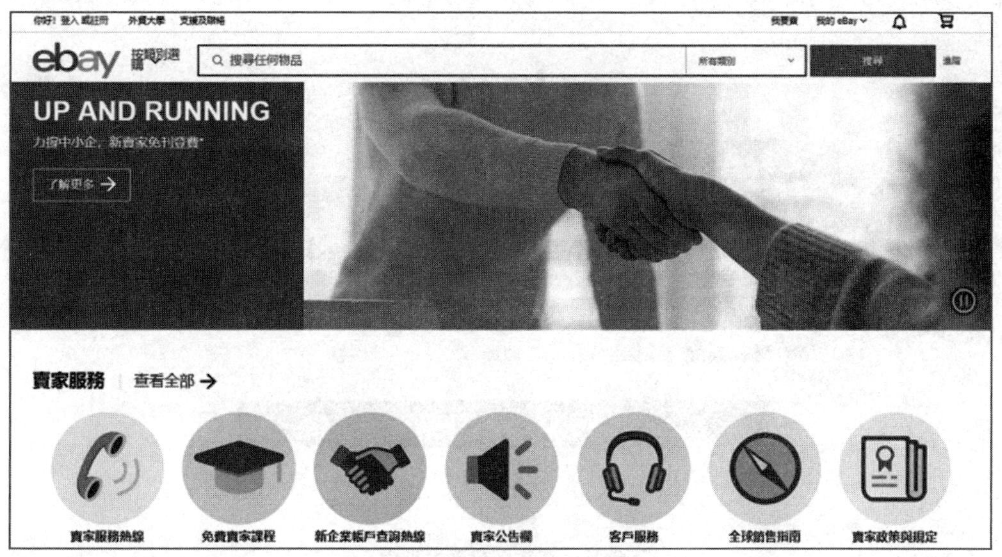

图 2-10　eBay 平台注册页面 1

第二步，跳转至个人账户注册页面，如图 2-11 所示。

建立帳戶

有公司嗎？建立商業帳戶

English | 中文

名字　姓氏

電郵

密碼　☐ 顯示

☑ 透過郵件、電郵、電話、手機短訊或其他電子訊息接收 eBay 行銷通訊（包括專屬優惠及促銷推廣消息）

按下「登記成為會員」即表示，你同意已閱讀並接受我們的會員合約，已年滿 18 歲，並且同意我們的私隱權通知。

登記成為會員

或

以 Google 帳號繼續

以 Facebook 帳號繼續

以 Apple ID 繼續

图 2-11　eBay 平台注册页面 2

若希望注册公司账号，则可以单击图 2-11 中的“建立商业账户”按钮，开始商业账号注册。

第三步，完成注册信息。根据 eBay 电话或短信发送的信息，填写 PIN 码，如图 2-12 、图 2-13 所示。

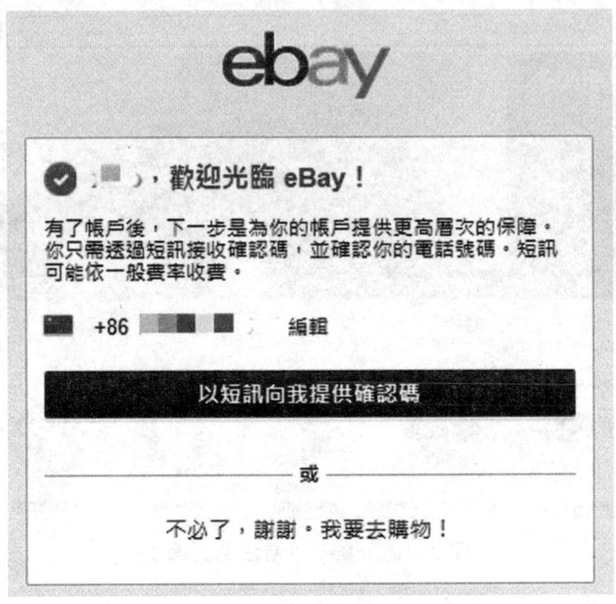

图 2-12　eBay 平台注册页面 3

图 2-13　eBay 平台注册页面 4

第四步，确认条款，如图 2-14 所示。

3. 认证 eBay 账号

可通过手机短信或信用卡确认身份，下面以信用卡方式认证 eBay 账号为例进行介绍。

第一步，单击认证链接，完成登录，卖家需认证身份，选择“使用信用卡确认身份”选项，如图 2-15 所示。

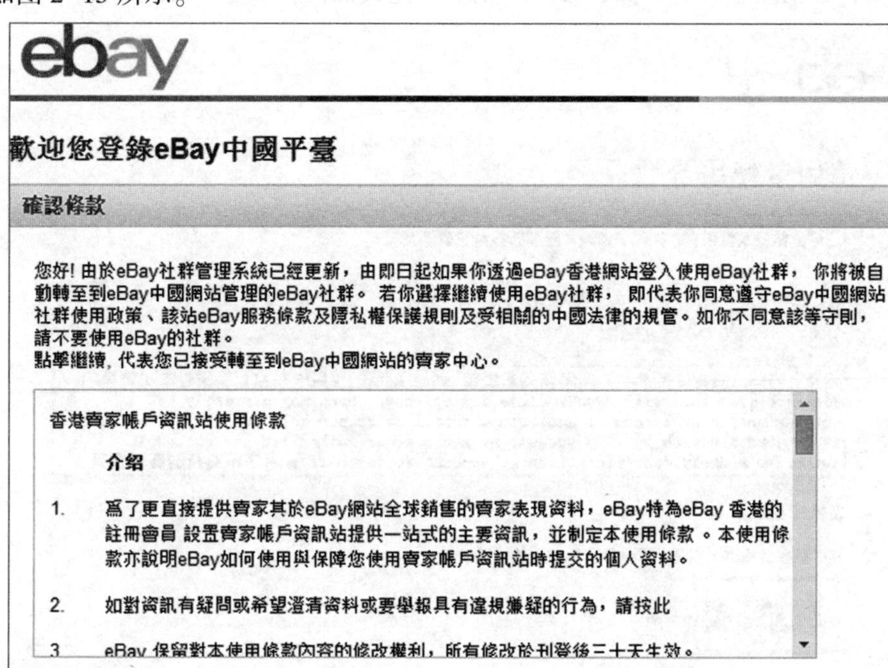

图 2-14　注册 eBay 平台确认条款

图 2-15　信用卡认证 eBay 账号页面 1

第二步，正确填写信用卡信息。

第三步，在信用卡合约页面，授权信用卡，完成认证，如图 2-16 所示。

信用卡使用合約

你已經選擇登記信用卡／扣帳卡資料，請閱讀並同意以下條款。

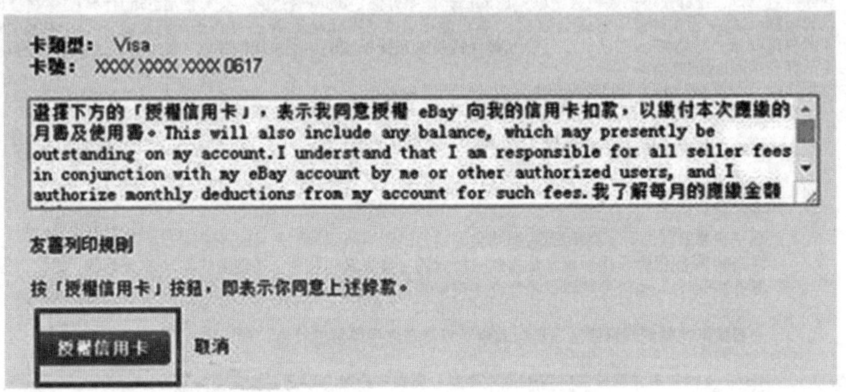

图 2-16　信用卡认证 eBay 账号页面 2

三、eBay 平台的规则

eBay 平台为提升买家满意度，对平台规则的把控是非常严格的，轻则警告、下架产品，重则冻结或查封店铺。因此，卖家应熟知 eBay 平台的规则，避免触犯，从而降低运营成本及风险。

（一）刊登规则

遵守正确的刊登规则，不仅可以提高成交率，还可以避免因产品描述问题产生的纠纷。不准确的产品信息会扰乱平台秩序，因此一旦产品违反了平台刊登规则就会面临被删除、账户受限、被冻结的风险。卖家在上传产品时应注意以下 eBay 平台规则。

1. 正确分类产品

商品须刊登在正确的类别中，如存在多级子分类，需放入对应的子分类中。例如项链应被刊登在“珠宝>项链”分类中，而不是“珠宝>其他”分类中。

2. 准确设置物品所在地

在“物品所在地”栏内如实填写商品寄出地。一般来说，物品所在地应与账户信息相同，如果物品在其他地区，上传的物品所在地应与真实所在地相符。付费的设置应与所在地相匹配，以防止不必要的交易纠纷。例如账户信息中物品所在地在中国，实际上在美国，物品运费计算的应是从美国发货的运费，而非从中国发货的运费。

3. 设置标准链接

发布产品时，eBay 平台允许在物品描述时使用一些链接来促销。但某些链接是不允许使用的，如个人或商业网站链接，不允许指向 eBay 平台外的产品销售信息页面。

4. 上传标准的产品图

eBay 平台对刊登的产品图有详细的标准，具体如下：

（1）至少包括 1 张产品图。

（2）产品图最长边不得低于 500 像素（建议高于 800 像素）。

（3）产品图不得有边框、文字和插图。

（4）对二手物品不得使用易贝目录（eBay catalog）图片。

（5）不得盗用他人的图片或描述。

5. 预售商品的刊登规则

（1）对于发布时没有库存的商品，卖方须保证商品订单下达后 30 天之内可以发货。

（2）刊登时须说明该产品为预售产品，并注明发货日期。

（3）对于某些热门商品，平台会单独发布预售政策，应及时查看官网公告。

（二）知识产权

eBay 平台对知识产权违规政策包括：复制品、赝品和未经授权的复制品政策，发布产品时对商品的描述规则，对违反知识产权举报人的保护条款。如未经授权贩卖品牌商品或仿冒品，刊登商品时使用了他人的产品标题、描述或图片，都被视为侵犯了他人的知识产权。

（三）交易行为

1. 自我抬价

自我抬价是指在卖家竞拍的过程中，由卖家本人或其关联人通过注册或操纵其他账户虚假出价，进而达到人为地抬高价格的目的。自我抬价借助不公平手段提高物价，会降低买家对竞价系统的信任程度，对 eBay 造成极大的负面影响，并且，也违背了公平竞争原则，因此，自我抬价行为是大多数地方法律所禁止的。

2. 成交不卖

成交不卖是指买方成功竞标，双方达成交易，卖方收取货款但一直不发货。不发货的原因可能是没有库存或商品本身破损等，卖家应主动向买方说明原因并提供解决方案，以获得买方的谅解。eBay 鼓励买卖双方沟通解决问题，但买方没有义务一定要接受卖方的建议。因此，卖方在发布产品信息时要确认库存，收到货款后要及时发货，避免成交不卖的违规行为发生。

（四）用户沟通

eBay 不允许不雅言辞或粗俗的语言出现在平台上，包括色情、仇恨、歧视等，如果买家给予的评价意见中含有不雅词汇，卖家可以提交移除信用评价申请；同时，在沟通规则中未经允许滥发邮件、滥用 eBay 联系功能也被禁止。禁止发送提议在 eBay 平台外交易的电邮，这种电邮具有诈骗风险和规避平台收费的违约行为。eBay 提供的联系功能是为会员提供公开沟通的途径，而非作为宣传、广告等私人用途。

（五）卖家保障

eBay 平台致力于为卖家提供良好的买家资源，卖家通过设置有权利要求过滤一部分用户，遭遇不良买家可向 eBay 平台举报。eBay 平台会保护卖家的信用等级，买家买完商品不留言，系统将自动默认好评；每周三会有对卖家纠纷、买家违约、包裹追踪等判定，不属于卖方责任的都会删除差评。

第三节　全球速卖通

一、全球速卖通平台简介

全球速卖通（AliExpress）成立于 2010 年 4 月，隶属于阿里巴巴集团，是面向全球市场的在线交易平台。面对全球买家，全球速卖通通过支付宝账号进行担保交易，借助国际快递完成商品的递送。全球速卖通在全球英文在线购物网站位居第三位，也是中国最大的出口 B2C 电商平台。

截至 2023 年，全球速卖通已覆盖 220 多个国家和地区，俄罗斯、美国、西班牙、巴西、法国等国成为其主要交易市场；海外成交买家数量已达到 1.5 亿；支持全球 18 种语言的站点；其优势行业包括服装、手机、鞋包、珠宝、消费电子、家具、灯具等。

全球速卖通帮助中小企业打开国际市场，触及终端批发零售、小批量多批次的快销售，拓展利润空间，打造集订单、支付、物流于一体的跨境电商交易平台。

二、注册全球速卖通平台账号

（一）入驻全球速卖通基本条件

（1）自 2017 年 1 月 1 日起，所有新账户必须以企业身份注册，关闭个人账户，转为企业账户申请入口，一家企业在一个经营大类下可经营店铺的数量为三家。

（2）具有合法的经营执照以及对公账户、商标和一个新邮箱，开通企业支付宝账号后完成全球速卖通卖家认证。

（3）自 2017 年 1 月 1 日起，所有商品实行品牌化，发布新产品时必须在“品牌属性”中选择商标。因此，卖家须拥有或代理一个品牌，根据品牌资质选择经营品牌官方店、专卖店或专营店。

（4）卖方须缴纳一定的技术服务年费。技术服务年费按产品类目不同分为 10 000～

100 000 元不等，优质店铺可获得返年费奖励。

（5）每个账号可选择一个经营范围，在此范围内可选择多个经营类目。

（二）注册平台账号的步骤

1. 非淘宝或天猫商家入驻

（1）直接填写信息注册，如图 2–17 所示。

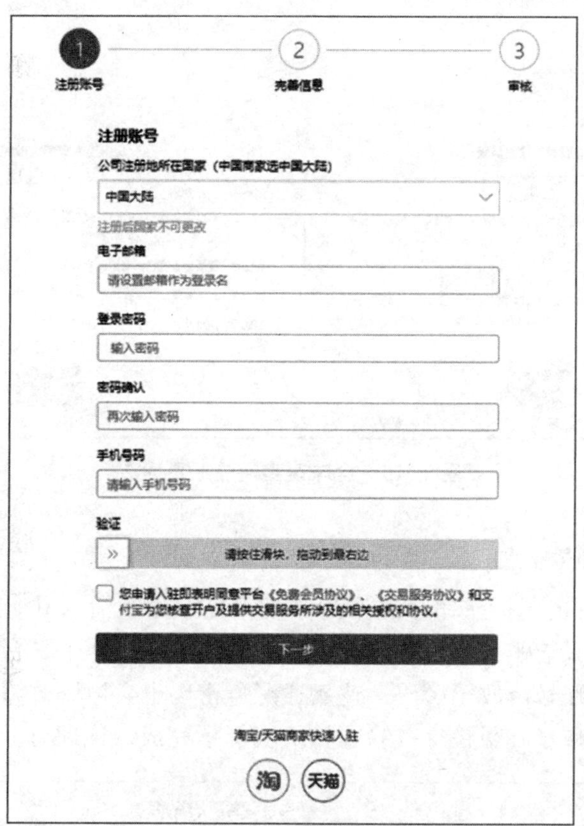

图 2–17 全球速卖通注册页面 1

如果是中国商家，纳税国家务必选择“中国大陆”；注册邮箱中不能出现 aliexpress、taobao 或 alibaba 等，若出现则不会注册成功。

资料填写完成后进入认证页面，按页面提示完成认证。

（2）实名认证。认证方式有企业支付宝授权认证和企业法人支付宝授权认证两种。两者的主要区别如下：

①企业支付宝授权认证需要提前在支付宝申请企业支付宝账户，之后在速卖通认证页面登录企业支付宝账号即可，实时认证通过。

②企业法人支付宝认证无须有企业支付宝账号，只要在认证页面提交相关资料和法人的个人支付宝账号授权即可，资料审核时间是 2 个工作日，如图 2–18 所示。

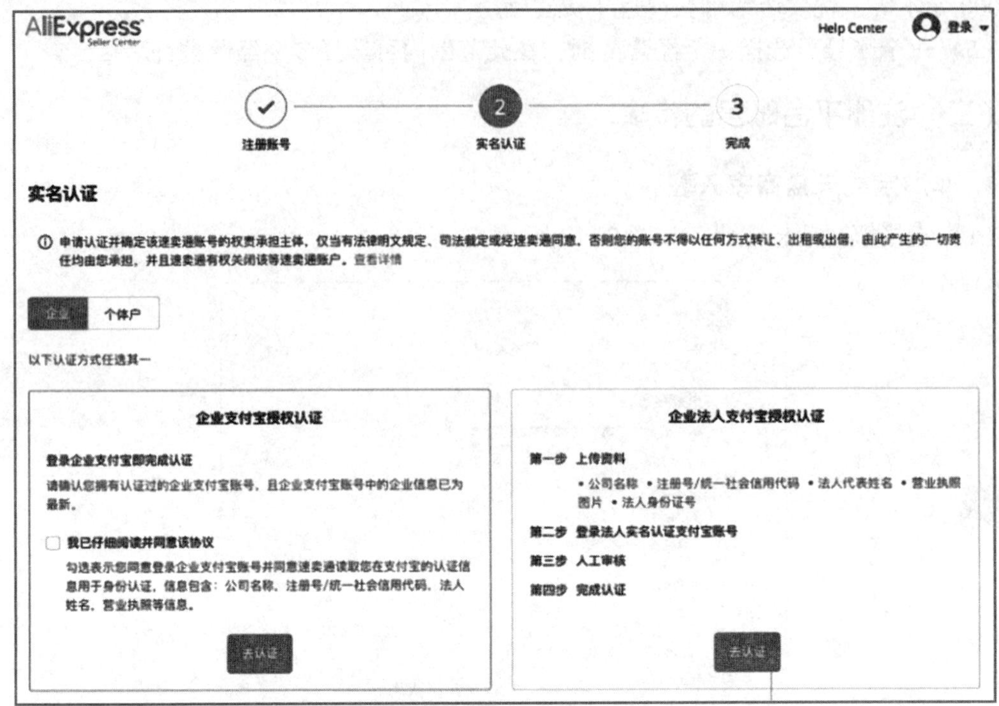

图 2-18　全球速卖通注册页面 2

2. 淘宝或天猫商家入驻

单击图 2-17 底部的图标按钮，选择淘宝或天猫账号激活入驻。新激活的全球速卖通账号和对应的淘宝或天猫账号共用邮箱、手机和密码，在某一个平台修改后会同步到另外一个平台。例如淘宝账号修改了密码，速卖通账号密码也会被修改。

登录淘宝或天猫账号（见图 2-19），按页面提示完成认证即可。

登录淘宝账号

1、仅支持天猫商家、淘宝企业及个体工商户商家，个人商家请重新注册账号 2、仅支持有邮箱的账号，纯手机会员请注册新账号

登录名:

邮箱 / 会员ID / 淘宝帐号

登录密码:　忘记登录密码?

登录密码

登录

登录天猫账号

1、仅支持天猫商家、淘宝企业及个体工商户商家，个人商家请重新注册账号 2、仅支持有邮箱的账号，纯手机会员请注册新账号

登录名:

邮箱 / 会员ID / 淘宝帐号

登录密码:　忘记登录密码?

登录密码

登录

图 2-19　全球速卖通注册页面 3

三、全球速卖通平台的规则

作为全球跨境电商巨头之一的全球速卖通平台，吸引着无数卖家入驻。如果卖家不清楚平台规则，很容易在日常操作中违规并遭到平台处罚。下面列举卖家较为容易触犯的全球速卖通平台规则。

（一）知识产权规则

1. 产品名称带有品牌

某些商家会在产品名称中添加知名品牌，从而在检索排名中取得靠前的名次，如果商家没有获得这些品牌的授权，就违反了知识产权的规定。全球速卖通会通过关键词检索把相关产品名称收集起来，一旦发现有侵权行为，就会对卖家实施惩罚。因此，卖家在上传产品标题、图片、描述时不要添加未经授权品牌的任何信息。

2. 店铺名称带有品牌

卖家不允许将未经授权的品牌名称用于店铺名称。因此，卖家在对店铺进行命名时一定要慎重考虑，一旦触犯相关规定，再次申请更改店铺名称需要等待 6 个月的时间，其间卖方不允许销售带有非法店名的商品。

3. 销售音频和视频产品

全球速卖通对销售 DVD、CD、视频格式的音频或视频产品进行严格的限制和监控，因为此类商品涉及广泛的版权和知识产权问题。销售此类产品的卖家应高度重视平台知识产权规定，严禁违规行为。

4. 原始软件或设备的销售

未经授权，卖家不准许销售任何软件的安装系统或设备，正版软件也不例外。例如未经授权，商家不允许在平台上销售 Windows 安装软件，即使该卖家是从微软官方购买的正版软件。

拓展阅读

知识产权规则限制未经授权的商品在平台上销售，卖家侵犯他人的知识产权将受到平台不同程度的处罚。全球速卖通知识产权规则见表 2-5。

表 2-5 全球速卖通知识产权规则

侵权类型	定义	处罚规则
商标侵权	严重违规：未经注册商标权人许可，在同一种商品上使用与其注册商标相同或相似的商标	三次违规者关闭账号
	一般违规：其他未经权利人许可使用他人商标的情况	（1）首次违规扣 0 分 （2）其后每次重复违规扣 6 分 （3）累达 48 分者关闭账号

续表

侵权类型	定义	处罚规则
著作权侵权	未经权利人授权，擅自使用受版权保护的作品材料，如文本、照片、视频、音乐和软件，则构成著作权侵权	（1）首次违规扣0分 （2）其后每次重复违规扣6分 （3）累达48分者关闭账号
	实物层面侵权： （1）实体产品或其包装被盗版 （2）实体产品或其包装非盗版，但包括未经授权的受版权保护的内容或图像	
	信息层面信息： （1）图片未经授权被使用在详情页上 （2）文字未经授权被使用在详情页上	
专利侵权	外观专利、实用新型专利、发明专利的侵权情况（一般违规或严重违规的判定视个案而定）	（1）首次违规扣0分 （2）其后每次重复违规扣6分 （3）累达48分者关闭账号（严重违规情况，三次违规者关闭账号）

备注：

（1）速卖通会按照侵权商品投诉被受理时的状态，根据相关规定对相关卖家实施适用处罚。

（2）同一天内所有一般违规及著作权侵权投诉，包括所有投诉成立（商标权或专利权：被投诉方被同一知识产权投诉，在规定期限内未发起反通知，或虽发起反通知，但反通知不成立；著作权：被投诉方被同一著作权人投诉，在规定期限内未发起反通知，或虽发起反通知，但反通知不成立）及速卖通平台抽样检查，扣分累计不超过6分。

（3）三天内所有严重违规，包括所有投诉成立（被投诉方被同一知识产权投诉，在规定期限内未发起反通知；或虽发起反通知，但反通知不成立）及速卖通平台抽样检查，只会作为一次违规计算；三次严重违规者关闭账号，严重违规次数记录累计不分侵权类型。

（4）速卖通有权对卖家商品违规及侵权行为及卖家店铺采取处罚措施，包括但不限于退回或删除商品/信息、限制商品发布、暂时冻结账户及关闭账号。对于关闭账号的用户，速卖通有权采取措施防止该用户再次在速卖通上进行登记。

（5）每项违规行为自处罚之日起有效期365天。

（6）当用户侵权情节特别显著或极端时，速卖通有权对用户单方面采取解除速卖通商户服务协议及免费会员资格协议、直接关闭用户账号及速卖通酌情判断与其相关联的所有账号、采取其他为保护消费者或权利人的合法权益或平台正常的经营秩序，由全球速卖通酌情判断认为适当的措施。该等情况下，速卖通除有权直接关闭账号外，还有权冻结用户关联国际支付宝账户资金及速卖通账户资金，其中依据包括为确保消费者或权利人在行使投诉、举报、诉讼等救济权利时，其合法权益得以保障。

（7）速卖通保留以上处理措施等的最终解释权及决定权，也会保留与之相关的一切权利。

（8）本规则如中文和非中文版本存在不一致、歧义或冲突，应以中文版为准。

（二）交易规则

全球速卖通平台严禁一切违反交易规定的获利行为，具体如下：

（1）在交易中，卖方诱导买方违反平台规定而获得的任何利润。

（2）卖方发布虚假商品信息、伪造服务或物流信息而获得的利润。

（3）账户因违规关闭后，重新注册卖方账户。
（4）账户因违规关闭后，直接或间接使用或管理其他账户。
（5）从其他途径获取不正当的利润。

（三）促销活动规则

全球速卖通平台在促销活动中卖家的违规行为及处理见表 2-6。

表 2-6　促销活动中卖家的违规行为及处理

违规行为	违规行为定义	违规处理
出售侵权商品	促销活动中，卖家出售假冒商品、盗版商品等违反全球速卖通知识产权规则的产品或其他侵权产品	取消当前活动参与权；根据速卖通相应规则进行处罚
违反促销承诺	是指卖家商品从参与报名活动开始到活动结束，要求退出促销活动，或者要求降低促销库存量、提高折扣、提高商品和物流价格、修改商品描述等行为	取消当前活动参与权；根据情节严重程度确定禁止参加促销活动 3～9 个月；根据速卖通相应规则进行处罚
提价销售	指在买家下单后，卖家未经买家许可，单方面提高商品和物流价格的行为	取消当前活动参与权；根据情节严重程度确定禁止参加促销活动 3～9 个月；根据速卖通相应规则进行处罚
强制搭售	是指卖家在促销活动中，单方面强制要求买家必须买下其他商品或服务，方可购买本促销商品的行为	禁止参加促销活动 12 个月；根据速卖通相应规则进行处罚
不正当谋利	是指卖家采用不正当手段谋取利益的行为，包括： （1）向速卖通工作人员、关联人士提供财物、消费、款待或商业机会等。 （2）会员通过其他手段向速卖通工作人员谋取不正当利益	根据不正当谋利的规则执行处罚，关闭商家店铺

（四）不正当竞争规则

1. 不正当竞争的定义

（1）卖家所发布的商品信息、店铺装修或所使用的其他信息存在扰乱其他卖家正常经营的情形，足以使消费者与其他正常经营卖家混淆或误认为存在特定联系。

（2）卖家通过自身或利用其他会员账户对其他卖家进行恶意下单、恶意评价、恶意投诉等行为，影响其他卖家声誉与正常经营。

2. 不正当竞争的处罚

按严重程度，不正当竞争可分为一般违规、严重违规和情节特别严重三种情况。全球速卖通平台对不正当竞争的处罚措施见表 2-7。

表 2-7 全球速卖通平台对不正当竞争的处罚措施

违规情况	处罚措施
不正当竞争一般违规	3 分/次
不正当竞争严重违规	12 分/次
不正当竞争情节特别严重	48 分/次

第四节 敦煌网

一、敦煌网简介

敦煌网（DHgate）成立于2004年，是我国首个实现跨境电子商务的B2B平台，致力于帮助中小企业开拓海外市场，构建国际贸易新通道。其采取佣金制，自2019年2月起对新卖家收取注册费用。目前，敦煌网累计拥有200万家注册供应商，线上产品数量为2 200余万个，注册买家为2 100多万人，覆盖全球222个国家和地区，有200多条物流专线及17个海外仓。

敦煌网60%～70%的交易发生在欧美市场，此外，非洲、俄罗斯、中东、太平洋岛国等正在崛起的跨境电商新兴市场也成为敦煌网重要的海外市场。

二、注册敦煌网账号

敦煌网注册只面向中国内地企业、个人及中国香港企业。

第一步，登录敦煌卖家首页（https：//seller. dhgate. com），单击“轻松注册”按钮，在弹出的界面中单击“同意协议”按钮，如图2-20所示。

图 2-20 敦煌网注册页面 1

第二步，填写卖家信息，如图 2-21 所示。

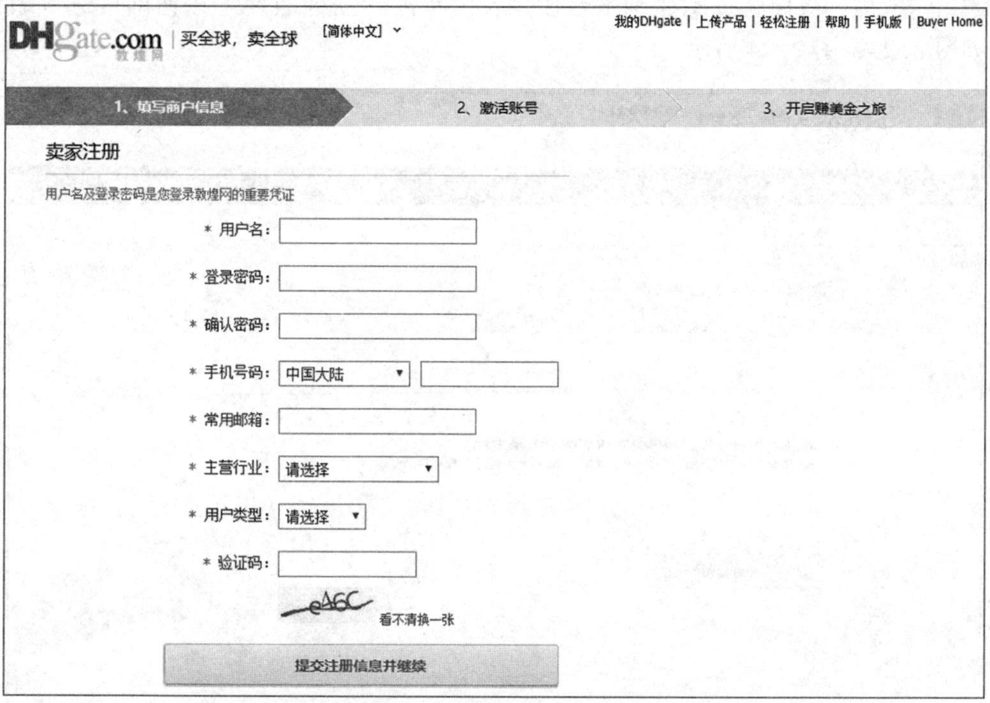

DHgate.com 敦煌网 | 买全球，卖全球　［简体中文］
我的DHgate | 上传产品 | 轻松注册 | 帮助 | 手机版 | Buyer Home
1、填写商户信息　2、激活账号　3、开启赚美金之旅
卖家注册
用户名及登录密码是您登录敦煌网的重要凭证
* 用户名：
* 登录密码：
* 确认密码：
* 手机号码：中国大陆
* 常用邮箱：
* 主营行业：请选择
* 用户类型：请选择
* 验证码：
看不清换一张
提交注册信息并继续

图 2-21　敦煌网注册页面 2

第三步，进行手机、邮箱认证，激活账号，如图 2-22 所示。

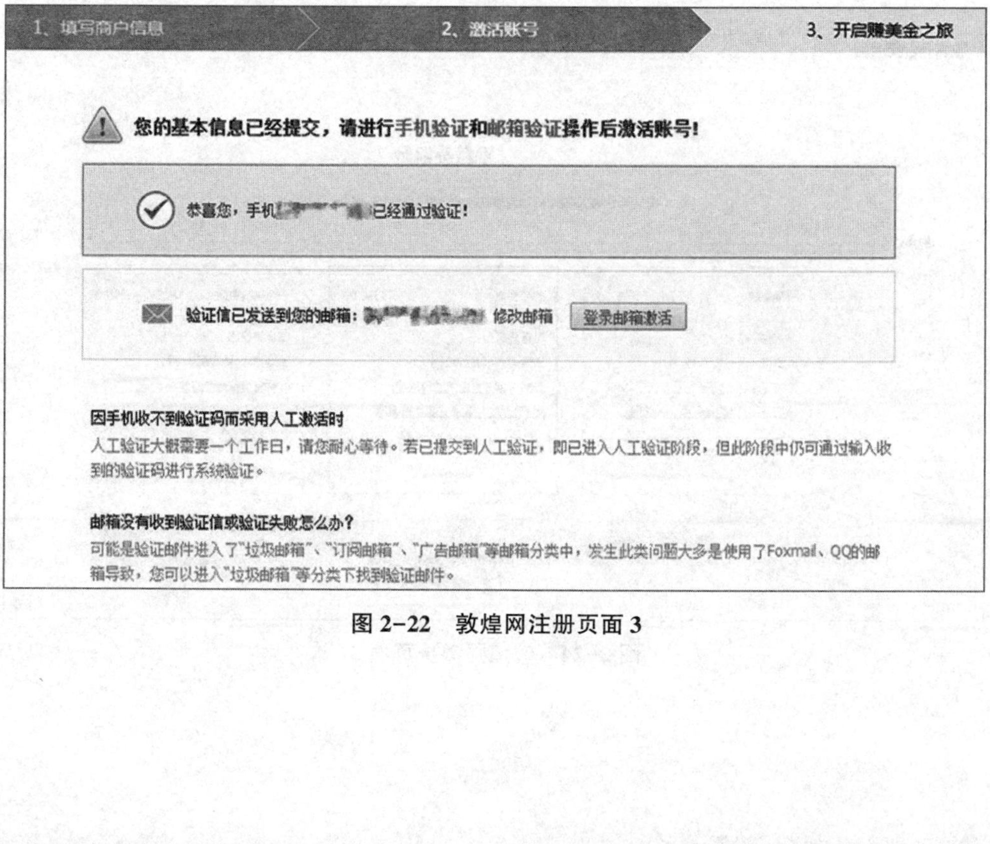

1、填写商户信息　2、激活账号　3、开启赚美金之旅
您的基本信息已经提交，请进行手机验证和邮箱验证操作后激活账号！
恭喜您，手机已经通过验证！
验证信已发送到您的邮箱：修改邮箱　登录邮箱激活
因手机收不到验证码而采用人工激活时
人工验证大概需要一个工作日，请您耐心等待。若已提交到人工验证，即已进入人工验证阶段，但此阶段中仍可通过输入收到的验证码进行系统验证。
邮箱没有收到验证信或验证失败怎么办？
可能是验证邮件进入了"垃圾邮箱"、"订阅邮箱"、"广告邮箱"等邮箱分类中，发生此类问题大多是使用了Foxmail、QQ的邮箱导致，您可以进入"垃圾邮箱"等分类下找到验证邮件。

图 2-22　敦煌网注册页面 3

第四步，进行平台缴费。自 2019 年 2 月 20 日起，新注册的账户通过手机验证和邮箱验证激活账户后，页面将提示缴纳平台使用费，单击“立即缴费”按钮即可进入缴费页面，如图 2-23、图 2-24 所示。

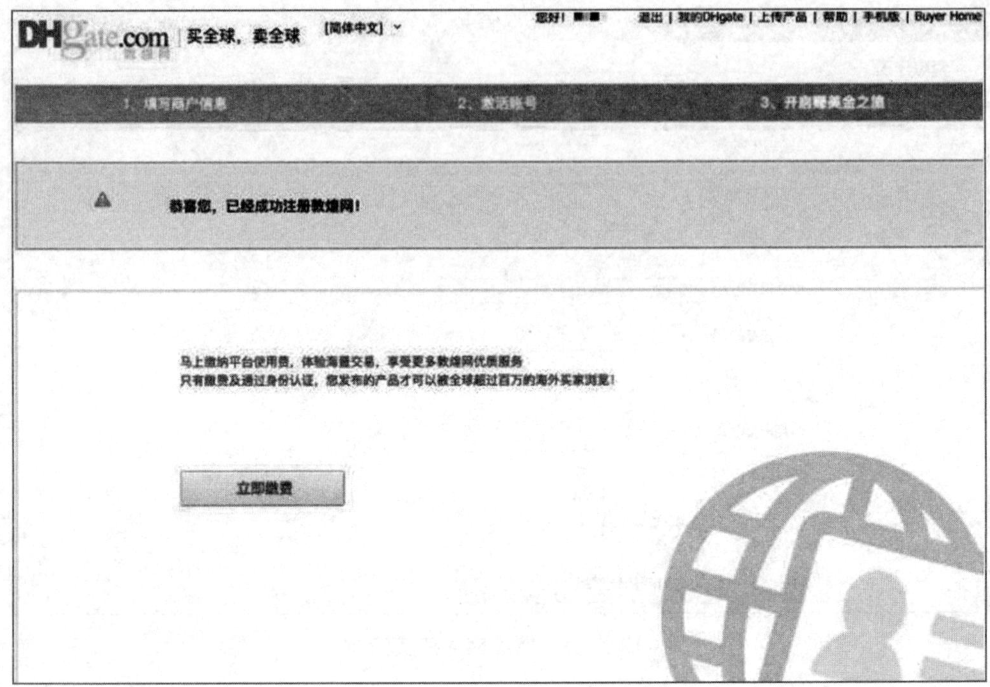

图 2-23　敦煌网缴费页面 1

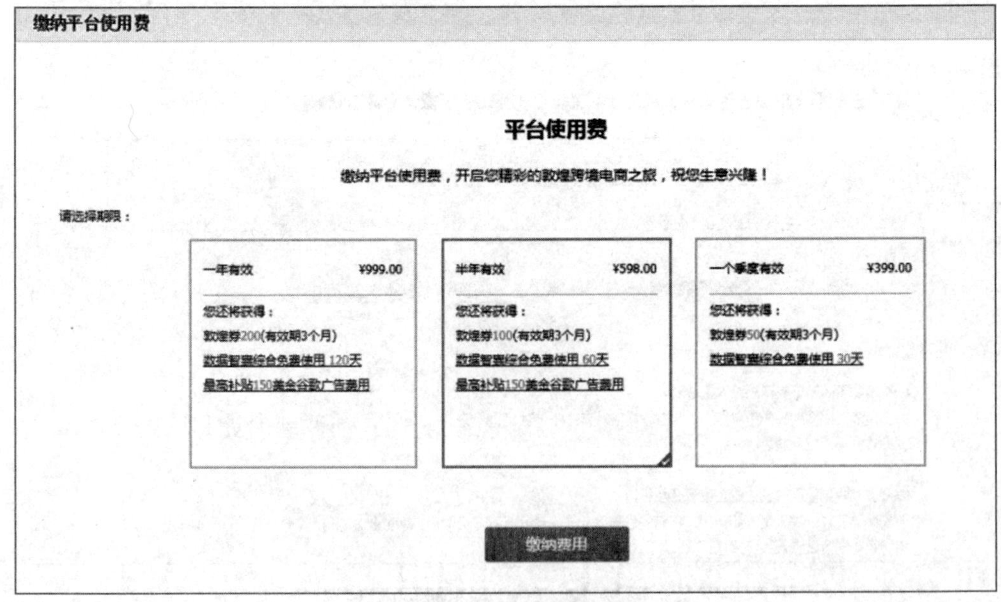

图 2-24　敦煌网缴费页面 2

收费标准分为年缴、半年缴、季度缴，具体收费标准为一年有效 999 元、半年有效 598 元、一个季度有效 399 元。

第五步，缴费成功后，进入身份认证。上传相关资料证明申请，通过身份认证后，即可正常操作后台相关功能，如图 2-25 所示。

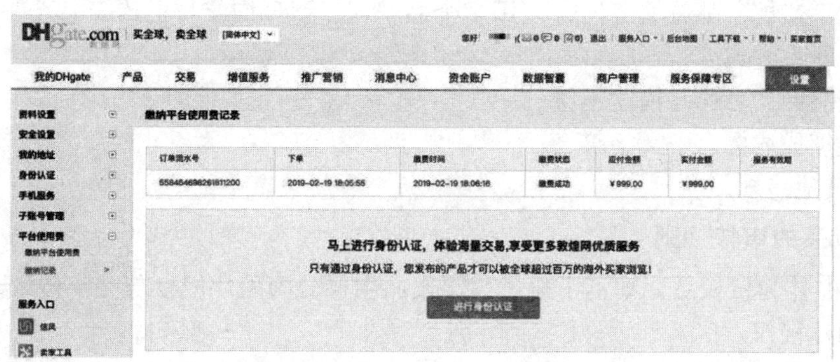

图 2-25　敦煌网身份认证页面

三、敦煌网的规则

（一）敦煌网产品下架的常见原因

1. 自主下架

自主下架是指卖家自主下架还在有效期的产品，下架后的产品可通过“更新有效期”重新上架。

2. 到期下架

发布产品时，可选择产品有效期 90 天/30 天/14 天（系统默认为 90 天），超过有效期的产品系统会被做下架处理，卖家可通过“更新有效期”对下架产品进行重新上架操作。

3. 违规下架

产品在销售期间，因涉嫌违反敦煌网禁限售商品规定，而由平台工作人员强行下架处理。对违规下架商品，卖家不能通过“更新有效期”操作重新上架，必须按照平台规定修改产品信息，并经审核通过后方能重新上架。

4. 售完下架

产品库存不足或为零时，则会售完下架。对于零售商品，是库存数量已售完；对于批发产品，是库存数量小于最小起订量。

（二）敦煌网的产品审核规则

敦煌网审核不通过的产品主要有违规品、侵权品及禁销品三种。

1. 违规品的审核规则

（1）当卖家违规发布以下产品时，审核不予通过。

(2) 图片违规。例如抄袭其他卖家的商品图片。

(3) 使用官网图片。

(4) 产品图片模糊。

(5) 产品图片有双水印。

(6) 文字违规，乱放关键词（使用多个品牌词、型号词或与上传产品无关的词语）。

(7) 留联系方式。

(8) 产品图片名称与描述不符。

(9) 详细描述中有中文字符。

(10) 其他违规。

2. 侵权品的审核规则

当销售主体为侵权品，则不予通过，侵权品主要分为图片侵权与文字侵权。

(1) 图片侵权。

①图片侵犯注册商标。

②图片侵犯他人的版权或专利权。

③图片侵犯他人肖像权。

④产品形似品牌产品，且图片有涂抹痕迹。

⑤产品形似品牌产品，故意不显示 logo 部位。

⑥恶意破坏、侮辱或其他不正当使用各国国旗图案。

⑦其他侵权行为。

(2) 文字侵权。文字侵权是指产品标题、短描或长描任一处出现如下情况。

①产品侵犯知名注册商标。

②对同类产品，产品描述含注册商标的产品线词。

③对同类产品，含注册商标的变形词（部分词）。

④对形似品牌产品，文字暗示产品为侵权产品的语言，如“B LOGO，The world famous brand，Here has the logo”等，如果产品是国产且不形似，不打击形似品牌产品，文字暗示产品为侵权产品的语言，如“big brand，famous brand，all kinds of brand”等。

3. 禁销品的审核规则

当卖家发布《禁止销售（限售）的产品规则》中的产品时，审核不予通过。

如果商品没有通过敦煌网平台的审核，可以通过“产品→管理产品→审核未通过”命令来查看产品未通过审核的具体原因。

第五节 Wish

一、Wish 平台简介

Wish 于 2011 年在美国成立，是一款分析用户喜好，借助精益算法，以千人千面形式向消费者推送商品信息的移动购物 App。2013 年，Wish 成功转型跨境电商，其销售模式是移动 C2C 跨境电商平台，目前已发展成北美最大的移动电商平台和全球第六大电商平台，在不足十年的发展历程中创造了无数电子商务时代的新高，成为业界的一匹黑马。

Wish 的核心竞争力在于拥有“信息关联”技术、精准算法、个性化推送，为每个用户创造了一个愉悦、有趣、个性化的购物体验。对于商家而言，Wish 注册方便，产品上传简单、高效，且专注打造移动端。平台不讨好大卖家，也不扶持小卖家，完全根据消费者的喜好推送商品，卖家不用通过降低价格来获得竞争优势。

Wish 主要用户群为 16～30 岁的年轻人，其特点是有活力、消费频繁及购买力强。平台主营 3C、母婴、服饰、家居类，价廉物美成为该平台取胜的关键，在美国市场具有很高的人气。Wish 平台 97%的订单来自移动端，App 日均下载量稳定在 10 万，高峰时可达到 20 万。就目前移动电商成为电子商务发展趋势来看，Wish 的潜力还是巨大的。

二、Wish 平台注册

Wish 平台的注册步骤如下。

（一）注册账号

（1）登录 china-merchant. wish. com，单击“立即开店”按钮，如图 2-26 所示。

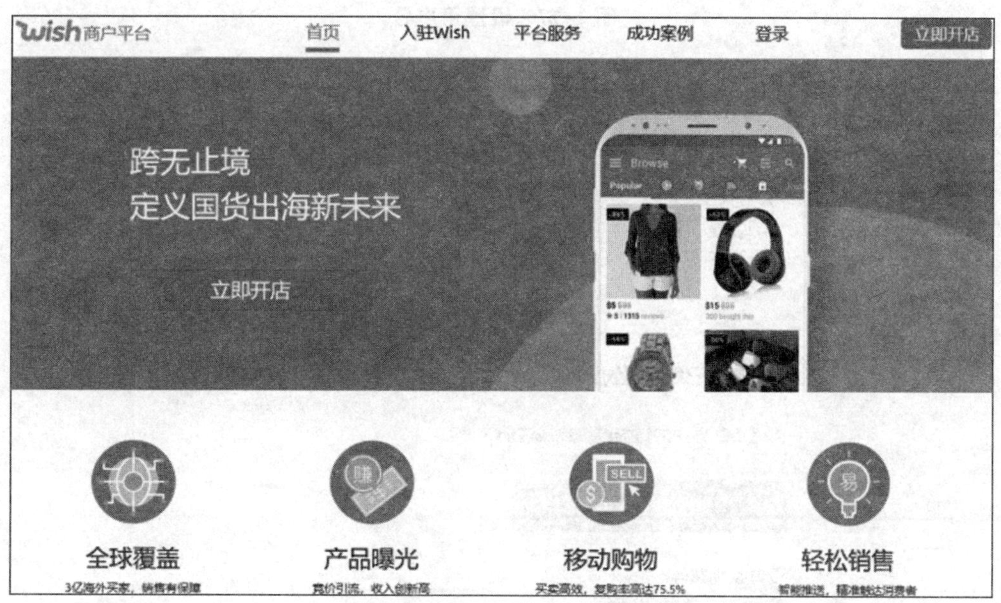

图 2-26 点击“立即开店”

（2）设置用户名。填写注册邮箱、密码、手机号码、图像验证码、手机验证码等信息，阅读商户服务条款后勾选，如图 2-27 所示。

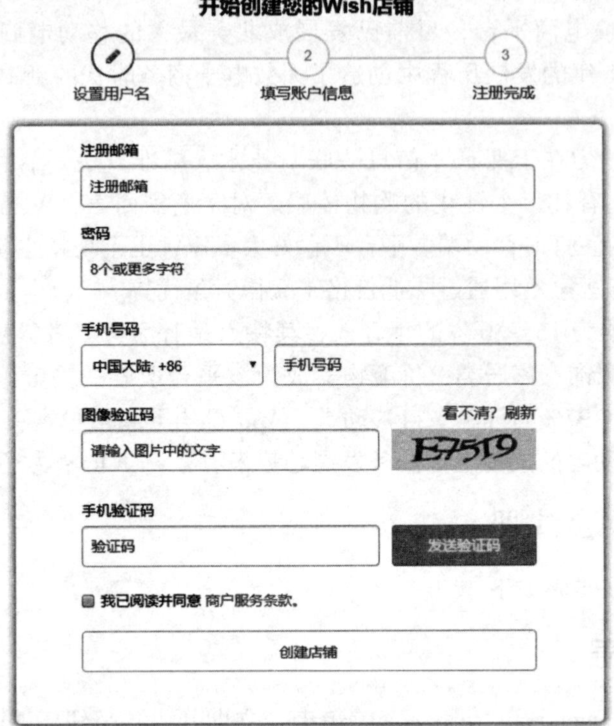

图 2-27 设置用户名

（3）邮箱验证，如图 2-28、图 2-29 所示。

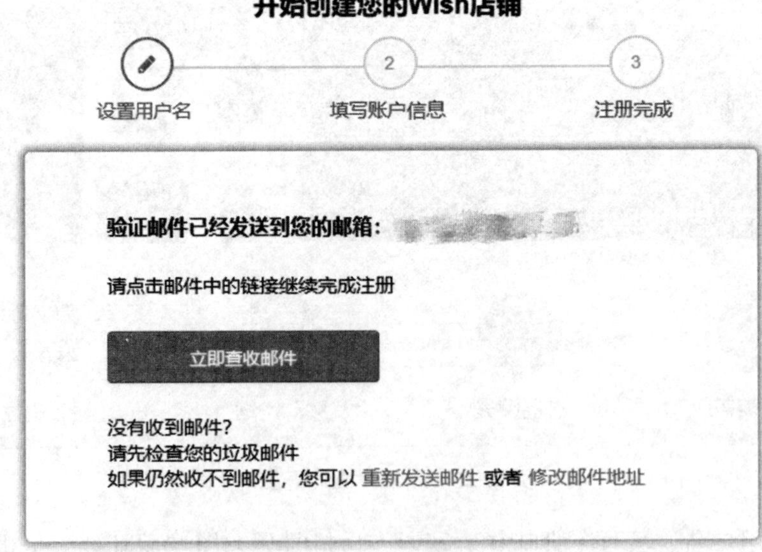

图 2-28 邮箱验证 1

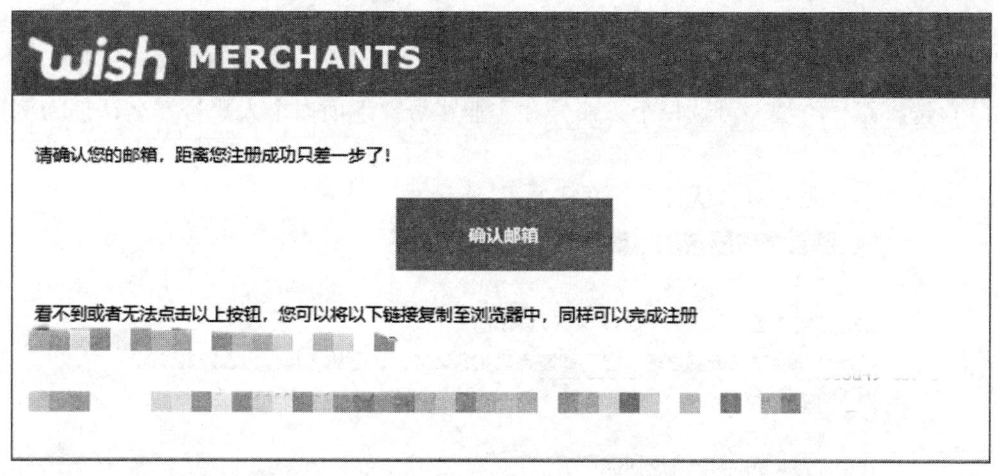

图 2-29　邮箱验证 2

（4）填写账号信息。填写店铺名称（英文）、卖家的真实姓名（中文）、办公地址、邮编，如图 2-30 所示。

注意：店铺名称中不能包含 Wish 字样。

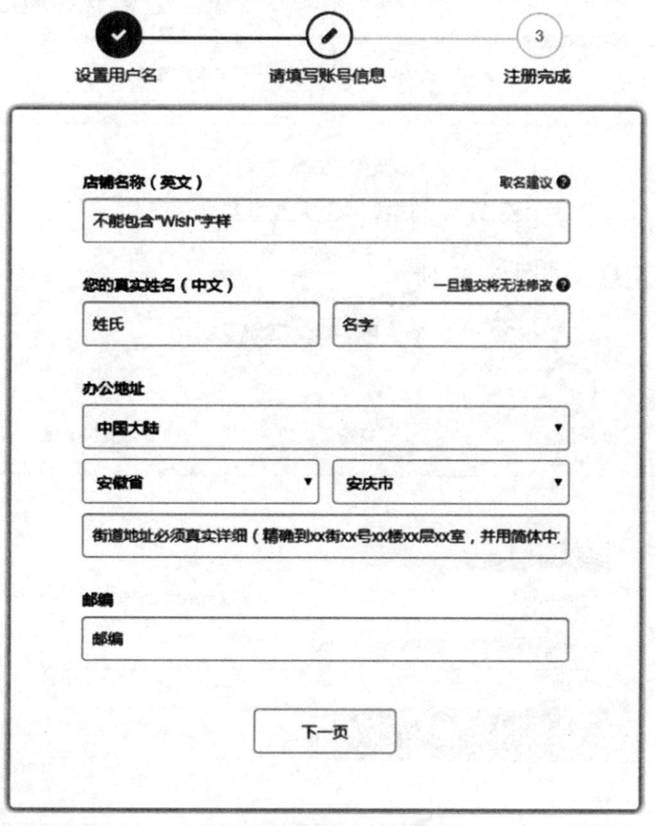

图 2-30　填写账号信息

（二）实名认证

（1）选择账号类型。可选择个人账号和企业账号。下面以个人账号实名认证为例进行说明。

①选择"个人账号实名认证"，如图 2-31 所示。

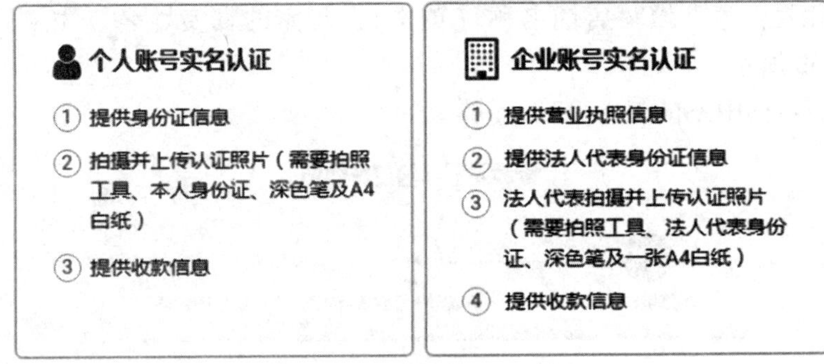

图 2-31　选择"个人账号实名认证"

②填写身份证信息，如图 2-32 所示。

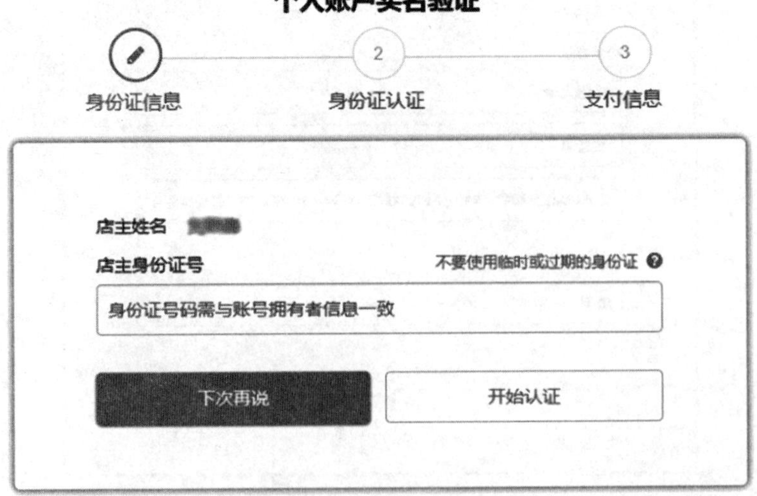

图 2-32　填写身份证信息

③ 拍摄并上传认证照片，如图 2-33、图 2-34 所示。

请准备好拍照工具、本人身份证、深色笔及一张A4白纸
实名认证提示：
1. 您可以使用数码相机，或至少有5百万像素的智能手机（请勿使用带有美颜功能的智能手机）
2. 照片的清晰度和文件大小（3MB或更小）将影响您的实名认证。请谨慎选择拍照工具
3. 整个认证过程必须在15分钟内完成
下次再说
开始认证

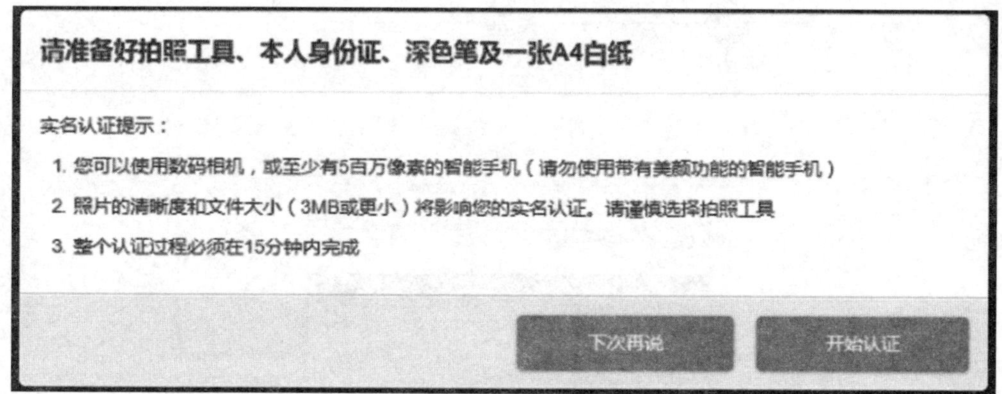

图 2-33　拍摄并上传认证照片页面 1

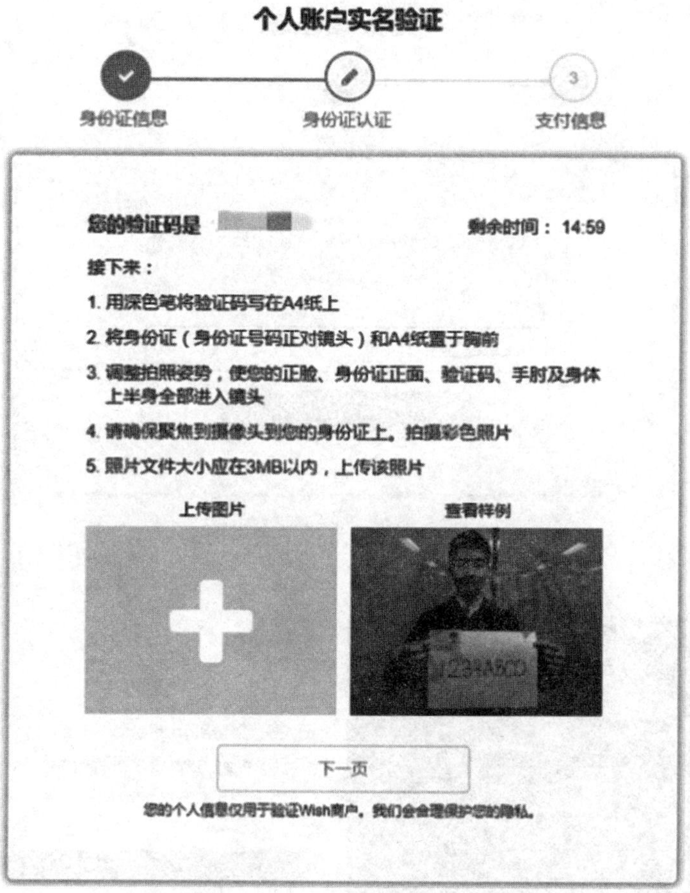

个人账户实名验证
身份证信息
身份证认证
支付信息
您的验证码是
剩余时间：14:59
接下来：
1. 用深色笔将验证码写在A4纸上
2. 将身份证（身份证号码正对镜头）和A4纸置于胸前
3. 调整拍照姿势，使您的正脸、身份证正面、验证码、手肘及身体上半身全部进入镜头
4. 请确保聚焦到摄像头到您的身份证上。拍摄彩色照片
5. 照片文件大小应在3MB以内，上传该照片
上传图片
查看样例
下一页
您的个人信息仅用于验证Wish商户，我们会合理保护您的隐私。

图 2-34　拍摄并上传认证照片页面 2

（2）选择支付平台。平台账号创建成功即绑定成功，如图 2-35～图 2-38 所示。

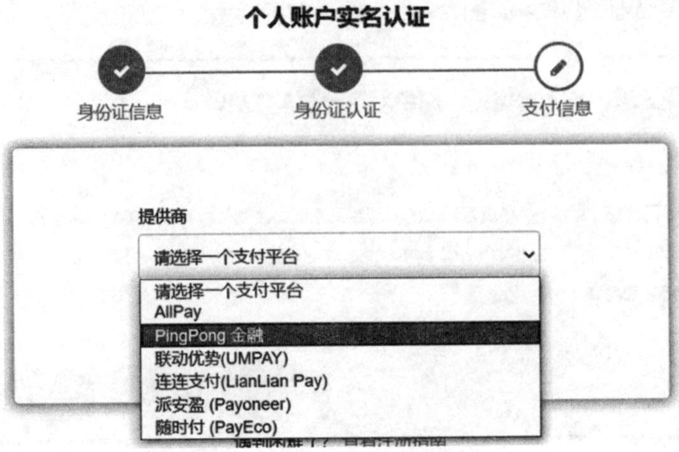

图 2-35 选择支付平台页面 1

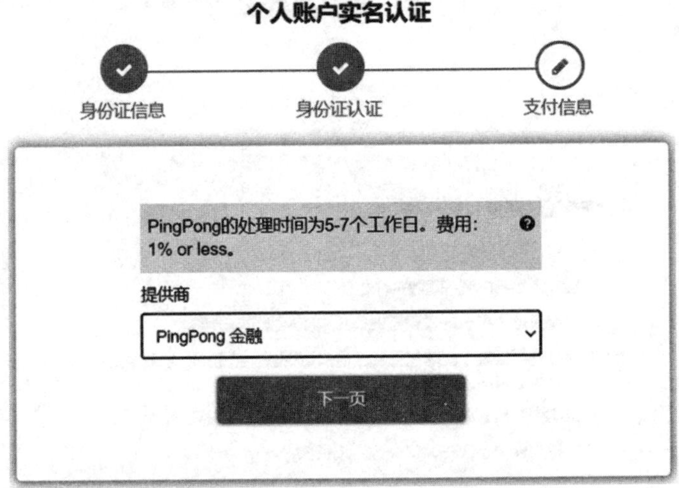

图 2-36 选择支付平台页面 2

图 2-37 选择支付平台页面 3

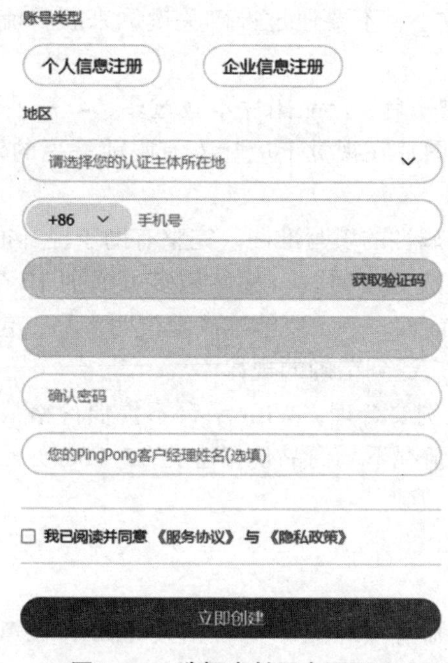

图 2-38 选择支付平台页面 4

三、Wish 平台的规则

与其他平台相比，Wish 平台有自己专属的规则，切忌用其他平台的运营思维经营 Wish 账号。

（一）推送规则

Wish 平台力求给买家更便捷的购物体验，不需要买家搜索，而是通过独特的算法将商品推送到客户面前，产品有了主动性而不是被动地等待。

1. Wish 平台主要的推送依据

（1）违规率：是否为诚信商铺、仿品率低于 0.5%。

（2）迟发率：履行订单的时效。

（3）取消率：商户或消费者取消订单的比例。

（4）跟踪率：对物流渠道的选择、货物的跟踪。

（5）签收率：在规定时间内签收的比例，会增加推送的权重。

（6）订单缺陷率：订单中评、差评、投诉、纠纷的比例。

（7）退货率：由于各种原因产品售出后被退回的比率。

（8）反馈及时率：收到买家信息后，是否尽快回复。

（9）推送转化率：商品被推送后的下单率。

显然，商家满足上述推送依据越多，商品被推送的机会就越大。

2. 为了满足更多平台推送规则，卖家需提升产品发布质量

（1）Wish 标题搜索权重小，不要通过堆砌关键词来获得流量，标题应简单明了、与产品有较强的相关性。

（2）Wish 属于手机购物平台，产品图片不宜过多，4～8 张为宜，图片质量要高，这样顾客可以更清晰地查看。图片在视觉上应让人有眼前一亮的效果。图片应为方形，600 像素×600 像素比较适宜。

（3）颜色、尺码等产品属性的填写准确、完整有助于提升推送曝光及转化率。

（4）标签搜索权重大，应高度重视。标签最多可添加 10 个，位置越靠前权重越高，因此重要的标签应被放在最前面，一定要能准确地说明产品，包括一些大词、流行词。应把握从大范围到小范围、从广泛到精确的规律。

（5）产品价格和运费比例要合理。Wish 平台不提倡价格战，但合理的价格还是有助于推送和提高转化率。一般情况下，商品价格应为 15～30 美元，高价格商品往往面临低转化率。

（二）产品促销规则

Wish 平台没有直通车，做不了平台活动，相关的 SEO 在 Wish 平台上没有什么效果，但对于新产品，平台会有所倾斜。

（1）严禁对促销产品提高价格或运费。

（2）严禁对促销产品降低库存。

（3）如商铺禁售促销产品，将面临罚款。例如禁售过去 7 天交易总额高于 500 美元的促销产品，店铺将受到 50 美元的罚款。

（三）知识产权规则

作为反侵权联盟成员，Wish 对仿制品采取零容忍态度。背景有品牌标识、标签模糊打码、模特脸不清晰、外观侵权等都会列为违反平台规则，不予通过。

1. 严禁出售伪造商品

模仿、影射其他产品的都属于伪造商品，如果商铺推出此类产品，平台将有权进行清除并给予罚款（每件伪造品 1 美元），甚至停封账户。

2. 商户有责任提交产品销售授权证据

如果商品侵犯了他人的知识产权，卖家有责任提供产品销售授权证据并确保证据的准确性和非误导性。

3. 对已审核商品处以伪造品罚款

卖家对侵权产品商户进行修改后，要经过再审核。复审期间产品可正常销售，但如复审后发现产品仍违反了平台政策，卖家将被处以 100 美元的罚款，产品被删除且所有付款将被扣留。

第六节　其他平台介绍

一、阿里巴巴国际站

（一）基本情况

阿里巴巴国际站为中小企业提供拓展国际贸易出口的营销推广服务。它基于全球领先的电子商务网站，通过向海外买家展示、推广供应商的企业和产品，进而获得贸易商机和订单，是出口企业拓展国际贸易的首选网络平台之一。

阿里巴巴国际站提供一站式的店铺装修、产品展示、营销推广、生意洽谈及店铺管理等全系列线上服务和工具，帮助企业降低成本，高效率地开拓外贸大市场。据阿里巴巴国际站官方数据，阿里巴巴国际站已对接全球 200 多个国家和地区，覆盖 16 种语言，注册用户达 1.5 亿户，海外活跃采购商有 1 000 万个，每天询盘订单有 30 万单。目前，阿里巴巴国际站已经对接了 40 多个不同行业 5 900 多个产品类别。

（二）入驻条件及流程

1. 商家入驻条件

（1）公司类型。阿里巴巴国际站是 B2B 电子商务平台，只有是中国工商行政管理局注册的做实体产品的企业（生产型和贸易型均可）才可入驻。若公司是服务类型（如物流、检测认证、管理服务等）则暂不能加入，另外离岸公司和个人也不能入驻。

（2）实地认证。公司类型符合要求后，还需要通过实地认证才能确认是否可以入驻平台。实地认证需要以下资料。

①客户提供的资料包括：企业执照信息（包含企业中英文名称、营业执照照片、企业注册地址）、企业对公账户信息（包含企业对公账户开户行、开户名、对公账号）、企业经营地址信息（包含企业经营地址及经营场地证明）、认证人信息（包含认证人姓名、联系方式、身份证号码、职位、部门等信息）。

②客户经理上门采集：客户经理会上门拍摄公司的办公及生产环境照片，认证信息确认书需要公司盖章确认。

2. 费用

目前，阿里巴巴国际站按年收费，费用由基础服务费用和增值服务费用组成，基础服务费用（出口通）为 29 800 元/年，具体费用由客户经理根据公司想要的推广效果制订合适的方案。阿里巴巴国际站套餐办理费用见表 2-8。

表 2-8 阿里巴巴国际站套餐办理费用

套餐 A	费用（元）	套餐 B	费用（元）	套餐 C	费用（元）
出口通	29 800	出口通	29 800	金品诚企	80 000
P4P 充值	10 000	P4P 充值	20 000	P4P 充值	20 000
P4P 赠送	1 000	P4P 赠送	2 000	P4P 赠送	2 000
无忧起航	3 500	无忧起航	3 500	无忧起航	3 500
折后价	39 800		49 800		100 000

注：P4P 是外贸直通车（pay for performance），是阿里巴巴会员企业通过自助设置多维关键词，免费展示产品信息，并通过大量曝光产品来吸引潜在买家，按照点击付费的网络推广方式。

3. 账户服务开通流程

平台新签约客户或断约后回签客户，已完成合同并款项到账后，要根据后台首页提示，提交认证信息、提交公司信息和发布产品信息，如图 2-39 所示。

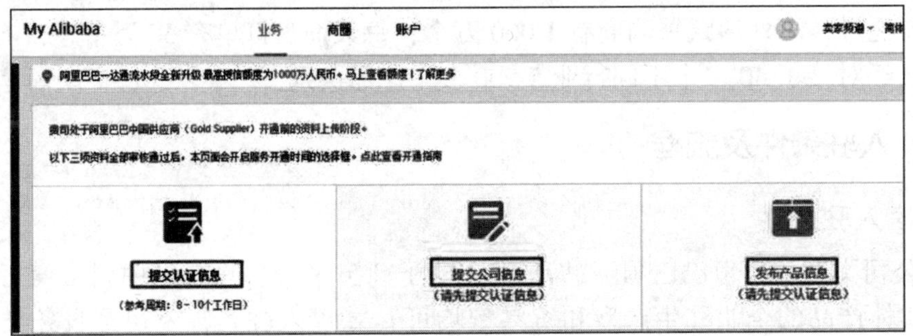

图 2-39 账户服务开通流程

完成以上三项内容，2～3 小时同步时间后，需要完成国际站规则考试，如图 2-40 所示。通过考试后即可选择网站开通时间，开通时间一旦确认将无法修改。

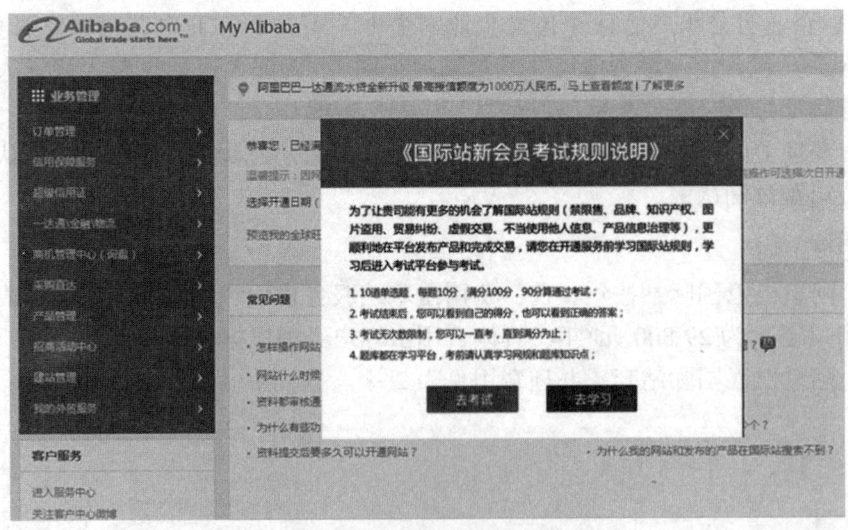

图 2-40 阿里巴巴国际站新会员考试

（三）运营注意事项

1. 店铺管理

（1）店铺装修。要同时考虑计算机端和移动端的维护，移动端有庞大的用户量，但计算机端往往会产生企业和政府订单。

（2）公司信息管理。公司信息应尽量完整。

2. 产品管理

（1）产品类目管理。正确的产品类目有助于买家找到商品，达到更好的曝光。错放类目会降低产品分数而影响商品的排名。可通过关键词搜索查看同款商品类目，进而在发布商品时保证类目的正确性。

（2）产品分组与排序。产品不仅要分组清晰，同时也要注意分组中的产品排序。

（3）产品详情页。应根据行业调整和客户需求设计产品详情页。

3. 商机和客户中心

在报价请求（request for quotation，RFQ）市场，每月应发送完免费 20 条报价请求，及时发送名片，从而获得更多的权益。

4. 数据管家

商家应每天进行数据统计，追踪数据情况，观察数据趋势；了解访客情况，及时推送营销信息；掌握行业情况，包括行业竞争情况及关键词获取等。

5. 营销中心

合理利用各种营销推广方式，关注平台活动并把握机会积极参与。

二、新蛋（Newegg）

（一）基本情况

新蛋集团（Newegg）简称新蛋，于 2001 年创立，总部位于美国洛杉矶，其旗下的美国新蛋网是电子数码产品销售网站，中国新蛋网发展至今也已积累了稳定的忠实消费人群，尤其受到大中城市商务人士及白领的青睐。“新蛋”象征着新生和孕育无限潜能，蕴含通过电子商务实现零售业变革的美好愿景。

在美国，新蛋网销售的商品种类高达 5.5 万种，已经是全美规模最大的 IT 数码类网上零售商之一；平均每天有超过 5.5 万个订单，100%的核准订单会在 24 小时内寄出；有超过 1 600 万的注册用户和约 150 万的日均访问流量。

（二）入驻条件及流程

1. 平台入驻条件

（1）必须是企业注册，不能是个人注册，需要提供企业的营业执照和对公的银行账号作为资质审核。

（2）提供 eBay 或亚马逊平台链接作为参考（店铺不能为新店铺，eBay 店铺在脸书上要有 5 000 个或以上评价；亚马逊店铺要有 500 个以上评价）。

（3）合法的营业执照，与公司相关的背景信息。

（4）产品保险证明以及公司责任保险信息。

（5）受益人必须与公司注册的法人姓名一致。

（6）有自主品牌或者代理品牌（品牌无限制）。

2. 入驻流程

（1）申请入驻。向新蛋发出入驻申请，通过初步审核后，卖家账户经理向卖家发送入驻邀请。

（2）账户注册。按照邀请邮件的注册链接，提供登录信息、基本账户信息、营业执照和美国税务局表格。

（3）收款信息。进入卖家管理系统 Seller Portal，确定收款方式，完善收款信息，如选择使用电汇，需提供银行资信证明或作废支票。

（4）配送信息。配置适当的配送方式、退货处理信息及仓储配置。

（5）创建产品。卖家需先尝试创建 1～5 个商品，提交账户经理审核，1 个工作日内审核完成。

（6）账户激活。账户经理对卖家设置的关键信息进行全面审核，1～2 个工作日完成并激活卖家账户。

（7）商品激活。账户激活后，卖家商品被激活，全球 52 国的消费者可以购买卖家的商品。

三、来赞达（LAZADA）

（一）基本情况

来赞达（Lazada）成立于 2012 年，属于 B2C 模式，总部位于新加坡，是东南亚地区最大的在线购物网站之一。其获得德国创业孵化器火箭互联网（Rocket Internet）的桑威尔兄弟（Samwer Brothers）的支持。来赞达的目标主要是印度尼西亚、马来西亚、菲律宾及泰国的用户。平台用户超过 3 亿个 SKU，主要经营 3C 电子、家居用品、玩具、时尚服饰、运动器材等产品。来赞达平台有超过 15. 5 万个卖家入驻，其中品牌供应商超过 3000 家，覆盖的用户数达 5. 6 亿人。

（二）入驻条件及流程

1. 入驻条件

（1）本地企业入驻：企业执照+对公 Payponeer 卡（一个执照只能开一个店）。

（2）本地个人入驻：身份证+银行卡。

（3）国内企业入驻：注册当地公司。

（4）国内个人入驻：护照+当地银行卡。

注意：越南和新加坡站点尚未开放中国护照注册本土店的功能。

2. 运营费用

来赞达运营费用主要分为两部分：一部分是来赞达固定收取的费用，另一部分是物流等其他费用。其收费公式如下：

来赞达运营费用=订单佣金+增值税+账务处理费（销售总额的 2%）+运费及其他

需要注意的是，此处的增值税实质为商品及服务税。

3. 注册流程

（1）登录官网（www. lazada. com/sell），在网站上方单击“sell on lazada”按钮。

（2）进入新页面，单击“became a seller now”按钮。

（3）在新页面创建卖家账户。

（4）完成账户创建后，填写卖家信息。

（5）提交信息后，收到并签署电子合同。

（6）收到登录卖家中心、修改密码及参加培训等一系列邮件后，登录到卖家中心对接 Payponeer 卡。

（7）登录卖家中心至少上传 50 个 SKU。

（8）等待平台审核，产品审核通过后店铺即成功建立。

（三）运营注意事项

（1）卖家必须于 48 小时之内在卖家中心输入运单号，并将订单状态转为“准备出货（Ready to Ship）”；否则，来赞达可能会取消订单，卖家可能会受到惩罚。平台会发送每日待处理订单邮件通知卖家。

（2）对已被取消的订单，不要发货；不要合并订单发货。

（3）在任何情况下都不要直接联络客户。如需帮助，可联络 PSC HK 合作伙伴支援中心。如果付款方式为现金支付（to cash on delivery，COD），不要发货。

（4）付款方式为“No Payment”（无须付款）时，若客户是选择（如优惠券）支付，可正常发货。卖家如果库存不足，就只能自行取消订单。

（5）卖家必须确保在卖家中心输入正确、可追踪的运单号。如果卖家输入错误的运单号，必须在状态更新为“Ready to Ship”之后 48 小时内在指定网站填写在线表格，提供正确、可追踪的运单号。

（6）发票必须与产品一起被放入包裹内发送，并在包装上贴上正确的运单。

（7）应避免由于库存不足而导致订单取消。任何由于库存不足而取消的订单，会导致卖家受到惩罚。

本章小结

本章比较详细地介绍了跨境电商平台中最具代表性的五个平台，即亚马逊、eBay、全球速卖通、敦煌网、Wish，以及目前发展速度快、新兴的平台阿里巴巴国际站、新蛋、来赞达，从平台基本情况、发展历程、注册方式、运营模式等角度分析平台的特点，并列举出相关的平台规则。通过本章的学习，可以从卖家的角度出发，了解选择合适的平台。

知识测试与能力训练

一、选择题

1. 目前跨境电商主要的物流方式是（　　）。

A. 邮政小包　　B. 专线物流

C. 国际快递　　D. 海外仓

2. 影响跨境电商发展的要素有（　　）。

A. 产品质量差　　B. 税收

C. 物流　　D. 支付

3. 全球速卖通平台店铺排名的因素有（　　）。

A. 卖家评级　　B. 价格

C. 产品销量　　D. 产品评级

4. 全球速卖通注册开店需要的资料有（　　）。

A. 公司营业执照　　B. 法人身份证

C. 开店考试　　D. 税务登记证

5. 以下跨境电商平台属于 B2B 平台的是（　　）。

A. eBay　　B. 阿里巴巴出口通

C. 速卖通　　D. 兰亭集势

二、简答题

1. 简述亚马逊平台的特点。
2. 简述 eBay 平台的运营模式。
3. 简述 Wish 平台的独特之处。
4. 阐述亚马逊、eBay、全球速卖通、敦煌网、Wish 五大跨境电商平台的特点。

三、实训

根据本章所介绍的各个平台的特点，选择一家适合初入跨境电商企业的平台注册，并说明理由（可自行假设企业规模、是否有品牌产品、目标市场所在地等）。

第三章

跨境电商选品与定价

学习目标

（1）熟悉跨境电子商务选品的基本策略。
（2）掌握跨境电商站内选品的方法。
（3）掌握常用选品的分析工具。
（4）掌握跨境电商产品定价方法。

素质目标

掌握借助现代技术工具帮助品牌树立及发展，形成竞争优势，树立科学发展观。

案例导入

跨境电商选品失败案例

跨境电商是一个征战全球的行业，不同卖家、不同市场、不同平台的情况都不尽相同，卖家积累成功经验往往很难直接模仿，但产品开发失败案例却能让卖家少走很多弯路。

【案例一】

“在上海没有什么服装工厂，找货源只能上阿里巴巴，供应商发过来的样板布料是好的，大规模订货后收到的服装却是另外一种质量差的布料。M 码没货了，就直接在 L 码衣服上贴个 M 码的标码寄给我们，造成很高的退货率，销量好一点的生产又跟不上，又是做海外仓，再加上换季等因素，产品管理起来太麻烦了，总之没有供应链去做服装非常坑。”

——上海卖家虞总

【案例二】

“当我们卖打猎手电筒时，在耐用、亮度、价格上不断比拼，发现还是卖不过国外卖家，因为他们更了解客户需求，他们习惯用红绿光打猎手电筒，红光可以引起动物红光视射，绿光可以引起浣熊等小动物绿光视射，红绿交替可以发出求救信号，绿光还可以帮忙寻找动物血迹，这都是国内卖家忽略的地方，所以有国外产品开发团队也很有必要。”

——广州卖家 Hank

【案例三】

“发现一款产品卖得挺不错，而且只有两个美国卖家在卖，他们的产品就是在国内生产的，在国内也没有申请专利，了解到这些，我也进货，铺上去卖，两三天就能出单，销量也很大。有一天猛然发现这个东西在美国有设计专利，为了账号安全，情急之下只能把货物销毁掉。”

——亚马逊卖家谢总

（资料来源：https：//bbs. eccang. com/articles/160）

案例思考：

（1）跨境电商选品需要注意的问题有哪些？

（2）案例中选品失败的原因是什么？在实际业务中如何避免此类风险？

第一节　跨境电商市场调研

在跨境电商的经营中，没有选择适合的产品，拥有再多的账号也是徒劳。选品是后期商品营销推广、成交盈利、可持续发展的前提和基础操作。尤其对于中小型卖家，在自身资源不强的情况下，选择一个市场需求大、盈利能力强、竞争程度小的产品显然能达到事半功倍的效果。

一、跨境电商国际市场调研

（一）国际市场调研的定义

国际市场调研是指运用科学的调研方法与手段，系统地搜集、记录、整理、分析有关国际市场的各种基本状况及其影响因素，以帮助企业制定有效的市场营销决策，实现企业经营目标。国际市场调研是在现代营销观念指导下，以满足消费者需求为中心，研究产品从生产领域拓展到包括消费领域的全过程。

（二）国际市场调研的意义

（1）帮助管理者识别并制定正确的国际营销战略。

（2）有利于企业制订正确的商业计划，确定市场进入、渗透和扩张所需要的各种必要条件。

（3）为企业后续进一步细化和优化商业活动提供必要的参考依据。

（4）帮助管理者正确预测未来可能发生的各种事件，并对即将发生的全球性变化作好充分的准备。

（三）国际市场调研范畴

目标市场调研主要对政治与法律环境、经济环境、社会文化环境三个方面进行调研分析。

1. 政治与法律环境调研

政治与法律环境调研主要包括国家贸易进出口政策、法律。现代国际贸易中，各国政府都会制定不同程度的贸易保护政策来确保贸易高效、安全地进行。维护市场的经济秩序，一般通过政治与法律手段实现。了解国内外政治和法律环境，可以帮助企业更顺利地开展跨境电商业务，避免不必要的法律风险。

2. 经济环境调研

经济环境调研包括人口、收入、消费、自然条件和经济基础等方面的调研。

（1）人口与收入。人口不仅是市场的基本要素，也是确定市场容量的重要依据。一般来说，需要结合人口和收入两个要素来分析市场。

（2）消费。消费是影响市场的重要因素，如果不存在消费需求，市场也就不复存在。

（3）自然条件。一个国家或地区的自然条件一般包括该地区自然资源、地理结构和气候三个方面，市场特点的形成受自然条件的影响较大。

（4）经济基础。经济基础包括能源供应、交通运输、通信设备、金融机构和广告公司等方面。一般情况下，一个国家或地区拥有的经济基础设施数量多、质量好，其国际贸易的开展就会相对稳定。

3. 社会文化环境调研

社会文化环境调研包括价值观、文化传统、教育程度、风俗习惯、宗教信仰等方面。社会文化环境能极大地影响社会对产品的需求和消费，企业应对出口国家的社会文化环境有深入的了解。

（四）跨境电商国际市场调研的基础要点

跨境电商国际市场调研的基础要点应包括市场规模、政治因素、币种及汇率、语言语种、关税、物流、互联网基础。

1. 市场规模调研

人口因素与经济因素直接影响着市场的规模与发展。人口数量多，消费潜力相对较大。经济因素包括经济形势、经济结构、居民收入水平、市场竞争等，直接关系到市场的规模和发展趋势，是市场调研的主要内容。这对于正确分析判断市场形势和供需状况、制定适当的交易价格是重要的参考依据。

常用工具：百度百科（https：//baike. baidu. com）。

2. 政治因素调研

政治因素调研是研究不同国家或地区间是否存在影响贸易开展的政治情况及变化因素等。例如，目标市场是否有战争因素，在国际上的经济地位如何，有无贸易政策措施的变化，政局是否稳定，等等。

常用工具：中国贸易新闻网（http：//www. chinatradenews. com. cn）。

3. 币种及汇率调研

不同国家主要货币币种及汇率不同，汇率的稳定性与当地国家政策、经济环境关系紧密。例如，非洲地区第二大的石油出口国安哥拉从 2014 年到 2016 年受到油价下跌影响，当地货币（宽扎）不断贬值，相关企业收益大幅缩减。

常用工具：汇率换算器（https：//www. usd-cny. com/waihuijisuanqi. htm）。

4. 语言语种调研

全球近 60%的客户来自非英语国家，语言在一定程度上影响市场开发的难度，熟悉本地语言更有益于开拓市场。例如，印度官方语言有 18 种，主要语言有 113 种，其中超过百万人使用的语言有 33 种，针对印度市场的不同地区要对其使用的语言进行调研。

常用工具：世界各国语言一览（http：//cto. eguidedog. net/node/774）、谷歌翻译（https：//translate. google. cn）。

5. 关税调研

关税是指进出口商品在经过一国关境时，由政府设置的海关向进出口国所征收的税收。各个国家为了确保市场公正以及贸易安全高效地进行，对进口商品征收关税。关税会直接影响出口商品的种类、数量和收益。

常用工具：关税查询（http：//findrulesoforigin. org/home/index）。

6. 物流调研

在国际商品贸易中，物流成本和关税成本占据相当大的比重。当地国家海运港口数量、运输时长、运输便利性、运输成本、国际快递派送速度情况等因素都会影响客户的最终成交。

常用工具：全球物流查询平台 17TRACK（https：//www. 17track. net/zh-cn）。

7. 互联网基础调研

跨境电商以互联网为基础进行交易，当地的网络普及情况直接影响跨境贸易。例如对于网络视频，用户对画质和流畅度要求增高，视频体验重要性越发凸显。针对互联网基础建设较好的国家，企业可以有针对性地进行网络营销推广。

常用工具：CTO 工具（http：//cto. eguidedog. net/node/775）。

二、行业调研分析

通过对目标行业的产品需求、市场容量及其发展趋势、预期价格变化等的调研分析，能够帮助企业找到有发展前途的消费市场，构建正确的出口商品结构及销售计划。行业调研分析主要包括目标市场分析、市场需求总量分析、受众偏好、竞争情况和市场准入认识五个方面。此处主要介绍前三项。

（一）目标市场分析

目标市场分析是指产品计划出口国的范围及这些国家对产品的需求情况。

行业市场调研工具：阿里巴巴国际站。

（二）市场需求总量

市场需求总量是指某一产品在某一地区和某一时期内，在一定的营销环境和营销方案作用下，愿意购买该产品的顾客群体的总数。目标市场对商品的进口情况，该市场的规模及近年来的采购趋势，是判断是否进入新市场的重要依据。

海关进出口数据查询：中华人民共和国海关总署（http：//www. customs. gov. cn）。

（三）受众偏好

世界各地顾客所接受的价格区间、款式喜好、材质要求、所接受的售后服务等都有所差异，因此需要对目标市场受众产品进行调研。根据市场需求整理产品，制定目标市场的产品营销组合，在不同的跨境市场进行推广。

可通过当地的购物网站分析目标产品在不同市场的终端零售价及对款式风格的喜好，各国的常用购物网站主要如下：

（1）英国常用购物网站：https：//www. argos. co. uk。

（2）俄罗斯常用购物网站：https：//market. yandex. ru。

（3）法国常用购物网站：https：//fr. shoppin. rakuten. com。

（4）日本常用购物网站：https：//www. become. co. jp。

（5）新加坡常用购物网站：http：//global. gmarket. co. kr/Home/Main。

（6）马来西亚常用购物网站：https：//www. lelong. com. my。

（7）印度常用购物网站：https：//compareindia. news18. com。

（8）菲律宾常用购物网站：https：//www. olx. ph。

（9）澳大利亚常用购物网站：https：//www. myshopping. com. au。

第二节　跨境电商选品策略

一、从货源角度分析

对于货源主要从产品价格和质量两个方面把控。

（一）价格

产品价格是影响交易达成的重要因素。对于跨境电商而言，基于其自身特点所选商品价格应保持为50～500美元。其原因在于：首先，跨境电商产品要考虑国际运输问题，如果是价格昂贵的商品，途经多国、多运输方式的周转会增加丢失及破损率，带来纠纷、损失的风险较高，得不偿失；而商品单价过低，跨国运费远高于产品价格，买家将会选择本地购买或其他替代品。其次，对于卖家而言，销售单价低的产品利润空间有限，无法覆盖经营过程中所产生的其他成本，不利于长期发展。最后，如果产品（如奢侈品）的单价过高，消费者在选择时会与线下实体店相比较，而在线上平台买卖双方难以形成信任关系，也很难促成交易。

（二）质量

对于跨境电商而言，交易依赖信誉，而商家信誉的形成很大程度取决于提供商品的质量。如果销售的商品是假冒、质量不合格的劣质品，或者产品描述与实物不符，都将使商家信誉大打折扣甚至遭到平台的处罚或被封店。因此，在选品时一定要考虑进货渠道以及对产品质量的把控，这是跨境电商经营长久的关键。

二、从市场角度分析

在选品时，应充分考虑境外市场的差异化，地域文化、消费者习惯、推广平台的不同都会影响产品的销售。选品时，需要对备选产品进行目标市场调研，确定该类产品在境外市场的受欢迎程度、供求状况、价格定位等，具体到哪些国家、地区、年龄层次的消费者对该产品有需求，这需要卖家下一番功夫从各方面进行研究。

此外，不同平台对不同品类商品、市场及销售对象营销推广的侧重点不同。例如eBay平台主要市场为欧美、大洋洲等发达国家，对于一些新奇特产品的销售具有优势，要求产品质量好，不以拼价格作为优势；而全球速卖通则针对发展中国家市场，以低价吸引客户；亚马逊对卖家要求最高，对产品品质也提出了更高的要求，注重平台品牌建设，因此在亚马逊平台上销售产品一定要有品牌意识，创建高信誉品牌，以品牌换取利润。卖家在选品时应考虑商品将在哪个平台进行销售，平台主推商品大类、针对的目标市场及对商品要求等方面进行综合评估。

三、从商铺产品策略分析

卖家在经营一个店铺或平台时，显然不能仅销售一种商品，而是选择不同商品以获得高流量、高利润，搭建产品结构，形成产品策略，从而达到理想的销售效果。可以把商品分为爆款、引流款、利润款三类。

（一）爆款

爆款是指销售火爆的产品。高流量、高曝光量、高订单量是爆款的特点。爆款的销量、好评、晒图是店铺最好的营销手段，可为其他产品带来关联流量。但此类商品并不是利润来源。一般而言，爆款的价格不会很高，相对于高价，低价才会吸引更多的流量，建议一个品类应设置1～2种爆款。卖家在前期打造爆款时应尽量把利润空间压低，作好不盈利甚至亏损的准备。在店铺促销、平台活动中，爆款的打折力度一般在50%以上。

（二）引流款

引流款是指给平台、店铺或商品带来流量的产品。引流款的价格也不宜过高，预期利润为0～1%，同样不是商铺利润的主要来源，建议每个品类选择5种引流款。引流款的折扣力度应为30%～50%，这样的折扣在报名平台活动时是不会受到限制的，与爆款相配合，会有较好的效果。

（三）利润款

利润款是主要盈利产品，一家店铺中除爆款、引流款商品外，其他产品都是利润款。虽然这类产品流量不多，但高利润是店铺实现预期盈利率的主要来源。当然，这类产品定价时也要留有5%～20%折扣空间，进而方便在平台促销、店铺打折中赶上流量高峰。

对于卖家而言，跨境电商选品策略仅仅给出了选品宏观范围和规则。具体到选择哪类产品，还需要卖家依据相关数据分析、软件工具及销售经验最终选出适合自己店铺经营的商品。

四、选品的方法

如果已有很好的货源，在价格上又有优势，在选品时可以优先考虑这些商品。相对于没有货源的商家，有稳定供货渠道的商家占有绝对的竞争优势，既不担心供货问题，又没有囤货顾虑。但大多数跨境电商卖家在最初运营时都要面临选品问题。下面介绍几种站内、站外工具辅助卖家选品。

（一）站内选品

以全球速卖通为例。

1. 数据纵横

通过数据纵横工具可以查询行业流量占比、订单占比、竞争力、上架产品数、平均成交单价、买家国家分布，了解子类目的发展趋势。具体操作步骤如下：

第一步，进入全球速卖通卖家后台，执行“数据纵横→行业概况”命令。选择一个类目（如“双肩背包”），设置想要数据的时间范围，如图3-1、图3-2所示。

第二步，查看行业国家分布情况。继续向下拖动鼠标箭头，可看到双肩背包在各个国家支付金额的分布，选择“访客数”，可显示各个国家查看双肩背包的访客数分布情况，如图3-3所示。

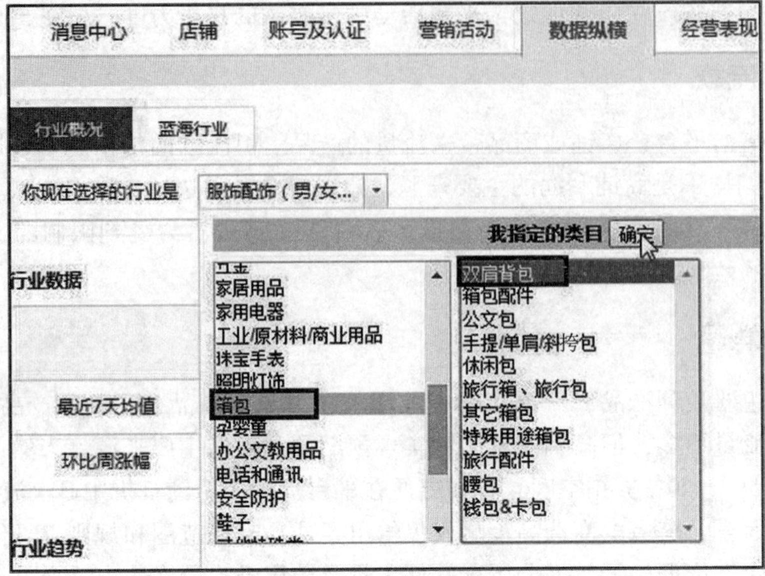

图 3-1　行业概况

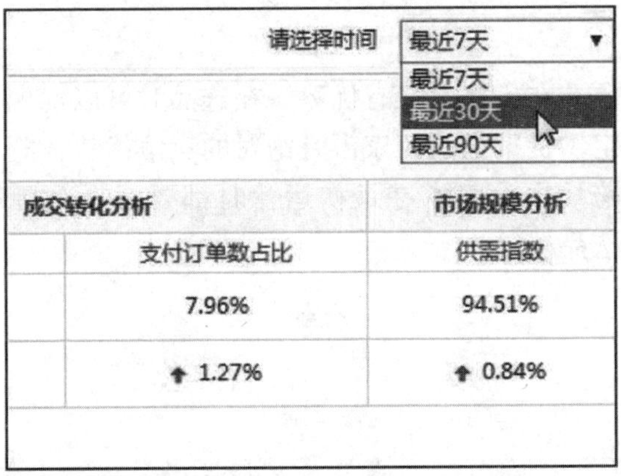

请选择时间　最近7天

最近7天

最近30天

最近90天

成交转化分析	市场规模分析
支付订单数占比	供需指数
7.96%	94.51%
↑ 1.27%	↑ 0.84%

图 3-2　选择时间范围

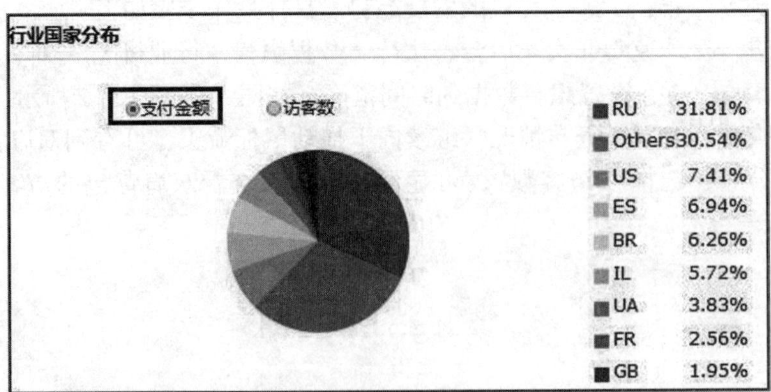

图 3-3　行业国家分布

第三步，对比其他行业类目。卖家除查看一个行业的数据外，还可以同时对比两个或三个行业的相关数据，如图 3-4 所示。

图 3-4　其他行业数据对比 1

第四步，对比三个行业类目的发展趋势。选择“双肩背包→手提/单肩/斜挎包”以及“钱包”命令，进行三个行业类目的对比，如图 3-5 所示。

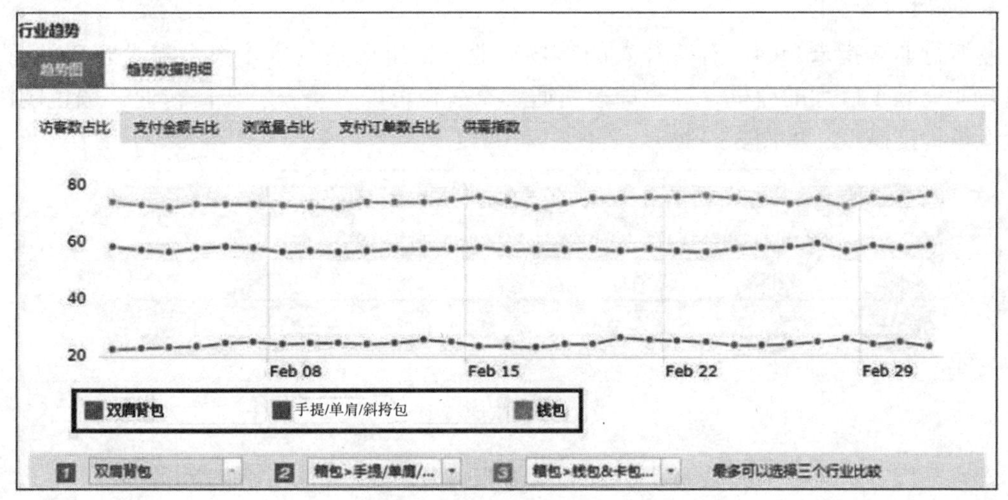

图 3-5　其他行业数据对比 2

由图 3-5 可以看出，双肩背包访客数占比最少，钱包访客数占比最高。但是这并不能说明双肩背包的行情不好，不属于潜力商品行业，还须作进一步分析。

第五步，下载原始数据，进一步分析数据。具体步骤为：下载近 30 天的数据—分别计算三个行业的访客数占比和供需指数的均值—插入图表—查看三个行业两种数值均值的对比情况。

通过插入图表，卖家可以清晰地发现，无论是供需指数还是访客数占比，“钱包”的值都是最高的，属于有潜力的行业，但同时，该行业的竞争程度也是最高的。卖家要衡量自身的情况，如果商品没有特色，反而会让自己处于不利的地位；“手提/单肩/斜挎包”相比其他两个行业，访客数不是最多，但竞争度却很高，说明该行业的潜力不如钱包；“双肩背包”虽然访客数不高，但通过前述的行业趋势图可以发现，访客数的发展趋势是上升的，而该行业的竞争程度不高，处于降低的发展状态，如图 3-6 所示。

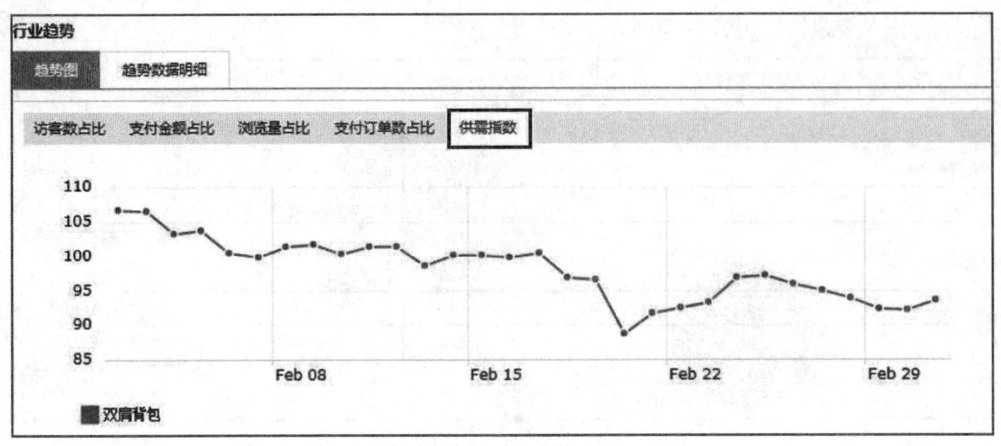

图 3-6　双肩背包供需指数趋势

由此，卖家可以比较笼统地分析出“双肩背包”是一个比较有潜力的行业类目。

2. 蓝海行业

蓝海行业是指未知的、有待开发的市场行业，也可以指竞争不大、需求旺盛的行业。蓝海行业充满了巨大的商机。在全球速卖通卖家后台可以直接查看蓝海行业，颜色越深的行业竞争程度越低，如图 3-7 所示。

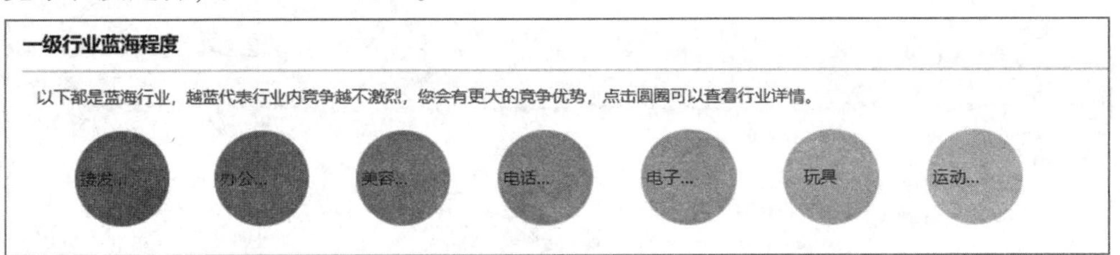

图 3-7　蓝海行业

卖家可以查看各蓝海行业下子类目的供需指数及详细情况。例如，可查看“婴儿喂养用品，母乳喂养，吸乳器配件”行业的竞争概况和详细情况，如图 3-8、图 3-9 所示。

蓝海行业细分

孕婴童　您可以通过筛选，查找特定行业下的蓝海行业

叶子行业名称	供需指数	操作
婴儿喂养用品 > 母乳喂养 > 吸乳器配件	38.76%	查看行业详情
婴儿护理 > 口腔护理 > 乳牙刷/训练牙刷	96.89%	查看行业详情
婴儿喂养用品 > 食物喂养 > 婴儿喂养碗	96.91%	查看行业详情
婴儿护理 > 头发护理 > 婴儿理发围布	62.41%	查看行业详情
婴儿护理 > 头发护理 > 梳子	52.37%	查看行业详情
婴儿护理 > 洗浴用品 > 洗头帽	81.64%	查看行业详情
婴儿护理 > 尿布/尿裤用品 > 尿湿提醒器	49.81%	查看行业详情
婴儿活动用品 > 游泳池和配件 > 充气泳池配件	89.43%	查看行业详情
婴儿喂养用品 > 母乳喂养 > 防溢乳垫	129.07%	查看行业详情

1 2 3 4　Go to Page　Go

图 3-8　子行业的供需指数和行业详情 1

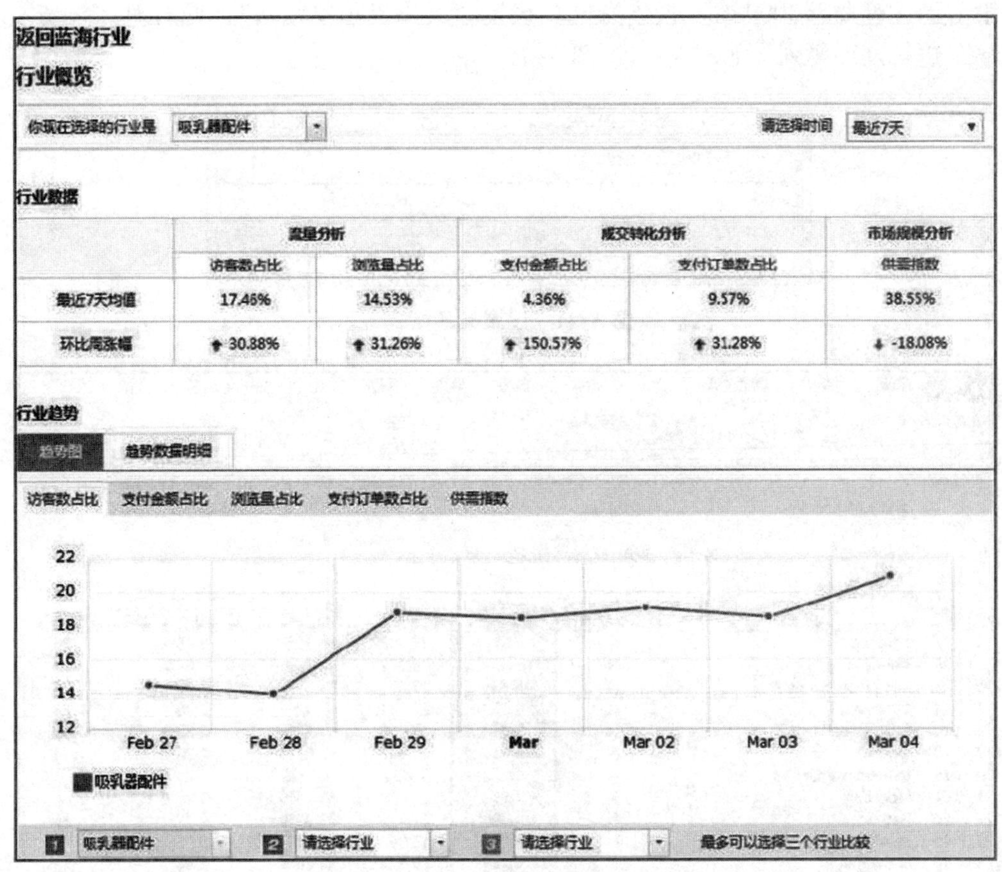

图 3-9　子行业的供需指数和行业详情 2

3. 热搜词

第一步，下载热搜词的原始数据。

第二步，对“搜索人气”进行降序排列。注意不是“搜索指数”，“搜索人气”更能准确地代表去重的热搜词效果，如图 3-10 所示。

NO.	搜索词	是否品牌原词	搜索人气	搜索指数	点击率	浏览-支付转化率	竞争指数
1	summer dress	N	12,720	65,366	53.05%	0.68%	30
2	sunglasses	N	15,587	62,308	53.44%	2.85%	17
3	dress	N	8,896	50,860	60.53%	0.46%	57
4	maxi dress	N	7,537	41,956	69.61%	0.87%	31
5	bikini	N	7,259	40,404	32.77%	0.90%	24
6	swimsuit	N	5,834	39,272	48.74%	0.84%	46

图 3-10　“搜索人气”降序排列

第三步，对大于 3000 的“搜索人气”设置“突出显示单元格”，同时对“浏览-支付转化率”进行降序排列，如图 3-11、图 3-12 所示。

图 3-11　设置条件格式

	A	B	C	D	E	F	G	H
1	NO.	搜索词	是否品牌原词	搜索人气	搜索指数	点击率	浏览-支付转化率	竞争指数
14	12	crop top	N	5,956	26,899	65.19%	1.15%	26
15	6	swimsuit	N	5,834	39,272	48.74%	0.84%	46
16	9	one piece swimsuit	N	5,636	28,035	89.68%	1.12%	24
17	11	jumpsuit	N	5,465	27,231	68.12%	0.79%	28
18	26	robin jeans	N	5,032	13,955	91.42%	0.82%	8
19	28	joggers	N	5,009	13,613	58.82%	1.26%	14
20	75	jordans women	N	4,888	7,034	6.93%	0.21%	2
21	57	lucci belt	N	4,591	8,682	51.44%	1.44%	1
22	16	lingerie	N	4,360	21,417	69.99%	2.71%	38
23	45	balmai jeans men	N	4,295	10,360	99.01%	0.55%	2
24	15	bathing suit	N	4,284	23,321	54.20%	0.80%	25
25	25	2016 denim dress	N	4,204	14,523	53.60%	0.24%	16
26	38	bomber jacket	N	4,159	11,762	62.54%	0.74%	13
27	53	polo	N	4,140	8,969	55.30%	1.22%	12
28	19	bodycon dress	N	4,098	17,428	75.98%	0.57%	28
29	44	tribal print blouses	N	4,041	10,364	54.17%	0.22%	3

图 3-12　降序排列“浏览-支付转化率”

第四步，分析搜索词，如图 3-13 所示。

	A	B	C	D	E	F	G	H
1	NO.	搜索词	是否品牌原词	搜索人气	搜索指数	点击率	浏览-支付转化率	竞争指数
2	344	headbands	N	860	2,472	61.97%	8.03%	29
3	462	baby headbands	N	320	1,967	92.97%	7.79%	79
4	205	baby headband	N	905	3,655	82.73%	6.99%	33
5	564	stance socks	N	599	1,238	68.67%	6.63%	8
6	318	bow tie	N	740	2,611	57.82%	6.60%	43
7	207	hair bows	N	781	3,647	71.88%	6.59%	49
8	425	baby girl headbands	N	554	2,083	100.00%	6.46%	50
9	375	gay underwear	N	644	2,287	47.30%	5.73%	66
10	284	mens sunglasses	N	808	2,902	57.36%	5.04%	52
11	40	socks	N	3,197	10,912	56.07%	4.90%	32
12	297	ivory ella	N	942	2,777	90.96%	4.86%	3
13	565	yeezus hat	N	621	1,234	77.64%	4.83%	6
14	548	drake hat	N	811	1,418	81.05%	4.74%	13
15	307	tie	N	621	2,706	57.76%	4.43%	66
16	394	aviator sunglasses	N	860	2,211	65.82%	4.23%	28
17	83	panties	N	1,530	6,584	49.60%	4.13%	55
18	141	plus size lingerie	N	931	4,660	100.00%	4.04%	58
19	18	waist trainer	N	6,192	17,647	90.18%	3.95%	10

图 3-13　分析搜索词

可以发现 socks 前的搜索词“浏览-支付转化率”都较高，但搜索人气较低，这些词可能是长尾关键词。相对于前面“浏览-支付转化率”高的词而言，socks 的“竞争指数”相对较低，说明该行业可能属于蓝海行业；之后，卖家可以在买家首页搜索“socks”且设置“United States（美国）”为邮寄国家，搜索结果中将展示该行业产品的款式、风格、价格；再到国内批发型网站（如阿里巴巴 1688 批发网、中国供应商等）对比进货价格，或者自行联系供应商分析是否具备进货优势。可用类似的方法查找其他搜索词进行分析，最终找到具有优势的蓝海行业。

（二）站外选品

除了运用站内工具帮助选品外，卖家还可以借助站外工具和方法分析了解目标市场的行情、消费者的购物需求，进而更好地选择合适的产品，具体如下：

（1）参考 eBay、亚马逊等跨境电商平台上一些热卖或有潜力的品类。

（2）利用付费工具（如 Google Adwords 可用于查询买家在 Google 上搜索的关键词及热搜词）帮助选择热销品。

（3）根据一些国际潮流网站及社交网站，如脸书（Facebook）推特（Twitter）SNS、照片墙（Instagram）等及网红分享的流行趋势，了解目前的时尚新品。

（4）关注明星及影视作品。例如热门电影上映时衍生的一系列周边产品可能是大卖的商品。

（5）关注时事及周边生活。可关注当下的热点新闻，并借助新闻热度发掘热销品。

五、选品时应避免的商品

（一）食品类

食品涉及人的身体健康和保质期，各个国家对产品的认证及包装都有较为严格的要求，且标准不同。值得注意的是，在国外，宠物类食品与人类食品的标准一样，不会因为是宠物类食品而降低标准。

（二）危险品

危险品按危险程度划分的类目涉及的范围较广。对一些具有安全隐患的产品（如摩托车、自行车头盔、隐形眼镜、婴幼儿安全用品等）不建议做跨境电商，这些产品被买家投诉的概率比行业内恶性竞争的概率还要大。例如曾经风靡一时的电动平衡车，在发生多起交通事故后，平台禁止第三方卖家销售该类产品。

（三）液体、粉末、带电商品

一些女性化妆品会涉及液体、粉末状产品，这些商品都属于物流进出口检查的重点类目，往往发货价格要远高于铺货价格，另外还要保障运输、清关中不会出现任何问题，其成本可想而知。而带电商品并非完全不能做，只是对于初运营卖家会有很多不必要的麻烦和售后问题需要解决。

（四）售后问题较多的商品

绝大多数中国卖家无法提供海外维修点，即使海外仓公司提供售后服务，但须支付较高的费用。因此，对于比较复杂、售后问题较多的商品（如咖啡机、照相机、微波炉、健身器材等），在选品时要慎重考虑。虽然此类产品属于热销且竞争小的品类，但涉及的售后服务成本会压缩产品的利润空间从中加大交易风险。对于这类商品选择做其周边配件较为安全。

拓展阅读

2024 年 Prime 会员日的战绩可谓辉煌，不仅全球销售额创下新高，Prime 会员注册量也达到了新的里程碑。特别是在大促前三周，亚马逊迎来了创纪录的 Prime 会员注册量，与 2023 年同期相比，更多消费者踊跃参与到此次促销活动中。数据显示，本次大促最受欢迎的品类包括：

电子产品：智能手机、智能手表、笔记本电脑和耳机等电子产品广受欢迎。

家居用品：从家具到小家电，家居用品成为今年 Prime 会员日的另一大热销品类。

美容美妆：护肤品、化妆品等美容美妆产品持续走俏。

服装：男女时尚服饰、鞋靴及配饰成为众多 Prime 会员的首选。

玩具：儿童玩具和益智产品吸引了大量消费者，为即将到来的假日季提前备货。

这些热门品类展现了消费者在 Prime 会员日中的多样化购物需求，也为卖家提供了重要的市场风向标。

（资料来源：https：//baijiahao. baidu. com/s？ id=1813065501270561627&wfr=spider&for=pc）

第三节　跨境电商的定价

一、商品成本核算

跨境电商商品定价主要由产品成本、利润率、平台费率、物流成本（国内段及国际段）组成。

跨境电商定价公式为：

定价 =（1 − 平台费率）×（1 − 利润率）=（产品成本 + 国内段运费）+ 产品重量 × 国际段物流资费

（1）平台费率：各平台略有不同，普遍为 15%左右的佣金费。

（2）利润率：跨境电商行业平均在 25%左右，根据产业带、经营产品类目、运作模式的不同略微浮动。

（3）产品成本：即进货价格，直接从线下实体店或者供应商进货成本要低一些。

（4）国内段运费：商品在国内的运费成本。

（5）产品重量：这里指的是产品净重加上国际包裹包装重量。

（6）国际段物流资费：统计产品主要的物流渠道、主要的目的国家，查看相对应的资费标准，减去物流折扣，即可得到国际段物流资费。

二、供应商的选择和定价策略

（一）供应商的选择

供应商是影响产品定价的重要因素之一，直接影响进货价格。合适的跨境电商的供应商应具备的基本条件有优良的产品、具有竞争力的价格、良好的售后服务、良好的信誉度、稳定的经营（供货）。大多数中小跨境卖家如果没有可靠的进货渠道，建议在1688批发网寻找供应商。

首先，进入1688网站相关店铺，在“公司档案”中查看该企业是工厂还是贸易商，注册资本、成立时间及评分等指标，判断该供应商是否具备提供优质货源的能力及良好的售后服务意识。其次，关注产品的价格优势，建议选择长期从事出口的制造企业（工厂）。一般来说，这类制造企业具有较强的价格优势。拿到供应商的价格后，可在1688网站上选择同类商品进行简单的比较，也可在国内电其他商网站上搜索对比国内同类产品零售价格水平。最后，在国内电商平台上购买一个要经营的产品的样品，对比供应商提供的样品品质是否一致。提供的样品品质合理，价格处于同类供应商价格的中等偏下水平，又有良好服务意识的供应商可以被纳入选择的范围。值得注意的是，要综合考虑以上因素，不能单纯地选择价格低的供应商，因为其很可能是个人经营或小作坊，无法保证稳定的货源及优质的服务，从而出现一系列后续的问题。

除上述筛选供应商的要求和步骤外，还有一些建议有助于挑选出优质的供应商。应多与目标供应商交流，咨询各种问题，如供应商态度好，愿意配合后续的合作，也会相对顺利。卖家还应多参加行业展会（如广交会等），参会厂家一般更具实力，很多参加展会的厂商没有在1688网站上销售；卖家应抽时间到工厂走访，在提升对产品工艺认识的同时也对产品的品质进行把控。

（二）定价策略

1. 成本定价策略

根据产品成本进行定价的好处是卖家根据“成本+利润”的原则定价，在数据上可以做到准确，根据店铺的经营策略调整价格，自由度、灵活性强，但不足之处是没有考虑市场对价格的影响因素，市场需求大时，保持原有的定价方式会损失一部分利润，进而影响营业额；市场需求小时，价格又会高出市场平均价格，进而失去竞争优势，错失一些客户。

2. 市场竞争度定价策略

在平台上搜索所卖产品类目，查看竞争者的数量，如果是红海市场，则定价策略只能是越来越低；关注竞争者所在地区分布，如果与其他卖家在同一个地区或相邻，则价格溢出能力差；分析竞争对手实力（如营销、品类、店铺综合能力），如果竞争对手竞争实力强，也会导致后期溢价能力弱。之后，选择前三页产品的价格，统计定价范围并计算出平均价格水平，对比自己的价格及产品品质所处的位置，进而调整价格。一般而言，价格处于中等偏下水平最具竞争力。这种策略的缺点是利润会受到损失，尤其面对一些有实力竞争者以低价抢占市场时，中小型卖家如果盲目以竞争者价格为标准拼低价，很容易因实力不足而被挤出市场。

3. 数量差异化定价策略

数量差异化定价策略是根据买家所需数量来制定价格，根据不同的购买数量给予不同的优惠价格，可增加销售量，提高营业额。

4. 市场需求定价策略

市场需求定价策略是以历史价格作为参考，根据不同市场、消费者需求来定价。其优点是符合经济学供求原理，产销平衡，充分考虑当地市场的需求，有时同一种商品在不同地点的供需不同，定价就会有所差别。其缺点是很难及时地采集到市场实际需求数据，收集数据成本高、数据凌乱、处理分析有难度，如分析不及时或结果错误，反而会对销售造成损失。

5. 顾客承受能力定价策略

顾客承受能力定价策略是根据当地市场顾客消费水平、可承受能力结合商家对利润率的要求来制定价格。消费水平差异的地区及消费者对商品的需求弹性都会影响价格的变化。例如在生活必需品与奢侈品的定价上，顾客愿意支付的程度就有很大的差异。这种情况下，商家应多与客户交流，了解目标消费者的经济能力、消费习惯等，以制定其可承受的价格。该策略的优点是比固定定价营业额总量要高，但对当地消费能力、消费者购买行为及影响因素、自身商品特点等方面的调研分析都提出了较高的要求。

6. 套餐定价策略

卖家在选品时一定是多产品经营，既考虑到错位销售，也满足消费者多方面需求，因此定价时可选择套餐价格。套餐价格基于顾客在购买产品时会考虑购买该产品搭配的其他产品，如服饰、电子类产品等。卖家应考虑到客户的这种需求而对产品进行搭配，以套餐形式销售并给予优惠，从而增加产品及相关产品的销量，客户会因为满足自身需求、价格优惠、节约邮资等因素而下单。

7. 竞拍定价策略

竞拍定价是指商家确定商品保底价格，顾客以竞争方式购买产品，商品价格由最终拍得价格决定。这种定价策略的优点在于商家只要确定好基础价格，制定竞拍规则即可，其他的工作由买家来完成，包括对产品的评估、需求程度、偏好度等。通常最终的拍得价格要高于商家的定价，这对于卖家而言，省时省力、收益高，同时给买家带来成就感。

三、基于 ERP 系统的供应链管理

跨境电商是不同国家之间的交易，其供应链管理相对传统的供应链和国内电商的供应链管理，有更高级别的要求，牵涉进出口流程、不同法律框架及各种跨国管理等，环节多而复杂。对于大部分跨境电商来说，供应链管理主要是采购、销售、存储、物流四个环节，所有环节都是相互影响的，对供应链管理提出了高要求。

（一）跨境电商供应链管理的主要特点

（1）产品种类飞速膨胀，库存单位（SKU）多，店铺多，仓库多，业务节点多，数据采集分析难度大，效率低。

（2）客户要求交货期越来越短，为快速响应客户的需求，通常提前大量备货，但数据不够全面、精准，导致缺货与库存积压并存。

（3）客户对产品和服务的期望越来越高，更具个性化，各个仓库物流要求各不相同，订单处理效率低下，发货速度慢。

（4）物流周期长，在途物资跟踪难，资金周转慢，资金压力较大。

（5）内部各部门信息的共享度低，沟通协调不顺畅。

（二）跨境电商 ERP 系统

跨境电商 ERP 系统是基于跨境电商业务流程而设计的跨境电商企业资源规划、业务流程化运营的管理软件。

1. 核心功能

跨境电商 ERP 系统的核心功能有商品管理、订单管理、物流管理、仓库物流管理、采购管理、售后客服管理、统计报表等。

2. 主要模块

一般来说，跨境电商 ERP 系统应当包括订单管理系统、物流管理系统、仓储管理系统、客户管理系统、财务管理系统及供应链管理系统等主要模块功能。目前，ERP 集成了一些营销模块，如产品刊登系统。

3. 主要特点

ERP 是一种帮助亚马逊等跨境电商卖家提高效率的工具，严格意义来讲，它并非运营必需品。高质量的 ERP 系统软件应具备以下特点：

（1）智能化程度高。一款高质量的 ERP 系统的智能化程度一定是非常高的，这点在跨境电商的 ERP 系统上也同样适用。在实际操作的过程中，卖家能否通过一款 ERP 系统就完成全部的操作，还是需要通过很多复杂的手工劳动来帮助系统完成操作，决定了这款 ERP 系统的智能化程度。同时，很多智能化程度非常高的 ERP 系统还可以为卖家提供很好的决策建议，帮助卖家成功完成相关操作。

（2）节省人力。跨境电商使用 ERP 系统，在根本上是为了节省时间和精力。因此，ERP 系统软件的高质量还应该从流程上能否节省人力来进行判断。一款高质量的 ERP 系

统，需要人员操作的步骤应该非常少，甚至可以在基本操作之后就会跳出目标数据了。同时，跨境电商的卖家，尤其是一些业务繁忙的卖家，时间是非常宝贵的，所以能否快速上手，也成为评价 ERP 系统软件质量的一个重要标准。

（3）提高工作效率。高质量的 ERP 系统往往都具有很好的整合功能，如各个平台账号的统一管理或客户评价的统一服务等。这些功能的存在能够避免跨境电商卖家每天频繁地切换账号，以及花费大量的时间在回复客户评价上，从而可以将更多的时间投入店铺的经营发展上，有效地提高了自己的工作效率。

本章小结

跨境电商选品工作至关重要，本章介绍通过跨境电商市场调研分析为跨境电商选品做好前期准备，并基于不同角度，制定产品策略。此外，须根据成本、供应商、市场等多方面因素确定定价策略，即成本定价策略、市场竞争度定价策略、数量差异化定价策略等。基于 ERP 系统的供应链管理对跨境电商中小企业构建稳定的外贸关系、增强竞争力起到积极的作用。

知识测试与能力训练

一、判断题

1. 高仿 A 货和 LV 手包可以在亚马逊平台销售。（ ）
2. 敦煌网的销售对象是大批量采购商。（ ）
3. 只要跨境电商商品质量够好，定价越高越好。（ ）
4. 只要商品有特色，跨境电商选品可以不考虑平台特色。（ ）
5. 敦煌网是免注册费的跨境电商平台，对于交易的商品仅收取手续费，不收佣金。（ ）

二、简答题

1. 简述跨境电商选品与传统贸易选品的异同。
2. 假设你毕业后从事跨境电商出口贸易，请结合家乡的实际情况，谈谈对选品的理解和想法。
3. 简述跨境电商商品的价格构成。
4. 简述跨境电商商品的定价策略。

三、实训题

1. 以敦煌网为例，拟选择一个商品在该平台经营，写出选品理由。
2. 调研亚马逊、eBay、全球速卖通及敦煌网等跨境电商出口平台，分析平台的商品及平台特点并形成调研报告。

第四章

跨境平台产品发布与文案策划

学习目标

（1）掌握跨境电商商品发布的基本方式。
（2）熟悉跨境平台上产品发布规则。
（3）掌握跨境电商文案撰写基本要点。

素质目标

树立跨境电商之知识产权保护意识，坚持诚实守信的职业素质，培养学生精益求精、实事求是、勇于创新的工匠精神。

案例导入

亚马逊跨境电商新政策解读（节选）

随着互联网时代的发展，跨境电商成为一个越来越重要的行业。作为全球最大的电商平台之一，亚马逊一直以来都在跨境电商领域占据着重要的地位。为了更好地规范跨境电商行业，亚马逊2023年发布了新的跨境电商运营规则。

首先，亚马逊在新政策中明确规定了跨境电商平台的责任和义务。平台必须保证所售商品的真实性、合法性和安全性，同时也需要对卖家进行认真的审核和管理。这意味着，卖家需要提供真实的商品信息和证明材料，并且需要遵守平台的所有规则和要求。如果卖家违反了平台的规定，平台将会采取相应的措施，包括但不限于下架商品、冻结账户等。

其次，亚马逊还规定了针对不同国家和地区的商品的标准。例如对于食品类商品，平台要求卖家必须提供相关的证明材料和检测报告，以证明商品的安全性和合法性。对于跨境进口的保健品和化妆品，平台也要求卖家必须提供商品的中文标签和说明书，以方便消费者了解商品的详细信息。

再次，亚马逊还加强了对知识产权的保护。平台要求卖家必须拥有合法的知识产权或者授权，才能在平台上销售相关商品。如果有其他卖家或者消费者发现某个商品侵犯了其知识产权，平台将会采取相应的措施，包括但不限于下架商品、冻结账户等。

最后，亚马逊还明确规定了跨境电商平台的交易流程和支付方式。平台要求卖家必须使用平台指定的支付方式进行交易，同时也需要遵守平台的交易流程和规则。对于消费者而言，平台提供了多种支付方式，以方便消费者进行支付。

总的来说，亚马逊的跨境电商新政策旨在保护消费者的权益，规范跨境电商行业，加强对卖家的管理和审核。对于卖家来说，遵守平台的规则和要求是非常重要的，只有这样才能获得更多的消费者信任和支持。对于消费者而言，选择亚马逊跨境电商平台购物，可以享受到更多的商品选择和更优惠的价格。

（案例来源：亚马逊跨境电商新政策解读（亚马逊跨境电商运营规则）[EB/OL]. 天华网. [2023-05-25].）

案例思考：

（1）跨境电商产品发布过程有哪些注意事项？

（2）如何避免上传的产品是侵权产品？

第一节　平台规则

一、发布类规则

各跨境电商平台都明确规定平台禁止发布任何含有禁售、限售商品的信息，如果卖家违反平台规定发布禁售、限售和不适宜邮递的商品信息，都会受到一定的处罚。下面以敦煌网为例，列举该平台禁止销售（限售）产品规则。

（一）禁售的产品目录

敦煌网禁售的产品目录，见表4-1。

表4-1　敦煌网禁售的产品目录（部分）

产品类别	禁售产品及信息	说明及举例（不仅限于以下举例）	违规类型
毒品类	毒品、麻醉品、制毒原料、制毒化学品、致瘾性药物	罂粟花种子、白粉、海洛因等	严重
	用于走私、存储、贩卖、运输、制造、使用毒品的工具	大麻生长灯等	严重
	制作毒品的方法、书籍		严重
	吸毒工具及配件		严重

续表

产品类别	禁售产品及信息	说明及举例（不仅限于以下举例）	违规类型
枪支武器类	核武器等其他大规模杀伤性产品	弹药、军火等	严重
	枪支及枪支配件	真枪、消音器、枪托、子弹匣、握把、扳机等	严重
	仿真枪及枪支附件	气枪、钢珠枪、彩弹枪及任何形式的伪装枪、枪瞄仪等	一般
	防弹防刺背心、头盔		一般
III 类医疗器械/药品	处方药、非处方药、中草药	药膏、喷雾类药品，催情、延时功能的药膏、喷雾，精油类性保健品，减肥药膏，艾叶香薰，等等	严重
	III 类医疗器械	医用针管注射器、隐形眼镜、牙齿美白胶、牙齿美白剂等	一般
	制药设备	制药模具、药品压片机、胶囊抛光机、胶囊填充机等	严重
特殊用途的化妆品	祛斑、防晒、美白、祛皱、消炎等有治愈治疗效果的化妆品	睫毛增长液、美白膏等	严重
	育发、染发、烫发类产品	育发剂、染发剂等	一般
	脱毛、美乳、健美、除臭类产品	脱毛蜡、丰胸膏等	一般
影响社会治安类	管制刀具及其伪装刀具	匕首、三棱刮刀、跳刀、血槽刀、皮带刀、银行卡刀、口红刀等	一般
	弓弩		一般
	开锁器		一般
化学品类	易燃易爆物品	烟花爆竹、灭火器、石棉及含有石棉的产品、固体酒精、油漆、火柴、打火石等	严重
	化学品	高锰酸钾、硝酸铵等	严重
	点火器及配件	含有可燃气体或液体的打火机等	严重
色情暴力	含有露骨情色、淫秽或暴力内容的产品	含有色情淫秽内容的书籍、音像制品及视频等（不包括成人用品图片展示违规，如情趣内衣产品模特姿势展示不雅等）	严重
	未成年人色情	年幼充气娃娃	严重
	宣传血腥、暴力及不文明用语		一般

续表

产品类别	禁售产品及信息	说明及举例（不仅限于以下举例）	违规类型
安全隐患类	容易导致他人受伤的产品或防身器具	安全气囊及其配件、飞镖、尖锐指尖陀螺、电击棍棒、手电或电击玩具、强力磁铁组件（球形、立方体或长方体等形状）玩具、水晶泥及水晶泥自制原料等	一般
烟酒类	烟类	香烟、烟草、戒烟贴、烟油、卷烟纸、含口味（烟草味除外）的电子烟（烟弹）或一次性口味的电子烟（烟弹）等	严重
	酒类	白酒、红酒、鸡尾酒等	严重
货币类	流通货币、伪造变造的货币及印制设备的产品	美元、英镑、假币、印钞机等	严重
	虚拟货币	比特币、莱特币、比奥币、狗币等	一般
	面值纪念币、流通纪念币	含有数值的纪念币	一般
国家保护文物	古文物、化石、艺术品及其他收藏品	青铜器、古币、美洲原住民的艺术品或错误描述为“印第安人”“美洲原住民”的产品等	严重
	不可预估价值的产品		严重
人体器官/动植物	人体器官、遗体	肾脏、肝脏等	严重
	动植物的活体及其器官或其他制成品	皮毛、标本、象牙制品等	一般
	非法捕杀动物工具	电鱼机、鱼枪、电击狗项圈等	一般
金融类	POS 机、读卡刷卡器	POS 刷卡机等	一般
	信用卡、银行卡信息	信用卡或借记卡	严重
	制卡机设备		一般
	金融证券等		严重
电子类	间谍类窃照设备	隐藏式相机（纽扣相机等）	一般
	窃听专用器材	SIM 卡窃听、窃听隐形耳机、手机窃听器、偷听装置等	一般
	芯片解码器		一般
	信号干扰器	手机信号屏蔽器、手机信号助推器、中继器、GPS 屏蔽器、反 GPS 追踪器、雷达探测器、雷达干扰装置、激光干扰设备、交通灯信号控制装置、CB 放大器、无线电话、Wi-Fi 信号增强器、FM 调频发射机（有效射程为 11～13 m）、AM 发射机（有效射程为 61～76 m）等	一般

续表

产品类别	禁售产品及信息	说明及举例（不仅限于以下举例）	违规类型
电子类	船舶自动识别系统（automatic identification system，AIS）设备	AIS 渔网浮标跟踪设备、AIS 接收器、AIS 雷达等	一般
	升级存储设备	内存超过 256 GB 升级 U 盘、升级内存卡、升级硬盘等	一般
	用来获取须授权方可访问的内容的译码机或其他设备	如包含 IPTV、kodi 及 XBMC 软件的流媒体播放设备或 IPTV 虚拟账号等	一般
	大功率激光笔	5 MW 以上的激光笔、0.39 MW 以上的儿童激光玩具产品等	一般
出版物产品	传播文化知识的媒体	教科书、电子书、期刊、布书、着色书、乐谱、文身类书籍、地图、魔术书、食谱、早教类书籍、DVD/VCD/CD 等电视剧、电影、音乐、计算机软件、魔术视频、游戏软件、游戏卡、游戏盘等	严重
政治信息类	反动，破坏国家统一，泄露国家机密的产品		严重
	宣传邪教思想的产品	“法轮功”书籍等	严重
	容易引起种族歧视、仇恨的产品	纳粹信息、带有希特勒头像的纪念币等	一般
	国徽、国家领导人肖像	印有中国国徽/中国国家领导人的杯子等	严重
服务类	任何服务	洗钱、色情、贩卖人口、泄露商业机密、医疗、保健、挂号、讨债、加粉丝或听众服务等	严重
	政府机构颁发的文件、证书、公章、勋章，用于伪造、变造相关文件的工具	邮资盖印机等	严重
赌博类	在线赌博信息		严重
	赌博机器	吃角子老虎机	严重
警用品	警用装备	警棍、警用手电筒、警用制服、警车等	一般
虚拟类产品	礼品优惠券、彩票、活动票券等		一般
违规描述	产品图片或产品描述中包含涉及禁销品类的关键词或产品图片	电子烟描述中含有烟草（weed）、大麻（marijuana）、四氢大麻酚（THC）、大麻油（THC）、大麻（hemp）等药品的关键词；服装产品展示大麻叶；玩具产品展示药丸；等等	一般

（二）限制销售的产品规则

限制销售的产品规则是指需要取得商品销售的前置审批、凭证经营或授权经营等许可证明，才可以发布的产品。表 4-2 所示为敦煌网限制销售的产品目录。

表 4-2 敦煌网限制销售的产品目录

产品类别	须提供销售许可证书	说明及举例	违规类型
I 类、II 类医疗器械	须同时提供如下销售许可证书： （1）持有中国国家食品药品监督管理总局的医疗器械经营许可证或医疗器械经营备案证 （2）须持有美国食品药品监督管理局（Food and Drug Administration，FDA）的 FDA 认证或 510（K）报告	听诊器、体温计、血压计、血氧仪等	一般
食品饮料	须同时提供如下销售许可证书： （1）生产型企业须提供出口食品生产备案证，贸易型企业须提供食品经营许可证及出口食品生产备案证与其相关授权及进货证明文件（合同、发票等）。 （2）须符合进口国家要求，如销往美国须提供 FDA 认证，销往加拿大须提供加拿大食品检验局（Canadian Food Inspection Agency，CFIA）认证	包装食品、休闲食品、茶叶等	一般

二、交易类规则

（一）成交不卖

成交不卖是指买家付款后，卖家逾期未按订单发货，或买家取消订单并选择其他卖家原因导致付款未发货。

1. 违规情形

按严重程度，成交不卖分为一般违规和严重违规，违规情节严重者将直接被关闭账户。

（1）一般违规。

①买家付款后，卖家未在其设置的发货期内发货，导致订单关闭。

②买家付款后，由于卖家原因导致订单关闭，如卖家缺货、价格设置错误等。

（2）严重违规。

①多次发生成交不卖等一般违规行为，严重影响买家购物体验，损害平台利益。

②卖家在平台调查过程中做虚假陈述或提供虚假证明资料。

2. 成交不卖时的账户处罚

表 4-3 为成交不卖时的账户处罚。

表 4-3　成交不卖时的账户处罚

违规情形	账户处罚	产品处罚
成交不卖一般违规	1 张黄牌/次	相关产品下架 7 天
成交不卖严重违规	6 张黄牌/次	相关产品下架 7 天
成交不卖情节严重	关闭账户	全部下架

若卖家账户由于商户的原因退款率大于或等于 1.5%，平台会针对成交不卖违规的订单收取相应比例的罚金，具体见表 4-4。

表 4-4　由于商户的原因退款率大于或等于 1.5%时的罚金

订单金额	罚金比例（每笔订单）
订单金额<＄100	订单金额×20%
＄100≤订单金额<＄1 000	订单金额×10%或＄20（以金额较高为准）
订单金额≥＄1 000	＄100

（二）虚假运单号

虚假运单号是指卖家填写的货运单号无货运信息、物流上网信息延迟，或有货运信息但长时间无妥投，对买家或平台造成误导等行为。

1. 违规情形

按严重程度，虚假运单号分为一般违规和严重违规，违规情节严重者将被直接关闭账户。

（1）一般违规。

①卖家填写的货运单号超过规定时效，无物流上网信息。其具体表现为：一般快递及平邮发货，首次填写货运单号后，超过 5 个工作日无物流上网信息；四大快递发货，首次填写货运单号后，超过 3 个工作日无物流上网信息。

②卖家填写的货运单号长时间停留在第一条收寄信息，无后续货运跟踪信息。

③卖家将真实货运单号通过线下的方式提供给买家。

④卖家填写的货运单号无货运信息，或虽然有效，但与订单交易明显无关。

（2）严重违规。

①多次发生虚假运单号一般违规行为。

②虚假运单号订单金额较大。

③卖家在买家开启纠纷后才发货，影响买家购物体验。

④卖家在平台调查过程中做虚假陈述或提供虚假证明资料。

2. 使用虚假运单号的账户处罚

表 4-5 为使用虚假运单号的账户处罚。

表 4-5　使用虚假运单号的账户处罚

违规情形	账户处罚	产品处罚
虚假运单号一般违规	2 张黄牌/次	相关产品下架 7 天
虚假运单号严重违规	6 张黄牌/次	相关产品下架 7 天
虚假运单号情节严重	关闭账户	全部下架

由于商户的原因退款率大于或等于 1.5%的罚金，见表 4-6。

表 4-6　由于商户的原因退款率大于或等于 1.5%的罚金

订单金额	罚金比例（每笔订单）
订单金额<＄100	订单金额×30%
＄100≤订单金额<＄1 000	订单金额×20%或＄30（以金额较高为准）
订单金额≥＄1 000	＄200

（三）货物与描述不符

货物与描述不符是指买家所购买的产品和服务与达成交易时卖家对产品的描述和承诺的服务存在明显偏差。

1. 违规情形

按严重程度，货物与描述不符分为一般违规和严重违规，违规情节严重者将被直接关闭账户。

（1）一般违规。

买家收到的商品与下单时卖家对商品的描述在颜色、尺寸、材质、包装、款式、型号和数量等方面不相符。

（2）严重违规。

①发送空包裹或者贺卡给买家。

②发送的产品与实际产品的价值相差巨大。

③其他被判定为产品严重不符的情形。

2. 货物与描述不符的处罚

表 4-7 为货物与描述不符的处罚。

表 4-7　货物与描述不符的处罚

违规情形	账户处罚	产品处罚
货物与描述不符一般违规	1 张黄牌/次	相关产品下架 7 天
货物与描述不符严重违规	6 张黄牌/次	相关产品删除
货物与描述不符情节严重	关闭账户	全部下架

（四）不正当竞争

不正当竞争是指通过不正当的手段争取交易机会或者破坏其他卖家的竞争优势，损害他人正当权益，扰乱平台经营秩序的行为。

1. 违规情形

按严重程度，不正当竞争分为一般违规和严重违规，如果卖家的违规情节严重将被直接关闭账户。

（1）一般违规。

①卖家所发布的商品信息、店铺名或所使用的其他信息造成消费者误认、混淆，如刻意调低商品价格、刻意使用平台大卖家店铺名称等。

②卖家利用海外账户对其他卖家进行下单，对其他卖家的正常经营造成影响的行为，如拍库存不付款。

③卖家利用海外账户对其他卖家进行下单，恶意给出差评或评价内容与事实不符的行为。

④卖家通过自身或利用其他账户对平台卖家进行投诉，投诉内容缺乏相关依据或投诉目的不当，存在故意损毁同行卖家的商誉、敲诈正当经营的卖家或蓄意打击同行卖家正当经营的情况。

（2）严重违规。

①多次发生不正当竞争一般违规行为。

②对其他卖家的正常经营造成恶劣影响。

③使买家造成严重误认、混淆，影响购物体验。

2. 不正当竞争的处罚

表 4-8 为不正当竞争的处罚。

表 4-8　不正当竞争的处罚

违规情形	账户处罚
不正当竞争一般违规	3 张黄牌/次
不正当竞争严重违规	6 张黄牌/次
不正当竞争情节严重	关闭账户

（五）信用和销量炒作

信用和销量炒作是指通过不正当方式提高或试图提高账户好评率、商户评级或商品销量，妨碍买家高效购物权益的行为。信用和销量炒作的处罚见表 4-9。

表 4-9　信用和销量炒作的处罚

违规情形	账户处罚	产品或其他处罚
信用和销量炒作一般违规	无	删除相关订单和产品的评价及销售记录
信用和销量炒作严重违规	3 张黄牌/次	删除相关订单和产品的评价及销售记录
信用和销量炒作情节严重	关闭账户	全部下架

（六）发布违规信息

发布违规信息是指通过敦煌网提供的信息沟通渠道发布平台所禁止的文字、图片、链接等信息。

1. 违规情形

按严重程度，发布违规信息分为一般违规和严重违规。

(1) 一般违规。

①发布带有攻击性、侮辱性、黄色信息等不雅言辞。

②通过站内信、论坛等信息沟通渠道发布违规广告，如博彩、赌博、诈骗、药品等广告。

(2) 严重违规。

①发布带有反动性的言辞。

②多次发布违规信息，给平台带来严重的影响。

③发送钓鱼链接或木马病毒信息用于骗取他人财物。

2. 发布违规信息的处罚

表 4-10 为发布违规信息的处罚。

表 4-10　发布违规信息的处罚

违规情形	账户处罚
发布违规信息一般违规	3 张黄牌
发布违规信息严重违规	关闭账户

第二节　产品填写规则

本节以敦煌网为例讲解产品填写的规则及发布流程。敦煌网发布产品时基本信息包括产品标题、产品关键词、基本属性、产品规格等。

一、填写产品基本信息前

填写产品基本信息前，执行“我的 DHgate→产品管理→添加新产品”命令，如图 4-1所示。

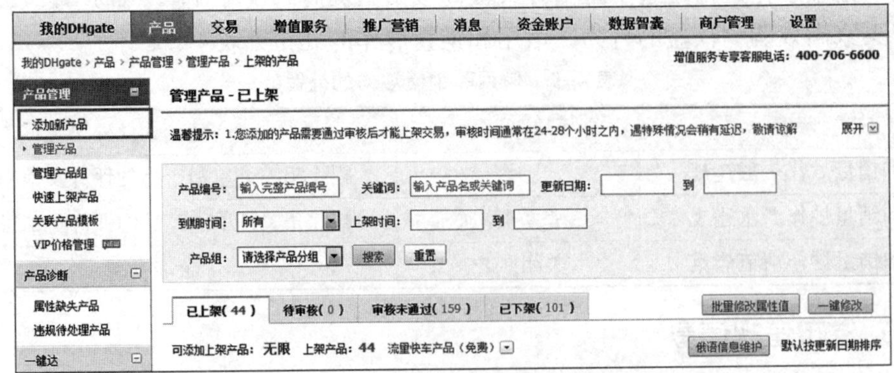

图 4-1　敦煌网卖家后台产品发布 1

单击“添加新产品”按钮，选择产品类目。以女装为例，要选择正确的产品类目，敦煌网提供两种选择类目方式，如图 4–2 所示。当卖家不确定产品所属类目时，可采取方法一，即输入产品关键词，查看同类商品的展示类目作为参考，然后逐层筛选确定准确的产品类目；如果卖家清楚产品的类目，则可以采取方法二，即直接逐级进行筛选，待“当前已选择的类目”确认后单击“立即去发布新产品”按钮，即完成产品类目的选择。

图 4–2　敦煌网卖家后台产品发布 2

有些产品属于平台准入类，需根据系统提示联系行业经理，提交相关准入资料，待通过平台审核后方可发布。如果在未准入资格前随意上传产品，并将其归类到其他类目，则属于类目乱放的违规行为，会遭到平台的处罚。

二、填写产品基本信息

产品基本信息的填写如下。

（一）产品的标题

产品的标题要清楚、完整、形象，最多可输入 140 个字符，如图 4–3 所示。

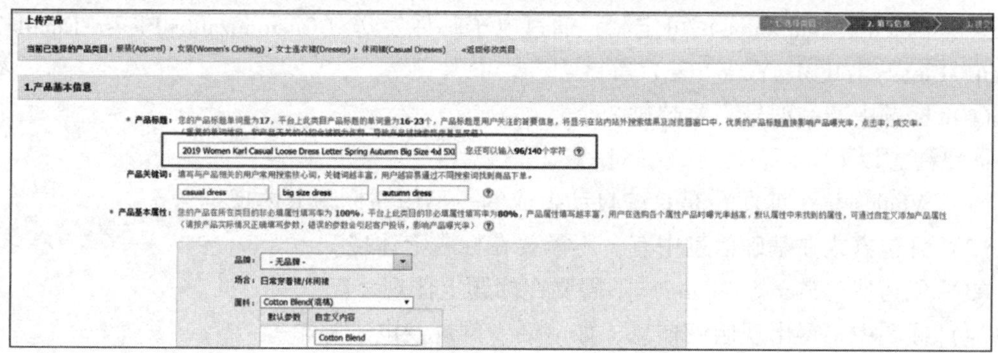

图 4–3　敦煌网卖家后台产品发布 3

产品标题有助于提升产品的搜索量，特别是将一些流行词或热门词加入标题中，当买家检索这些词时，该产品就很可能被列入搜索结果中。

1. 产品标题的公式

产品标题的公式为：

原装/正品词+品牌+型号+核心关键词（大类目词+重点功能词+宽泛关键词+长尾关键词+精准关键词+同类热搜词）+适用范围+产品特性

例如，宽泛关键词是连衣裙（dress），核心关键词是便装（casual dress）或秋装（autumn dress），长尾关键词是“大码 4XL 5XL（Big Size 4XL 5XL）”，精准关键词直接锁定某型号“4XL 5XL 加大码（4XL 5XL plus size）”，在标题最后补充产品特性（产品相关材质、尺码或颜色），即“2019 女士休闲宽松连衣裙春夏大码 4XL 5XL 加大码女装（2019 Women Casual Loose Dress Spring Autumn Big Size 4XL 5XL Plus Size Clothing Dress）”。

2. 产品标题的填写规则

（1）敦煌网标题最多可输入 140 个字符，应简明扼要，一个英文字符及符号算一个字符，如空格。不建议把热门词都放在标题中，关键词堆砌会引起降权，还可能会让客户感觉产品不规范。

（2）每个单词（除 a、an、and、or、for、the 等词）的首字母都要大写。

注意：单词不能全大写或小写。如果商品名称存在大小写的错误，平台很可能对该商品进行降权。

（3）不能有特殊的标点符号或字符，如“！”“，”“。”“%”“￥”。一些卖家希望通过特殊的标点符号或字符引起买家的注意，这是不允许的。

（4）标题开头应为品牌名或产品关键词，如果没有品牌授权或自己品牌，标题中尽量不出现品牌或写在 for 后。例如销售 iPhone 的手机壳时，可以把相关的型号品牌放在 for 后面，可以避免侵权，表示手机壳是给 iPhone 手机使用的，而不是属于 iPhone 的。

标题中的核心词要放在 with/for 前，如“15mm film faced plywood for construction”。

（5）标题中不能出现公司名称、与促销有关的词，物流、运费等信息，如免费装运（Free Shipment）热销产品（Best Seller）热门项目（Hot Item）退款（Money-back）满意保证（Satisfaction Guarantee）可定制，通过电子邮件发送（Customizable Please Email Your Design、Please Tell Me Your Size）等。

（6）标题中产品型号不要超过 3 个。

需要注意以下方面：

（1）Wholesale（批发）是系统自动生成的，不用在标题上体现。

（2）打包方式在基础信息中有，不需要在标题上体现。

（3）免运费（Free Shipping）不需要在标题上体现。

（4）标题中不得出现店铺信息，如电话、网址及电子邮箱等。

（5）关键词要符合目标消费者的语言习惯，如 TV 的搜索量要比 Television 高。

（二）产品关键词

在填写关键词时，应选择能体现产品、带定语的热词，便于敦煌网站内的产品推广及站外搜索引擎关键词引流。

例如某产品为“New White Strapless Formal Prom Wedding Dress Ball Gown”，关键词就可以从 Prom Wedding Dress，White Wedding Dress，Formal Prom Wedding Dress，Strapless Ball Gown，White Ball Gown，White Strapless Ball Gown 等词中选择。敦煌网上的关键词不是必填项，最多只能写 3 个。

（三）产品基本属性

1. 产品基本属性填写的重要性

（1）多角度提升买家浏览量，提高转化率。

首先，获取 60%买家流量。买家通过关键词或类目进入产品详情页，60%买家会利用属性及其数值缩小查找商品范围。因此，填写完整、准确的产品属性及属性值将会获得60%的买家流量。

其次，各行业均会设置多维度展示类目，即抽取相似或相关的产品属性、属性值，建立新的类目，展示给不同需求的买家。因此，填写完整、准确的属性、属性值将有机会获得多维度展示流量。

再次，获得平台主题推广流量。例如在产品上传时，所选择的节日属性为万圣节（Halloween）。在万圣节到来时，平台会推广以万圣节为主体的商品（包括服饰、首饰、家居、宠物用品等），平台会通过节日属性来集合与万圣节相关的产品。如今，借助平台推广可获取非常可观的流量，而这种机会只有在填写了相关属性后才可能获得。

最后，获取 SEO 流量。填写完整、准确的属性及属性值将有利于搜索引擎收录产品页面，提升产品页权重，从而更容易被客户检索出来，吸引更多的流量。

（2）减少沟通成本，降低纠纷概率。以服装为例，卖家在发布产品时没有填写完整、准确的属性及属性值信息（如没有标注欧版尺码、亚洲尺码），导致买家需要多次与卖家沟通确认尺寸，或者买家下单收货后发现尺码不对，要求退换货，这就加大了交易过程中的沟通成本和纠纷概率。因此，在填写商品属性时应尽量做到完整、详尽、准确，避免上述问题的发生。

2. 敦煌网平台会根据卖家所选商品类别及特征设置相关多种属性

如果卖家还希望呈现更多属性（系统未设置），可以通过“自定义属性”进行添加，如图 4-4 所示。

（四）产品规格

产品规格的不同，设置的零售价也可以不同，如图 4-5 所示。

	默认参数	自定义内容
		Twill
腰线：	Dropped(低腰线)	
	默认参数	自定义内容
		Dropped
领型：	Square Neck(方领)	
季节：	Autumn(秋季)	
袖型：	Lantern Sleeve(灯笼袖)	
流行趋势：	Flora Printed Dresses(印花连衣裙)	
袖长：	3/4 Sleeve(7分袖)	
装饰：	全选	

Zipper(拉链) Pocket(口袋) Sheer(透明) Rhinestone(水钻) Piping(镶边/嵌边)
Peplum(腰部裙摆式褶涧) Ruched(不均匀的小褶皱) Pleated(均匀的小褶皱)
Beading(串珠) Print(印花) Panelled(拼接) Split(开叉) Ribbon(缎带)
Pearl(珍珠) Fur(毛皮) Rivet(铆钉) Tiered(有层次的) Tassel(流苏)
Sequins(亮片) Sashes(肩带/腰带) Lace(蕾丝) Hollow Out(镂空) Feather(羽毛)
Embroidery(刺绣) Draped(大褶皱) Crystal(水晶) Criss-Cross(十字交叉)
Ruffle(层叠荷叶边) Button(纽扣) Bow(蝴蝶结)
Customize(自定义)

	默认参数	自定义内容
		Print
		Lace
图案：	Solid(立体花纹)	
	默认参数	自定义内容
		Solid
风格：	Casual(休闲款)	
	默认参数	自定义内容
		Casual
裙型：	Trumpet/Mermaid(喇叭/鱼尾裙)	
裙长：	Knee-Length(及膝)	
自定义属性：		添加更多

图 4–4　卖家后台产品自定义属性

* 产品规格：产品的不同规格，可以设置不同的零售价，并在前台展示给买家

图片显示颜色：
White(白色) Ivory(象牙色) Silver(银色) Champagne(香槟色)
Gold(金色) Light Yellow(淡黄色) Yellow(黄色) Orange(橙色)
Coral(珊瑚色) Green(绿色) Olive(橄榄色) Pink(粉色)
Water Melon(西瓜红) Red(红色) Burgundy(酒红色) light Purple(浅紫色)
Purple(紫色) Light Sky Blue(浅蓝色) Hunter(孔雀绿\海绿) Blue(蓝色)
Chocolate(巧克力色) Brown(褐色) Gray(灰色) Black(黑色)
Daffodil(水仙花色) Grape(葡萄紫) Fuchsia(玫红色)
Hunter Green(军绿色) Royal Blue(宝石蓝) Lavender(薰衣草色)
Sage(青绿色) Dark Green(深绿色) Dark Navy(深蓝色)
Same as Image(图片色) Custom Made From Color Chart(从色卡中选择)
自定义

美国尺码：
2(2) 4(4) 6(6) 8(8) 10(10) 12(12) 14(14) 16(16)
14W(14W) 16W(16W) 18W(18W) 20W(20W) 22W(22W) 24W(24W)
26W(26W) Custom Made(定制尺寸)

自定义规格

增加自定义规格

图 4–5　卖家后台产品规格

如果系统提供的规格不能满足卖家的需求，可以选择“自定义规格”进行设置。其与平台提供的“产品规格”一样，可以在产品详情页中显示出来。

第三节　产品相关信息填写规则及发布

一、产品销售信息

（一）设置销售计量单位和销售方式

销售计量单位一般分为件或包，如果选择按包销售，那么还要输入每包产品的数量，如图 4–6 所示。

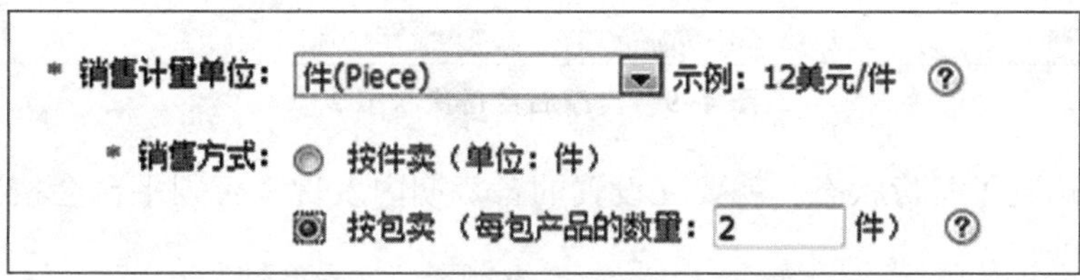

图 4–6　卖家后台销售方式 1

也可以选择其他销售单位，如“打、套”等，如图 4–7 所示。

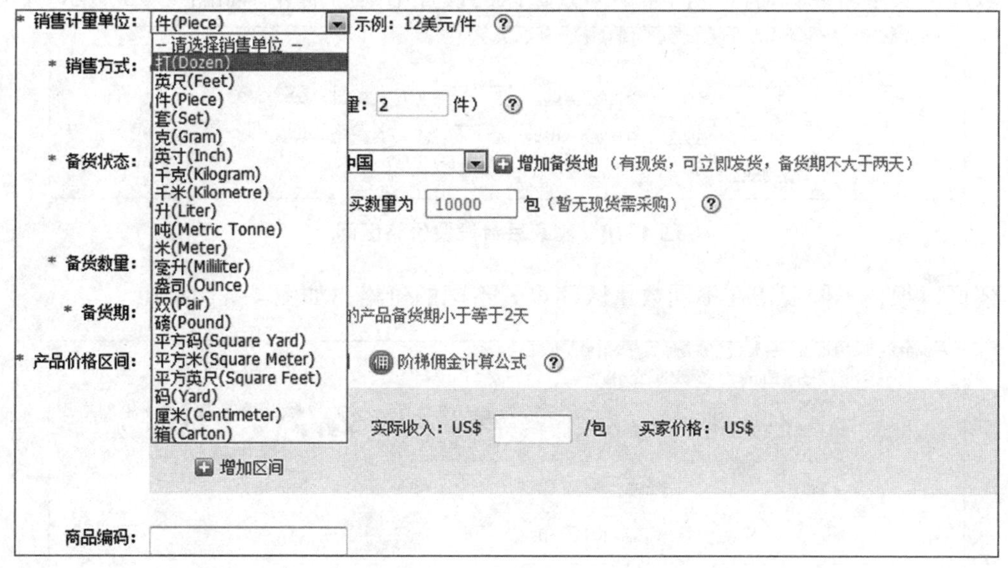

图 4–7　卖家后台销售方式 2

（二）设置备货状态

产品的备货状态可以分为有备货和待备货两种。有备货是指有现货，可随时发货，需要填写备货地、备货数量及备货期，其中备货期要小于或等于 2 天，如图 4–8 所示；待备货是指产品暂时没有现货，须根据买家下单数量采购后才能发货，如图 4–9 所示。其中，备货期是卖家确认执行订单至成功发货期间的天数，不含国际运输时间，须小于或等于 60 天。

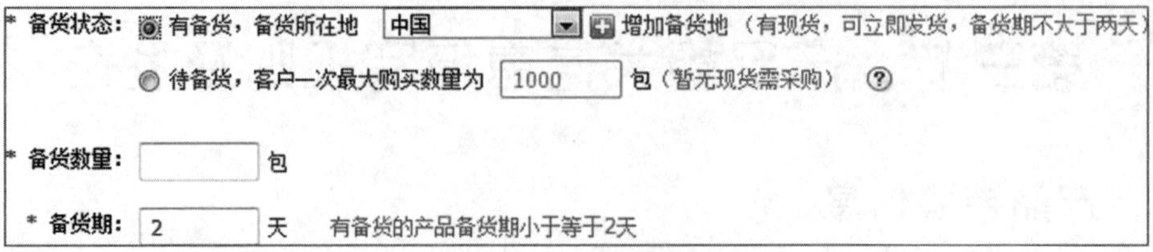

* 备货状态：有备货，备货所在地 中国 增加备货地（有现货，可立即发货，备货期不大于两天）
待备货，客户一次最大购买数量为 1000 包（暂无现货需采购）
* 备货数量： 包
* 备货期：2 天 有备货的产品备货期小于等于2天

图 4–8　卖家后台备货状态 1

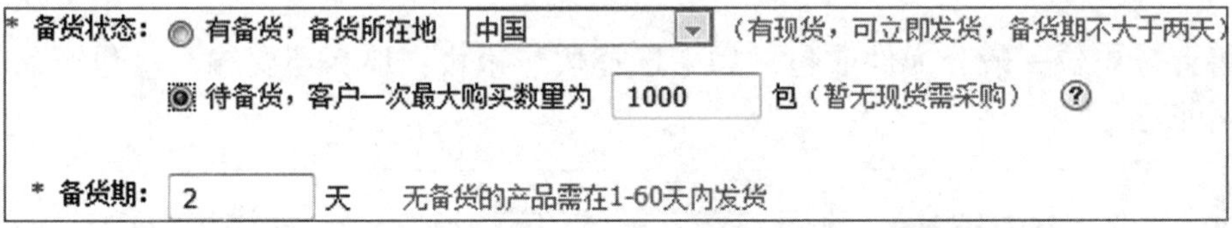

* 备货状态：有备货，备货所在地 中国（有现货，可立即发货，备货期不大于两天）
待备货，客户一次最大购买数量为 1000 包（暂无现货需采购）
* 备货期：2 天 无备货的产品需在1-60天内发货

图 4–9　卖家后台备货状态 2

卖家一旦选定了备货状态，就要在设置的备货期内发货，否则平台会按照成交不卖的相关规定进行处罚。

（三）设置产品价格区间

敦煌网卖家可以针对同一商品不同数量区间设置不同的报价，如图 4–10 所示。

* 产品价格区间：您可以最多添加4个价格区间 阶梯佣金计算公式
2 包以上 实际收入：US$ 20 /包 买家价格：US$ 22.73
5 包以上 实际收入：US$ 18 /包 买家价格：US$ 18.85-20.46 删除
增加区间

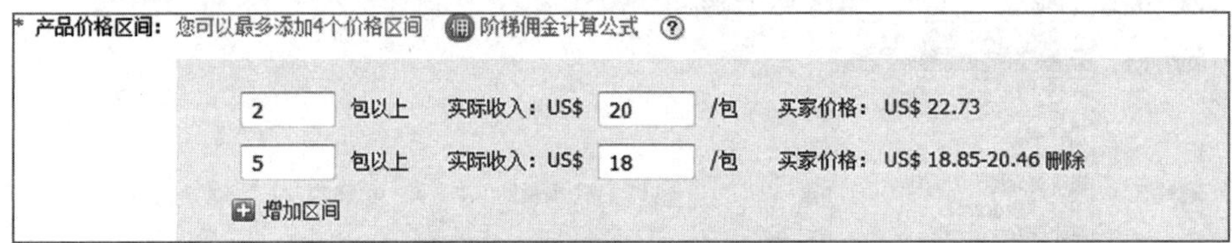

图 4–10　卖家后台设置价格区间

还可以根据不同规格在不同数量区间设置不同的价格，如图 4–11 所示。

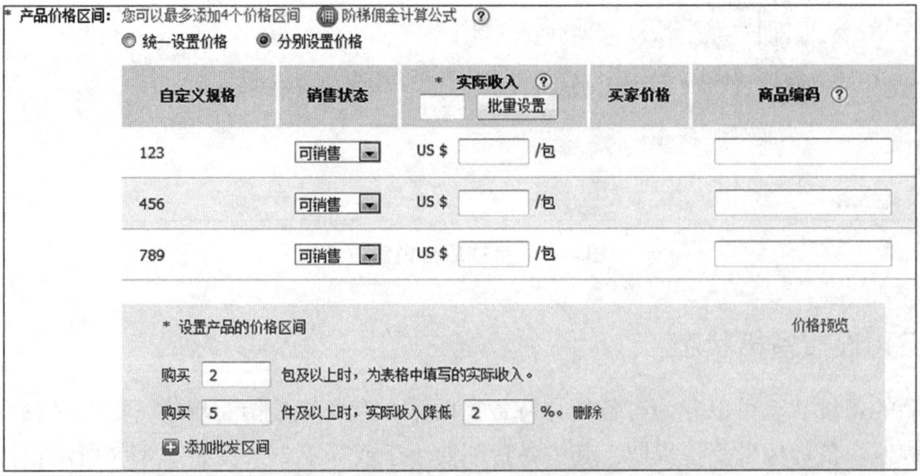

* 产品价格区间：您可以最多添加4个价格区间 阶梯佣金计算公式
统一设置价格 分别设置价格
自定义规格 销售状态 * 实际收入 批量设置 买家价格 商品编码
123 可销售 US $ /包
456 可销售 US $ /包
789 可销售 US $ /包
* 设置产品的价格区间 价格预览
购买 2 包及以上时，为表格中填写的实际收入。
购买 5 件及以上时，实际收入降低 2 %。删除
添加批发区间

图 4–11　根据不同规格设置价格区间

（1）自定义规格。商品分为不同的规格，如 U 盘分为 16G、32G 等规格，此处可填写不同规格的名称，并设置不同的价格；如果没有规格区分，可不填写。

（2）销售状态。销售状态是指某规格的产品是否可以显示给买家销售，如果暂时没有，则可以设置为“不可销售”。

（3）实际收入。实际收入是指产品实际的销售价格，即卖家最后收到的货款数额。

（4）买家价格。买家价格是指买家在平台上看到的价格，是系统根据实际收入和类目佣金自动计算出来的。单击“佣”字图标按钮，可查看商品类目的佣金比率，如图4-12所示。

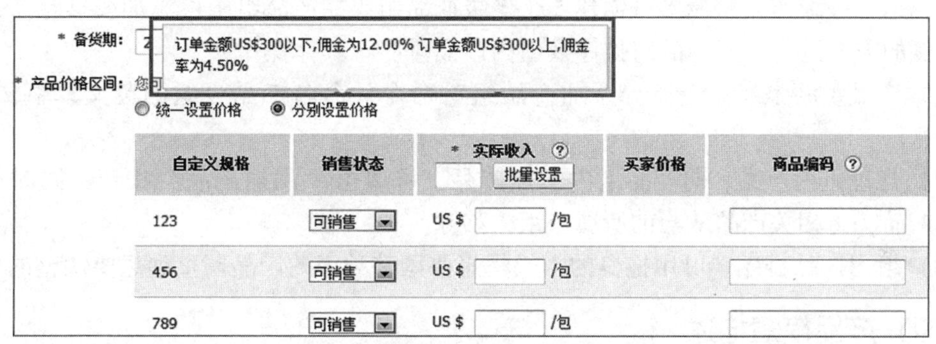

图 4-12　查看商品类目的佣金比率

（5）商品编码。卖家可以为商品设置编码，以便于区分来自不同厂家以及不同类目、不同规格的商品。

二、产品内容描述

（一）产品图片上传

敦煌网支持每个产品上传最多 8 张图片。平台会对传满 8 张图片的商品在排序上有相应的加权。图片采用 JPEG 格式，要清晰避免大面积文字覆盖产品的细节，避免被盗图。优质的产品图能延长客户在产品页的停留时间，提高商品的转化率；为店铺吸引更多的流量，节省卖家推广费用。

上传产品图时要注意以下几点：

（1）不要在产品图上留下除敦煌网以外的其他联系方式。

（2）不要上传涉及侵权和违规的图片。

（3）当两个产品的主图重复时，系统会认为是重复产品。不要两个产品共用产品图（尤其是首图）。

（4）建议自拍产品图。产品图应与实际产品保持一致，一旦买家发现实物与产品图不符，会要求退货退款，造成不必要的纠纷，影响整个店铺的信誉。

（5）上传产品图时，应尽量从相册中选择，可以提高产品通过审核的效率。

（二）商品分级管理

商品分级管理中的“成人属性”与“非成人属性”是新增内容，用于标识商品是否具有成人性质。参与商品分类管理，给商品打标，即可免费参加站外推广。

（三）产品组设置

卖家可新建产品组功能，增加英文字段的输入，这有助于设置关联营销并提高产品的曝光率。敦煌网可以在一级产品组的基础上再添加二级产品组，目前最多可创建 60 个一级分组，每个一级产品组最多可创建 5 个二级产品组。在产品组中可添加或移除产品，可通过拖曳的方式进行一级产品组排序及组内产品排序。具体操作如下：

（1）产品组的添加。选择“添加产品组”命令，命名产品分组的英文、中文名称，备注信息。

（2）管理组内产品。向产品组内添加产品，可单击“添加产品”按钮，同时可以批量勾选产品，将相关产品从当前所属分组中移除。

（3）组内产品排序。可用拖曳的方式将想要调整顺序的产品调整到想要调整的位置。

（四）产品简短描述

产品简短描述（短描）可以补充标题中没有涵盖的产品特征信息，最多可以有 500 个字符，可以包括产品颜色、款式、配件附件、销售模式等内容。填写短描时，切忌重复标题或关键词堆砌。可以输入中文标点，系统会自动将其转化成英文标点。

（五）产品详细描述

对于产品名称和规格中没有覆盖的信息，可以通过产品详情页进一步展现给买家；将买家较为关心的产品特色、功能、服务、包装及运输等展示出来，使买家一目了然；通过个性化的设计展示卖家的专业性，以及利用相关产品的站内链接向买家展示更多的产品，进行自我促销。产品详情页有 8 万个字符空间，支持 HTML 语言。产品详细描述可以包括以下内容：

（1）产品图片，如整体图片、细节图及使用过程图等。

（2）产品的特点、优势等。

（3）产品的详细使用说明。

（4）产品的包装信息、是否有配件等。

（5）店铺的信誉情况、获得的好评等。

（6）商户的服务承诺。建议对退货、换货、退款及售后服务进行说明，这方面的内容通常会直接影响产品的转化率。

优秀的产品详情页应带有驱动性的直观阐述，能够使顾客在短暂的停留时间内产生购买的欲望并发生购买行为。

三、产品包装信息

产品包装信息部分须填写按照销售方式进行包装后的重量和尺寸。填写过低的重量和尺寸，会导致运费的损失；填写过高的重量和尺寸，会导致商品运费过高，影响客户下单，如图 4-13 所示。

4.产品包装信息

* 包装后重量：2.0 公斤（KG）/件

产品计重阶梯设定　依据产品件数设置产品重量，适合体积小、重量大产品。查看详情

* 包装后尺寸：12.0 * 5.0 * 6.0 单位均为：厘米

图 4-13　产品包装信息

考虑到部分产品包装重量的增加不与数量等比增加，所以平台提供了自定义重量计算功能，方便卖家合理、灵活地设置产品重量信息。

产品设置自定义计算重量后，产品详情页会显示数量到达几件对应的阶梯计重运费，如图 4-14 所示。

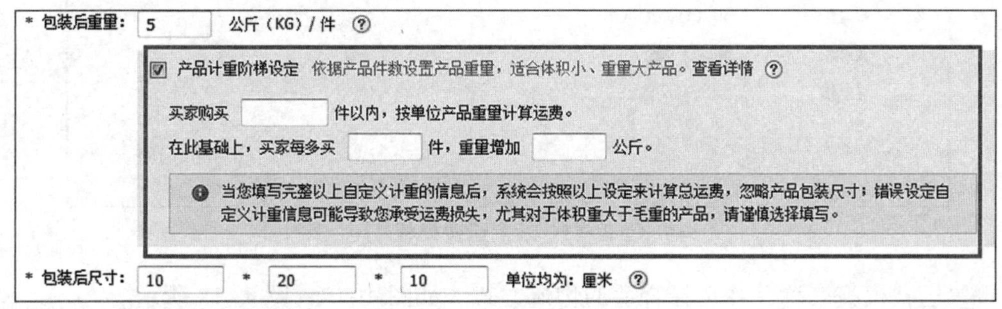
* 包装后重量：5 公斤（KG）/ 件

产品计重阶梯设定　依据产品件数设置产品重量，适合体积小、重量大产品。查看详情

买家购买　件以内，按单位产品重量计算运费。

在此基础上，买家每多买　件，重量增加　公斤。

当您填写完整以上自定义计重的信息后，系统会按照以上设定来计算总运费，忽略产品包装尺寸；错误设定自定义计重信息可能导致您承受运费损失，尤其对于体积重大于毛重的产品，请谨慎选择填写。

* 包装后尺寸：10 * 20 * 10 单位均为：厘米

图 4-14　产品计重阶梯设定

例如某单个产品包装后的重量是 2 kg，2 件产品包装后的实际重量是 3 kg，3 件产品包装后实际重量为 4 kg。

若不自定义计重。买家如果购买 3 件产品，系统将按照 6 kg 计算运费。

若自定义计重。购买 1 件产品时，重量为 2 kg，每多买 1 件产品，重量增加 1 kg。那么如果买家购买 3 件产品，系统就按照 2+（3−1）×1=4 kg 的产品重量来计算运费，进而提高产品的运费竞争力。

值得注意的是，勾选“产品计重阶梯设定”复选框后，系统将忽略产品的体积和重量。该功能不适用于包装重量小、体积较大的产品。

四、设置运费模板

执行“我的 DHgate→产品→运费模板管理”命令，添加新模板，如图 4-15、图 4-16 所示。

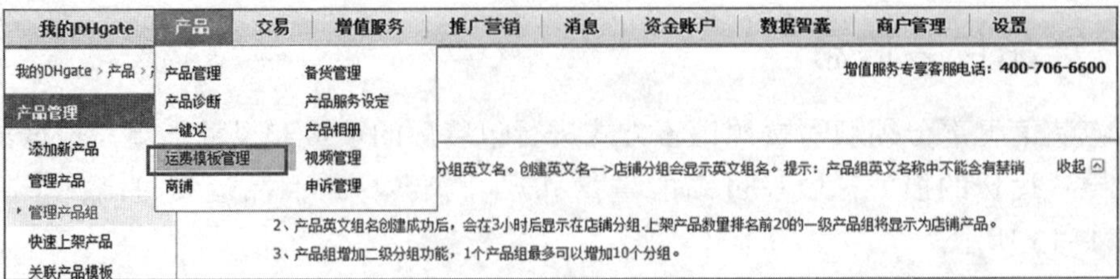

图 4-15　设置运费模板 1

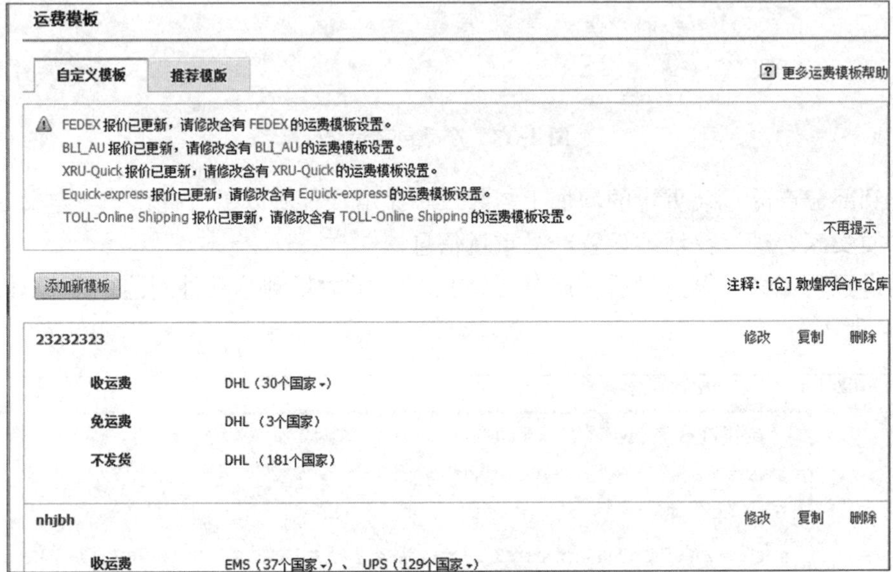

图 4-16　设置运费模板 2

设置运费模板名称，并选择合适的物流方式，如图 4-17、图 4-18 所示。

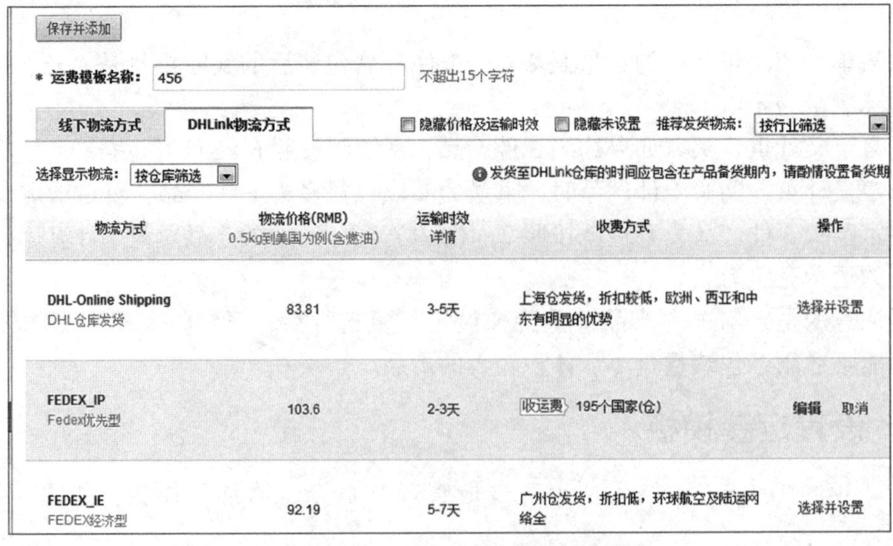

图 4-17　设置运费模板 3

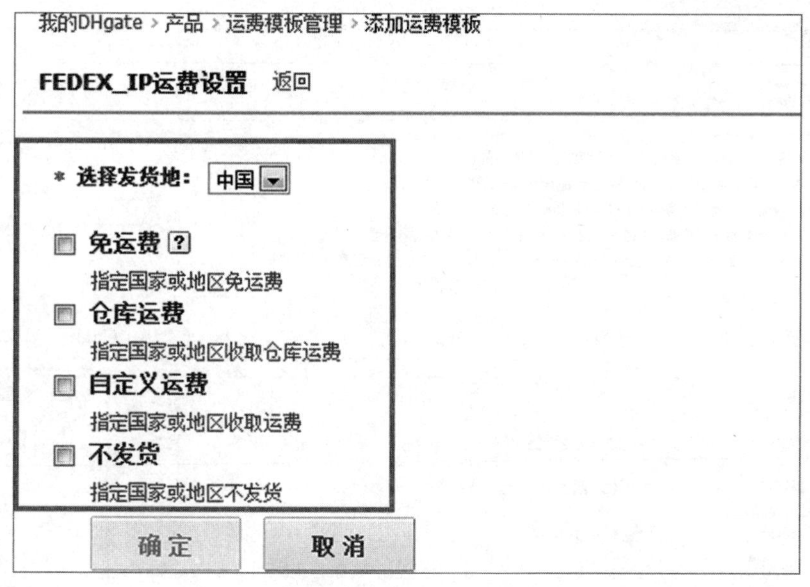

图 4-18　设置运费模板 4

设置好运费模板名称和物流方式，单击“保存并添加”按钮，模板即创建完成，如图 4-19 所示。

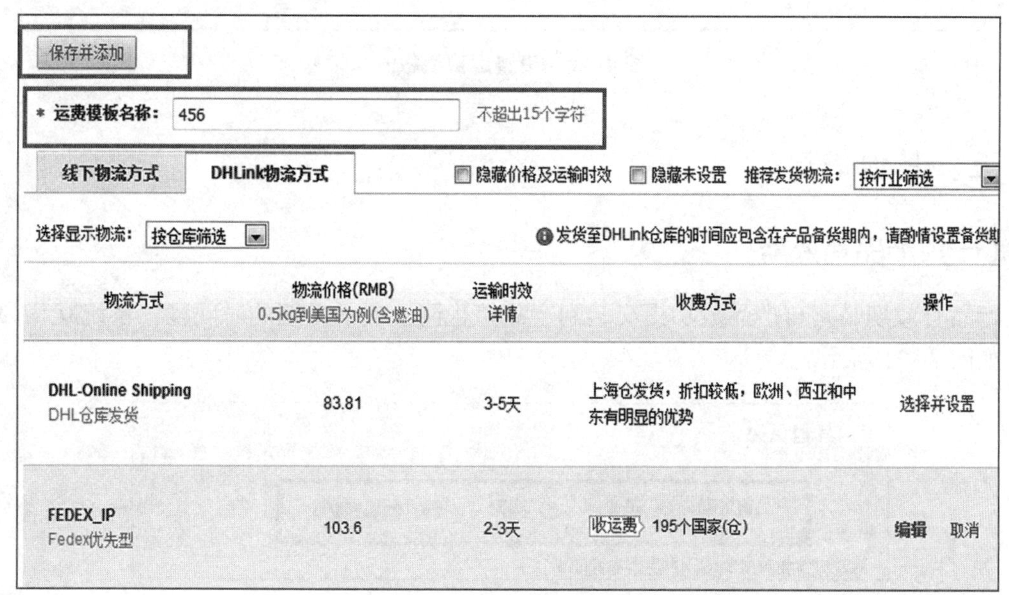

图 4-19　设置运费模板 5

如果要修改运费模板信息，选择“运费模板管理”到“运费模板”命令，进入“运费模板”界面进行修改，如图 4-20 所示。

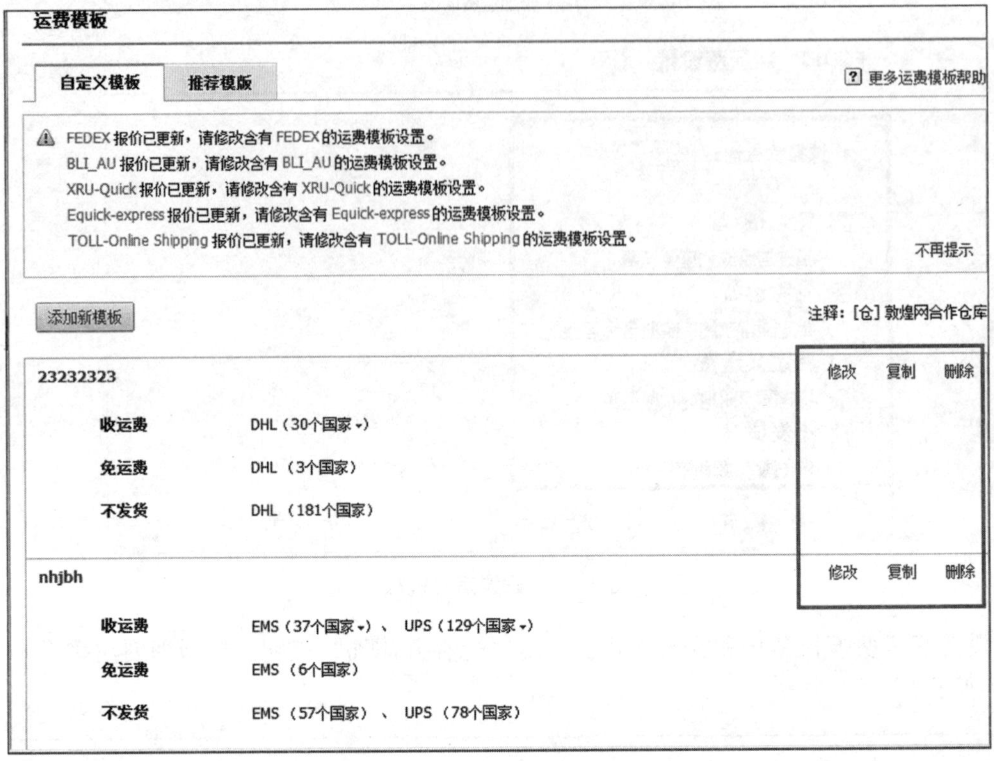

图 4-20　设置运费模板 6

五、其他信息

（一）产品有效期

产品有效期是指自产品成功提交起到产品停止网上展示日期的时间段，系统默认为 90 天，如图 4-21 所示。

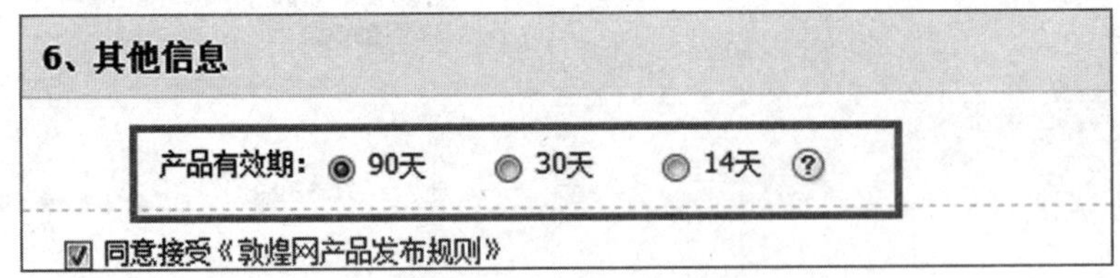

图 4-21　设置其他信息

对于价格波动频繁的商品，建议选择短的有效期；对于较为稳定的商品，建议选择较长的有效期。需要注意的是，一旦产品过了有效期，若没有及时更新，系统会将产品设定为下架。若想要继续销售下架产品，只需在产品管理页面选择该下架产品，单击“上架”按钮即可。

（二）售后服务模板

创建售后服务模板并在产品设置中引用，可以提高买家下单的概率。敦煌网后台支持卖家创建 20 个售后服务模板。系统为新手卖家提供了默认模板，其主要规定：不接受无理由退货，一旦出现货物与描述不符或质量问题，可在双方达成一致后部分或全额退款，由买家保留货物。

卖家可以根据需要自行修改或设置新的售后服务模板。但需要注意的是，若卖家想要删除某个服务模板，必须确保该模板下所有商品都已被移除，如图 4-22、图 4-23 所示。

图 4-22　添加售后服务模板

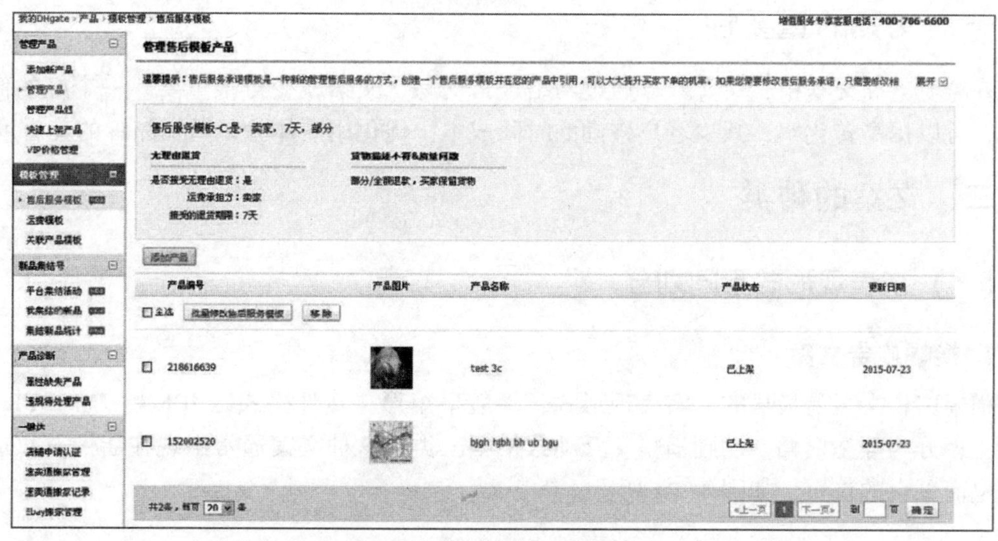

图 4-23　绑定或移除相关售后服务模板下的产品

六、提交发布产品

完成上述步骤后，产品上传操作基本完成。产品上传分数越高，在搜索结果中的排名也会越靠前。

敦煌网商品评分系统主要从五个方面对产品进行评分。

（1）产品属性。高分产品的填写率应为80%以上。

（2）产品标题。敦煌网建议产品标题的单词数量为16～23个。

（3）产品短描。高分产品的短描单词数量应为21～28个。

（4）产品图片。满足8张产品图和1张推广图片的要求。

（5）物流信息。高分产品的运费模板满足的条件包括：①自定义模板。②选择优质快递、一般快递和邮政挂号三个等级，其中优质快递得分高。③产品配送应分为不包邮、小包包邮、一般快递包邮、优质快递包邮四个部分，其中包邮国家应至少包括美国、英国、加拿大、澳大利亚、法国、德国六国之一。

另外，产品短描和产品标题间的单词重复率要小于50%，如果大于50%仅计25分。

敦煌网上传产品需经过平台审核，10个合格产品上架即可开通店铺，开始运营。

第四节　跨境电商文案策划

文案来源于广告行业，是“广告文案”的简称，由英文copy writer翻译而来，多指以文字进行广告信息内容的表现。其有广义和狭义之分，广义的广告文案包括标题、正文、口号的撰写和对广告形象的选择搭配；狭义的广告文案包括标题、正文、口号的撰写。

一、文案的重要性

在跨境电商交易中，买卖双方通过网络进行交易，文案就变得很重要。一个好的商品文案，可以提高转化率，减少客户咨询的时间成本，优化用户体验，增加品牌的美誉度。

二、文案的种类

（一）按表现形式不同划分

1. 横幅广告文案

横幅广告文案是最早的文案表现形式，一般呈矩形，文件格式以JPEG、GIF、FLASH等为主，分为静态横幅、动画横幅、互动式横幅三类。这种文案通常出现在店铺首页或者跨境电商平台的首页，如图4-24所示。

图 4-24　横幅广告文案

2. 网店详情页文案

网店详情页文案是最普遍使用的电子商务文案形式，作用是向客户介绍商品。无论卖家通过跨境电商平台还是自建网站销售商品，网店详情页文案都不可缺少。

3. 电商品牌文案

电商品牌文案是目前比较流行的电子商务文案形式，以讲故事的形式向客户传达企业的文化和价值观，通常应用在卖家的自建网站中。

4. 网络推广文案

网络推广文案的写作方式比较自由，符合当下的网络文化潮流，通常应用在博客、微博、微信、电子邮件中。

（二）按文案载体的不同划分

按照文案载体的不同，电子商务文案可以划分为网店文案、博客文案、微博文案、微信文案、论坛文案、电子邮件文案六种类型。

三、文案策划的流程

（一）找准产品的卖点

卖家要对现有的市场做调查和市场需求分析，明确做文案的真正目的，明确产品对应的用户人群。找到用户所需的产品卖点，这样用户才会被文案的标题或图片展示的内容吸引。去现场进行实地调查的成本太高，一般采用其他市场调研方式，如经常浏览竞争对手的店铺，看买家的评价，尤其关注“差评”，从中发掘出自己产品的卖点。

针对不同消费者应打造不同的卖点，具体如下。

1. 针对价格导向型的消费群体

针对价格导向型的消费群体，在描述中应突出该商品的价格优势，以吸引这部分人群的注意力。例如“难以置信！只要 12.99 美元，整套杯子都送你带回家，现在开始节约 5 美元吧。Unbelievable!! Only $12.99, the whole sets of cups will go your home, $5 instant saving now.)”在跨境电子商务网站可使用以下标语促使用户下单：该价格有效期为一周（for 1 week only）；今晚截止（discount ends tonight）；此产品将在 2 小时 20 分钟之后结束优惠（the offer ends in 2 hours 20 mins）。

2. 针对质量导向型的消费群体

在产品描述中，应突出产品的性能优势，让该群体买家有深入了解的欲望。例如“To provide 1080P high-quality video output，6 times definition more than ordinary DVD，Smoothly play 1080P video files.”。

3. 针对情感导向型的消费群体

在产品描述中，应突出产品传承的情感元素，多以爱、幸运、永恒等为主题，向买家传递产品能够表达某种情感。例如“Four-leaf clover stone symbolizes luck，don’t be hesitated to bring your family luck. Share your love with the people you love.”。还可以把产品本身蕴含的特别故事、使用的特殊材料、不寻常的产地或者怪异的设计等作为卖点适当加入产品描述中，用产品独特的魅力吸引买家。

（二）形成新颖的想法

卖家应以自己的想法为基础，结合当下热门、受人们关注的事件或者素材进行分析、联想，形成新颖的想法。

（三）撰写文案

卖家应根据前期的调查和自己的想法，拟定文案的标题，写出相关文案，最后再对已经写好的文案进行反复检查和筛选，确保没有错别字和语句不通顺的弊病。

1. 标题拟定

买家首先看到的是文案的标题，如果标题无法在瞬间抓住买家的眼球，买家可能难以继续阅读下去。在撰写产品文案时，要注意标题的重要性，同时要注意只有网络推广文案才需要拟定标题，横幅广告文案、网店详情页文案、电商品牌文案不需要写标题。

2. 内容描述

所有的文案都要求有内容。内容是关于产品全面、多角度的介绍，可以让买家充分地了解产品的优势和特点。内容可以是专家的点评、证明文件、价格、付款方式等信息，卖家需要把商品分解成各个利益点，然后用买家习惯的语言进行描述。

因此，产品描述应当遵循 FABE 法。其中，F 表示属性（features），A 表示优势（advantages），B 表示利益（benefits），E 表示证据（evidence）。其主要内容如下：

（1）产品的规格、型号、参数、专业性描述（多用表格）。

（2）产品的细节图片。

（3）产品特性（与同类产品比较的优势）。

（4）包装、颜色、交易方式。

（5）第三方认证（或成功的案例）。

(6) 售后服务。

(7) 延伸阅读（公司介绍、联系方式、相关案例）。

(8) 视频连接。

(四) 制作图文结合的页面

1. 公司业务与愿景表达

(1) 主营产品。示例如下：

We are a …

We've done a good job at …

With 20 years of experience in doing …

(2) 产品优势。示例如下：

The ××（公司名称）has always strived to provide its customers with safe, quality and reliable products.

We do sport innovation by making our products more sustainably, safer and healthier

The ××（公司名称）never stop renovating its products in terms of safety, quality and sustainability.

(3) 公司愿景。示例如下：

Our mission is making our products available and affordable to people around the world.

We have committed expanding the limit of human potential by making grounding breaking sport innovation.

2. 产品介绍的编辑

在编辑整理产品描述时，要明确产品描述不等同于产品说明书，其作用在于解答用户产品图片、标题和基本信息中未能了解到的更细致的产品内容。每一个产品介绍的内容应该包含产品的主要特性，如大小、样式及适用范围等。卖家还需提供准确的尺寸信息、保养说明和保修信息，并使用正确的语法、标点符号及完整的句子阐述相关信息。对不同产品的介绍，要站在购买者的角度去思考用户购买会碰到什么问题，用户在购买不同的商品时需要的信息是不一样的。以电子阅读器为例，买家最关心的是重量和电池寿命，然后才考虑设计和展示等，具体内容如下：

关于产品：

这是有史以来最轻薄的一款 Kindle，长时间阅读也能感到无比舒适。

全新的人体工程学设计，配有专门的翻页按钮，让翻页变得轻而易举。

这款 Kindle 的电池续航时间最长，搭配的皮革充电保护套可进一步提升电池续航，确保使用数月无忧。保护套可拆卸，有黑色、梅洛红或胡桃木色可选。

配备 300 像素每英寸（ppi）的高清显示屏，文字清晰锐利，堪比激光打印质量。即使在直射阳光下，也能像阅读真实纸张一样，毫无眩光干扰。

增强的内置可调节灯光能够均匀照亮屏幕，让您随时随地都能享受完美的阅读体验。

在该产品描述中，包含了潜在买家所关心的关键信息，如“最轻薄的 Kindle”“人体工程学设计”“电池续航时间最长”“300 像素每英寸（ppi）的高清显示屏”“内置可调灯光”。对于电子和硬件产品，可能更需要考虑编辑技术实力、产品测试证明、客户反馈、质量保证细节、用户支持等方面的信息。

3. 用户情绪的利用

利用用户的情绪，可构建完美的情景，以促进消费者购买产品。为了让消费者有购买的冲动，在产品描述中构建情景会产生一定的效果。例如当出售夏季服装时，让消费者想象穿上夏季服装坐在沙滩上的场景，有助于鼓励买家购买。示例如下：

This sheer tunic is the perfect cover up for a day at the beach this summer. Ideal for wearing over swimwear it also transforms from day to night，as it becomes a great evening top. Flattering and weighing next to nothing you'll want to pack this for your summer holidays this year.（这件外套是你这个夏天沙滩度假的必备外衣，是穿在泳衣外面的最佳搭配，还可以从白天一直穿到晚上。它几乎没有重量，可以整个假期带着它。）

4. 产品描述中要注意词汇的运用

在产品描述中有些词不宜使用，如声称自己的产品是“世界上最好的（the world's best）”，用户可能就不太会相信店家了。要使产品描述看起来真实，应避免使用“独一无二的（one of a kind）”“最佳（the best）”“唯一的（the only）”“首位的（premier）”“没有竞争对手（no competition）”等词语。

拓展阅读

什么样的亚马逊产品文案最吸引人

1. 应有正确、地道的文字表达

（1）卖家要避免英语语法的错误使用。例如表达一款发蜡的味道，卖家使用了 flavor（味道），而 flavor 指的是吃上去的味道（如香草的味道），这里用 scent、aroma、fragrance（闻的味道）比较好。

（2）在 Listing（商品详情页）中要凸显产品的专业性，甚至可以增加一些情感的交流。

2. 要突出重点信息

（1）Bullet Point（重点）中，概括重点出来，可以使用标点符号“［］”，大写和粗体可凸显出重要性，有利于卖家迅速找到重要的信息，过滤掉一些不需要的信息。

（2）卖家最好把产品的质保、技术支持等写在文案内。

（3）Bullet Point 最好使用短句，简洁地描述产品。

（4）重点信息最好归纳为五点，第一条很重要，也要确保第一条到第三条不能重复同样的信息。

另外，现在移动端购物很多，卖家在书写文案时要考虑到手机和平板用户。移动端中，卖家只能看到前三个项目（Bullet Point）。

3. 产品描述要与客户建立情感上的联系

卖家可在产品描述（Description）中用一小段来介绍自己，书写品牌故事，讲述产品是如何设计出来的。这些描述在一定基础上有利于与客户建立情感上的联系。

与外国客户建立情感关系的方法如下：

（1）真诚表达，如说明做产品的初衷。

（2）卖家要明确产品的目标客户，如家长、孩子、玩家、职场领导、老人、大学生、女性、男性或者体育爱好者等，可以在产品描述中进行场景带入描述。

（3）可以直接告诉客户产品是如何改变他们的生活的。

（4）可以使用幽默的方式表达。

（5）在产品描述中可以加入售后支持、操作说明等内容。

另外，在大多数人眼中，如果产品太复杂，太难使用，他们是肯定不会购买的。因此，卖家在开发产品时就要在使用上考虑到简单、易操作。

4. 回复很重要

在回顾（Review）下方有评论（Comment）按钮，卖家要积极回应差评。这是因为买家能看到卖家在积极与他们进行沟通，其他买家看到差评，看到卖家至少尝试在解决他们的问题，这样的行为会让其他买家比较放心，也会影响他们对产品的判断。

（资料来源：https：//maimai. cn/article/detail？fid=632681244&efid=rTHs03LMx7IWrhjyFnQFNw）

本章小结

本章主要介绍了产品发布的平台规则，以及填写相关信息时应注意的事项。例如新颖的产品标题可以提高商品的曝光率，应包含类目词、核心词、属性词等。本章还介绍了跨境电商文案的撰写要点。

知识测试与能力训练

一、选择题

1. 关于标题设置，下列说法错误的是（　　）。
   A. 标题最长可为 128 个字符
   B. 标题中不能出现与实际产品属性无关的词
   C. 标题尽量不用符号分隔
   D. 标题句式尽量复杂
2. 以下说法错误的是（　　）。
   A. 价格影响点击率
   B. 价格影响排序

C. 价格影响买家最终的购买（转化率）

D. 价格设置可以由卖家决定，想设置多少都可以

3. 以下说法正确的是（　　）。

A. 发布产品时类目可以随便选择，相关即可

B. 图片格式为 JPEG 格式，图片大小在 5 MB 以内，图片上可以有邮箱地址等联系信息

C. 对于同一款产品，可依据不同的颜色设置不同的价格

D. 产品上架前，产品图、成本、运费、服务模板等不需提前设置

4. 完整的标题应该包括（　　）。

A. 核心词　　B. 属性词

C. 流量词　　D. 高频词

5. 以下属于属性词的是（　　）。

A. 100%cotton　　B. new arrival

C. free shipping　　D. sleeveless

6. 下列关于关键字（词）的描述正确的是（　　）。

A. 关键字（词）出现在网页中可有助于搜索引擎找到网页

B. 关键字（词）出现的次数影响排名的顺序

C. 关键字（词）以自然语句的频率出现效果最佳

D. 过度人为地插入关键字（词）的行为，可能被归类为作弊

二、实训题

在跨境电商平台店铺中，发布一件产品，并确保产品信息准确、完整。

第五章

跨境电商物流

学习目标

（1）了解国内快递与国际快递的区别。
（2）掌握各种跨境物流模式的特点及运费计算。
（3）掌握跨境电商平台运费模板的设置。
（4）掌握根据产品选择不同物流模式的方法。

素质目标

通过灰色通关的概念及其危害性介绍，了解灰色通关的弊端，树立合法合理通关意识。

案例导入

斯坦福《跨境电商物流策略白皮书》发布，菜鸟全链路国际物流入选研究案例

2023 年，斯坦福大学商学院供应链创新中心发布《跨境电商物流策略白皮书》（以下简称“白皮书”），围绕跨境电商物流模式比较、流程梳理和跨境物流发展趋势等，为中国和海外跨境电商从业者提供一份翔实的跨境物流指南。

白皮书的物流服务商板块详细介绍了邮政、商业快递、货代公司、电商物流等不同类型的物流服务商。其中，菜鸟和亚马逊作为跨境电商物流服务商代表，被纳入白皮书案例研究。菜鸟保税、直邮、免税等全链路 B2C 和 B2B2C 进口物流模式都详细呈现。白皮书认为，对于“跨境新手”来说，把物流交给电商旗下物流公司不失为一种最优选择。一方面，电商物流可以实现订单的高效履约和更高的客户满意度，有利于商家拓展业务规模；

另一方面，电商物流提供的端到端全链路物流可以让商家更专注于产品研发和运营本身，免去后顾之忧。

Faculty & Research › Publications › Exploring the Right Logistics Strategy for China-U.S. B2C Cross-Border E-commerce

Exploring the Right Logistics Strategy for China-U.S. B2C Cross-Border E-commerce

By Barchi Gillai, Hau L. Lee

Value Chain Innovation Initiative. March 2023

Operations, Information & Technology, Supply Chain

Sound logistics services are critical for supporting business-to-consumer cross-border e-commerce (CBEC), given consumers' expectations for a fast, affordable, and reliable order delivery. Yet fulfilling orders placed by customers located in a different country can be quite challenging: transportation is more expensive, shipping times are longer, more entities are involved in the process, and goods may be subject to import and export tariffs and other regulations.

目前，菜鸟在中国香港、列日、吉隆坡等核心城市建立数字物流中枢（eHub）、全球运营300万平方米的跨境仓库、每月245架次包机和全球15座自动分拨中心。依托国际枢纽、干线、末端、关务等国际端到端的物流网络运营与组合能力，国货出海与海外品牌来华找菜鸟成为趋势。

白皮书预测，跨界化、数字化、低碳化将是未来物流企业创新发展的三大趋势。在全球跨境电商市场蓬勃发展的背景下，许多从事跨境运输和订单履约公司将拓展其服务范围和全球影响力。例如货代公司不仅为客户协调港到港的海运或空运，还可以安排进出港口的内陆运输、报关文件准备、仓储和订单履约服务等；同样，一些大型电商物流也不断拓宽服务边界，从早期服务国内商家到专注于服务跨境卖家。比如菜鸟目前提供中国与全球100多个国家和地区的端到端跨境物流解决方案，也包括将货物从中国运到欧美等海外市场的运营中心。

在如何选择合适的跨境物流服务商方面，白皮书建议商家应分析比较多种因素，包括物流服务商的专业水平和对目标市场的熟悉程度、预期销量和需求模式，以及他们销售产品特点等进行综合评估。

（案例来源：斯坦福《跨境电商物流策略白皮书》发布，菜鸟全链路国际物流入选研究案例．[EB/OL] 雨果跨境．(2023-04-07)．）

案例思考：

（1）目前，跨境电商物流的发展瓶颈是什么？

（2）未来跨境电商物流的发展趋势有哪些？

第一节　跨境电商物流概述

一、跨境电商物流的现状

与传统国际贸易中使用的物流方式相比，基于跨境电商小、频、快的商务特点的跨境物流对商品配送提出了更高的要求，见表5-1。同时，跨境物流直接影响着产品成本、客户满意度、跨境电商的竞争力等关键因素，选择理想的物流方式，建立符合自身条件的物流体系就变得尤为重要。然而，目前我国跨境电商物流服务存在诸多的问题，与跨境电商的增长速度、用户需求严重不匹配，造成了跨境电商卖家选择物流方式的有限性和困难性。而占跨境卖家大多数的小微企业（小微卖家）抗风险低，对跨境物流的认知有限，更增加了物流方式选择的难度。我国跨境电子商务物流体系尚在建设，还存在很多问题亟待解决。

表5-1　国内快递与国际快递的区别

类型	国内快递	国际快递
运输方式	圆通、申通、宅急送等	EMS、TNT、DHL、UPS、FedEx、HK Post、SingPost (SpeedPost)、China Post 等
产品包装信息	不用填写	需要填写产品包装后的体积和重量，以便于正确计算运费
快递计算方法	一般按件计算	按产品包装体积、重量、买家所在地区、采购量，再根据不同运输方式的不同运费标准公式进行计算
快递运输	一般3～15元，5元最普遍	快递费用差异大，比国内快递费用高
货运时间	周期短	周期稍长
货运跟踪信息	卖家发货后，要填写有效的发货通知和货运跟踪号，以便于货物跟踪和放款	

注：EMS为邮政特快专递服务（Express Mail Service）；TNT为全球领先的快递和邮政服务提供商，总部设在荷兰；DHL为德国邮政集团100%持股的快递货运公司；UPS为美国联合包裹运送服务公司（United Parcel Service）；FedEx联邦快递（FedEx Express）；HK Post为中国香港邮政小包（Hongkong post air mail）；SingPost是一家新加坡国家邮政服务供应商；China Post是中国邮政。

（一）跨境物流成本问题

物流成本已经成为制约跨境电商发展的主要因素。根据行业统计，国际物流占产品成本的30%～40%。对于小微卖家，在目前所处的电商市场环境中，缩减物流成本似乎已经成为对抗大卖家的主要竞争手段（产品单价和排名），但如何制订合适的物流计划又是大多数小微卖家不擅长的。加之我国跨境电商物流刚刚起步，整体物流环境较差，物流综合服务、基础配套设施尚不完善，可选择的物流方式有限，无形中增加了小微企业选择跨境物流方案的难度和成本。

（二）物流运送时间问题

配送时间长、投递不稳定一直都是困扰小微卖家的难题。各大电商平台为了维护信誉形象，吸引更多的流量，对发货时效性做了明确的规定，违规的商户将受到严厉的处罚，增加了小微企业的邮寄压力。例如 Wish 平台从 2014 年 11 月起规定若商户接收订单后，依据不同国家的规定（美国 24 天、法国 24 天、澳大利亚 20 天等），货品没有妥投，如发生退货，商户将承担 50%的退款。跨境物流中涉及仓储、配送、报关等一系列环节，某个环节出现问题都会引发邮递时间的延误，进而增加了客户投诉纠纷的风险性。而清关率高、速度快、安全性高的物流方式往往收费高，小微企业无法平衡其中的矛盾点。

（三）信息追踪问题

包裹出境后无法全程跟踪。在物流业较发达的欧美地区，货物信息追踪稍好，但对于小语种国家，卖家拿到货运单号也很难在网站上及时查询到货物妥投信息，跨境物流中丢包事件屡见不鲜。一旦包裹出现问题，货代能否及时地响应卖家的咨询、查看包裹的运输情况，都是未知的。物流追踪需要强大的物流网络，不仅依靠境内、境外强大的信息化水平、货物跟踪系统，还要求境内与境外信息系统的有效对接，才能实现全程、及时的追踪。然而目前国内大多数跨境物流服务企业都满足不了这一需求，使顾客的好评度大打折扣。

（四）服务不完善问题

国内物流企业对跨境物流服务尚未成熟，缺乏专业化第三方物流服务。虽然我国物流企业数量较多，但除中国邮政推出的各项跨境物流服务较为成熟外，顺丰是仅少数提供国际物流寄送的国内快递，但与国际四大快递（DHL、TNT、UPS、联邦快递）相比，仍差距甚大，缺乏竞争力。目前，国内物流企业也在积极地拓展海外物流渠道，但大型、专业程度高的第三方物流数量有限。

（五）对跨境物流认识不足、缺乏了解

目前，从事跨境电商的小微企业从业人员大致可以分为两类：一部分是做淘宝、京东的国内电商卖家，会以国内物流“四通一达”的标准或操作方法使用跨境物流，对国际贸易、国际物流相关规则法令知之甚少，甚至一些用户连基本的流程都不清楚；另一部分是从传统 B2B 卖家转型而来的，这部分人对传统的货运比较了解，但对平台规则、相关跨境物流细则不熟悉，导致货物被退、被扣的现象时有发生。例如深圳某位电子产品卖家发往欧洲的一批货物被海关扣留，原因是该批电子类产品没有欧盟认证（European conformity，CE）的安全标志。另外，当前跨境电商市场对物流的需求剧增，但相关市场条例规范尚不完善，滋生出了一些服务质量低的货代，导致了跨境物流市场服务良莠不齐的现状，严重影响了用户的购物体验，进而拉低卖家店铺评价，给卖家带来损失和困扰。

二、跨境电商物流的模式及选择

（一）跨境电商物流的模式

1. 邮政包裹模式

为保证公民的通信需求，各个国家邮政部门彼此签订协议，并隶属于万国邮联，低价普惠成为邮政物流的主要标志。据统计，中国跨境电商出口包裹通过邮政物流投递的占70%，其中中国邮政航空大包（China Post Air Parcel，又称中国邮政大包、中邮大包、邮政大包）、中国邮政航空小包（China Post Air Mail，又称中国邮政小包、中邮小包、邮政小包）、邮政特快专递服务（Express Mail Service，EMS）、e邮宝占50%。瑞士小包、中国香港小包、新加坡小包等也是跨境电商卖家常用的物流方式。除了价格低廉外，邮政系统物流服务普遍的优势有：辐射全球，可到达210个目的地；基于各个国家签署的万国邮联协议，彼此合作，清关能力强，享有优先通关的待遇。

（1）邮政小包。邮政小包提供挂号、平邮两种服务。邮政小包收取费率较低、覆盖面广、使用方便，是相较于其他快递形式的主要优势，是目前小微企业选用的主要跨境物流方式。因其限重2 kg以下的包裹，一般以个人邮寄品出境，不会产生出口关税。邮政小包依据每个国家的海关税法条例收取进口关税或免收，相对于其他商业快递，能最大限度地降低收取进口税的可能性，但无法享受出口退税。但邮政小包递送的时间较长，投往欧美国家一般需要20～30天。网络信息追踪更新不及时、丢包率高是邮政小包的弊端。以平邮方式邮寄，如果包裹丢失，将得不到赔偿。

邮政小包的运费计算如下：

邮政挂号小包运费=重量×单位价格×折扣率+挂号费

邮政小包运费=重量×单位价格×折扣率

注意：邮政小包最低收费标准为50 g（首重为50 g），如果包裹重量低于50 g，则按50 g计算。

中邮小包价格见表5-2。

表5-2　中邮小包价格　（单位：元/kg）

计费区	国家及地区	资费标准（不含挂号费）
一区	日本	62.00
二区	新加坡、印度、韩国、泰国、马来西亚、印度尼西亚	71.50
三区	奥地利、克罗地亚、保加利亚、斯洛伐克、匈牙利、瑞典、挪威、德国、荷兰、捷克、希腊、芬兰、比利时、爱尔兰、意大利、瑞士、波兰、葡萄牙、丹麦、叙利亚、以色列	81.00
四区	新西兰、土耳其	85.00

续表

计费区	国家及地区	资费标准（不含挂号费）
五区	美国、加拿大、英国、西班牙、法国、乌克兰、卢森堡、爱沙尼亚、立陶宛、罗马尼亚、白俄罗斯、斯洛文尼亚、马耳他、拉脱维亚、波黑、越南、菲律宾、巴基斯坦、哈萨克斯坦、塞浦路斯、东亚及西亚的个别国家	90.50
六区	南非	105.00
七区	阿根廷、巴西、墨西哥	110.00
八区	老挝、孟加拉国、柬埔寨、缅甸、尼泊尔、文莱、不丹、马尔代夫、东帝汶、阿联酋、约旦、巴林、阿富汗、伊朗、科威特、也门、伊拉克、黎巴嫩、秘鲁、智利	120.00
九区	塞尔维亚、阿尔巴尼亚、冰岛、安道尔、法罗群岛、直布罗陀、列支敦士登、摩纳哥、黑山、马其顿、圣马力诺、梵蒂冈、摩尔多瓦、格鲁吉亚	147.50
十区	大洋洲、非洲、美洲的其他国家	176.00
十一区	俄罗斯	96.50

注：挂号费每件为 8 元。

【例 5-1】 某跨境电商卖家要发货到德国，选择中邮挂号小包。从货代拿到运费折扣为 9 折，包裹的重量为 0.5 kg，长、宽、高分别为 30 cm、20 cm、10 cm。试判断此包裹是否符合中邮小包的体积和重量限制要求；如符合，则该跨境电商卖家需支付多少运费？

解答： 该包裹的重量为 0.5 kg<2 kg，符合重量限制要求；该包裹的长、宽、高之和为 60 cm<90 cm，最长边 30 cm<6 0 cm，符合体积限制要求。因此，该包裹符合中邮小包的体积和重量限制要求，可以按中邮小包发送。

查表 5-2 可知，德国的运价为 81 元/千克，因此该包裹的运费为：

包裹运费 = 重量×中邮小包单位价格×折扣率+挂号费

= 0.5×81×0.9+8

= 44.45（元）

（2）EMS。EMS 是由万国邮联管理，在中国境内由中国邮政提供的一种国际邮件快递服务。EMS 在各国海关、航空等均享有优先处理权。EMS 投递速度快，大包、小包均可，相对于四大商业快递价格有明显的优势。EMS 的包裹丢失损害率一直在 1%以下，安全性高于普通小包。EMS 承诺如果因邮政原因导致超过协议时限，将退还所收的邮件资费。但是，EMS 价格灵活度不足，商品物流信息更新有待进一步提高。

EMS 运费的计算公式为：

EMS 运费 = 首重运价+续重运价×续重重量

EMS 包裹的重量和体积限制如下：

①单件包裹重量不能超过 30 kg，每 0.5 kg 为 1 个计费单位，包裹不足 0.5 kg 的部分按照 0.5 kg 计费。

②包裹最长边超过 60 cm 时，计算体积重量，体积重量的计算公式为：

体积重量（kg）= 长×宽×高/8 000

取包裹实际重量和体积重量之间的最大值计费。

③包裹最长边不得超过 120 cm（1.2 m），超出时不承运。

④包裹两个短边加一个长边之和超过 300 cm（3 m）不承运。

⑤EMS 的收费标准见表 5-3。

表 5-3　EMS 的收费标准　（单位：元）

计费区	国家及地区	起重 500 g 及以内		续重 500 g 或其零数
		文件	包裹	
一区	中国的澳门、台湾、香港	90	130	30
二区	朝鲜、韩国、日本	115	180	40
三区	菲律宾、柬埔寨、马来西亚、蒙古国、泰国、新加坡、印度尼西亚、越南	130	190	45
四区	澳大利亚、巴布亚新几内亚、新西兰	160	210	55
五区	美国	180	240	75
六区	爱尔兰、奥地利、比利时、丹麦、德国、法国、芬兰、加拿大、卢森堡、马耳他、挪威、葡萄牙、瑞典、瑞士、西班牙、希腊、意大利、英国、南非、荷兰	220	280	75
七区	巴基斯坦、老挝、孟加拉国、尼泊尔、斯里兰卡、土耳其、印度	240	300	80
八区	阿根廷、阿联酋、巴拿马、巴西、白俄罗斯、波兰、俄罗斯、哥伦比亚、古巴、圭亚那、捷克、秘鲁、墨西哥、乌克兰、匈牙利、以色列、约旦	260	335	100
九区	阿曼、埃及、埃塞俄比亚、爱沙尼亚、巴林、保加利亚、博茨瓦红纳、布基纳法索、刚果（布）、刚果（金）、哈萨克斯坦、吉布提、几内亚、加纳、加蓬、卡塔尔、开曼群岛、科特迪瓦、科威特、克罗地亚、肯尼亚、拉脱维亚、卢旺达、罗马尼亚、马达加斯加、马里摩洛哥、莫桑比克、尼日尔、尼日利亚、塞内加尔、塞浦路斯、沙特阿拉伯、突尼斯、乌干达、叙利亚、伊朗、乍得	370	445	120

（3）e 邮宝。e 邮宝是中国邮政为中国卖家满足跨境物流市场的需要推出的经济型国际邮政服务。其主要针对轻小商品，目前仅限于发往美国、加拿大、英国、法国和澳大利亚。其价格经济实惠，并且时效快，7～10 个工作日完成包裹妥投。e 邮宝是为中国 eBay 卖家量身定制，与 eBay 无缝对接，一站式操作。国际 e 邮宝的特点如下。

①单件最大尺寸：长、宽、厚合计不超过 90 cm，最长一边不超过 60 cm；圆卷邮件直径的两倍和长度合计不超过 104 cm，长度不超过 90 cm。

②单件最小尺寸：长度不小于 14 cm，宽度不小于 11 cm；圆卷邮件直径的两倍和长

度合计不小于 17 cm，长度不小于 11 cm。

③查询：提供收寄、出口封发、进口接收实时跟踪查询信息，不提供签收信息，只提供投递确认信息。客户可以通过 EMS 网站或拨打客服专线、寄达国邮政网站查看邮件跟踪信息。

④赔偿：暂不提供邮件的丢失、延误、损毁补偿、查验等附加服务。对于无法投递或收件人拒收邮件，提供集中退回服务。

⑤e 邮宝资费标准见表 5-4。

表 5-4　e 邮宝资费标准

序号	路向	资费标准		起重/g	限重/g	备注
		元/件	元/kg			
1	爱尔兰	25	65	1	2 000	
2	奥地利	25	60	1	2 000	
3	澳大利亚	19	60	1	2 000	
4	巴西	25	80	50	2 000	
5	比利时	25	60	1	2 000	
6	波兰	25	60	1	2 000	
7	丹麦	25	60	1	2 000	
8	德国	19	60	1	2 000	
9	俄罗斯	17	55	1	3 000	北京、上海、江苏、浙江、福建、广东、黑龙江、新疆乌鲁木齐适用价格
		18	55	1	2 000	除以上 8 省市以外其他地区适用价格
10	法国	19	60	1	2 000	
11	芬兰	25	65	1	2 000	
12	哈萨克斯坦	8	70	50	2 000	
13	韩国	25	40	1	2 000	
14	荷兰	25	60	1	2 000	
15	加拿大	19	65	1	2 000	
16	卢森堡	25	60	1	2 000	
17	马来西亚	25	40	1	2 000	
18	美国	25	70	1	2 000	
19	墨西哥	25	85	1	2 000	

续表

序号	路向	资费标准		起重/g	限重/g	备注
		元/件	元/kg			
20	挪威	19	65	1	2 000	
21	葡萄牙	19	65	1	2 000	
22	日本	15	40	50	2 000	
23	瑞典	19	60	1	2 000	
24	瑞士	25	60	1	2 000	
25	沙特阿拉伯	26	50	1	2 000	
26	泰国	14	45	1	2 000	
27	土耳其	25	60	1	2 000	
28	乌克兰	8	75	10	2 000	
29	西班牙	14	60	1	2 000	
30	希腊	25	60	1	2 000	
31	新加坡	25	40	1	2 000	
32	新西兰	9	70	50	2 000	
33	匈牙利	25	60	1	2 000	
34	以色列	17	60	1	3 000	
35	意大利	25	60	1	2 000	
36	印度尼西亚	14	45	1	2 000	
37	英国	18	55	1	499	
		25	45	500	1 999	
		35	45	2 000	5 000	
38	越南	12	45	1	2 000	
39	中国香港	17	30	1	2 000	除广东以外其他地区适用价格
		17	20	1	2 000	广东地区适用价格

注：以上为标准资费表，部分平台价格会有所不同，详情可咨询当地邮政客户经理。

⑥国际 e 邮宝的运费计算公式如下：

国际 e 邮宝运费 = 单位运价×重量×折扣率+挂号费

【例 5-2】 某跨境电商卖家需要发运已报货物到美国，包裹的重量为 1.3 kg，体积为 35 cm×20 cm×15 cm，选择 e 邮宝，没有获得折扣率（全折），请问该货物的 e 邮宝到美国的运费是多少？

解答：

该包裹 e 邮宝运费=70×1.3×1+15=106（元）

（4）中国邮政航空大包。中国邮政航空大包针对较重（超过 2 kg）的包裹投递，全程航空运输，只要有邮局的地方都可送达，覆盖面广，对于时效性要求不高的货物较为适合选择此方式。其不计体积重，没有偏远附加费和燃油费，使得价格占有优势，最大限度地限制了成本，提高了竞争力，操作使用方便；但对于部分国家邮寄限重 10 kg，最重不超过 30 kg；但投递速度慢，查询信息更新慢。

①邮政大包的运费计算公式如下：

中邮航空大包的运费=（首重运价+续重运价×续重重量）×折扣率+挂号费

②中国邮政大包资费见表 5-5。

表 5-5 中国邮政大包资费表

（单位：元）

国家/地区	航空/千克	续重/千克	SAL/千克	续重/千克	海运/千克	续重/千克	限重/千克
美国	158.5	95	104.6	51.1	83.5	20	30
英国	162.3	76.6	126.2	50.5	108.1	22.4	30
加拿大	137.7	72	99.2	45.7	86.2	22.7	30
澳大利亚	143.8	70	117.2	53.4	88.8	15	20
法国	185.3	68.3	149.1	42.1	131	14	30
意大利	159.3	71.2	121.2	43.1	99.8	11.7	20
德国	190.9	69.5	154.7	43.3	140.8	19.4	30
西班牙	166	72	126.1	42.1	无	无	20
奥地利	153.8	60.4	123.9	40.5	116.1	22.7	20
荷兰	158.9	68.5	122.8	42.4	104.7	14.3	20
新西兰	171.1	101.5	无	无	116.4	18.8	20
日本	124.2	29.6	110.9	26.3	108	13.4	30
波兰	139.4	56.1	117.8	44.5	无	无	15
爱尔兰	162.2	72.4	124.1	44.3	无	无	无
法属波利尼西亚	234	107.5	无	无	143.4	21.7	无
韩国	98.3	21.3	96	29	87.9	10.9	20
瑞典	184.9	57.6	161.8	44.5	152.8	25.5	20
瓜德罗普	229	107.3	155.7	48.7	无	无	20
瑞士	161	68.8	124.6	42.4	115.2	23	20
罗马尼亚	150.3	57.7	128.2	45.6	无	无	20
以色列	192.2	95.8	无	无	112.8	16.4	20
南非	210.2	117.1	无	无	110.9	17.8	20

续表

国家/地区	航空/千克	续重/千克	SAL/千克	续重/千克	海运/千克	续重/千克	限重/千克
丹麦	161.2	70.8	121.3	40.9	105.3	14.9	20
比利时	210.2	51.7	182.3	33.8	164.2	5.7	20
挪威	179.4	75.9	138	44.5	134.6	31.1	20
冰岛	179.8	83.4	140.5	54.1	无	无	20
马提尼克	229.7	108	155.7	48.7	无	无	20
赛普路斯	156.8	75.9	无	无	99.4	13.7	30
匈牙利	145.1	57	121.4	43.3	106.5	18.4	20
俄罗斯	170.2	59.3	144.9	44	无	无	20
中国香港	76.9	21	无	无	60.7	4.8	30
哥伦比亚	212.7	137.6	132.6	67.5	无	无	20
新加坡	91	35.1	无	无	66.8	10.9	40

【例 5-3】 某跨境电商有个包裹要运往加拿大买家，该包裹的重量为 2.6 kg，体积为 40 cm×25 cm×10 cm。

（1）该包裹是否能选择中邮小包发送？

（2）若选择中邮航空大包，假定从货代处取得大包运费折扣率为 9 折，则该包裹的运费应该是多少？（具体折扣率可以与邮政或货代公司协商）

解答：

（1）不能选择中邮小包，因为该包裹重量为 2.6 kg>2 kg，超过中邮小包的重量限制。

（2）中邮大包的运价按首重 1 kg、续重 1 kg 的计费方式结算，续重不满 1 kg 按 1 kg 计算。根据表 5-5 中邮大包到加拿大的运价，首重 137.7 元，续重 72 元/kg，挂号费 8 元/单，则该中邮航空大包的运费为：

运费 =（137.7+72×2）×0.9+8 = 261.53（元）

（5）其他国家或地区的邮政小包。不同国家或地区的邮政所提供服务会存在一定的差别，主要体现在不同区域会有不同的价格和时效标准，对于承运物品的限制也有所不同。

①中国香港邮政小包。其综合质量较好，时效、价格、清关方面较为稳定，一般 7～20 个工作日完成投递，丢包较少；价格比中邮挂号略贵。

②新加坡邮政小包。其是三大邮政小包之一，对东南亚地区有优势，带电小包曾是其“王牌”。因中邮和香港小包都限制带电产品，所以新加坡邮政小包成为带电产品的主要出货渠道。

③荷兰、德国、比利时、瑞士邮政小包。其时效快、配送稳，可带电，是发欧洲的首选。

a. 荷兰邮政小包到欧洲各国时效稳定，大部分国家 8～15 个工作日能妥投。其核心优势是能寄内电产品、配电，还可以寄纯电池、移动电源，以及少量液体、化妆品等敏感商品。

b. 德国邮政小包寄到英法德只需 5～8 个工作日，部分线路可发带电物品。

c. 瑞士邮政小包最快时效为 10 个工作日，支持带电产品配送，本土清关能力强，稳定性好。瑞士不是欧盟国家，须二次清关，寄比利时、西班牙、荷兰、瑞典、挪威、芬兰、丹麦及其他欧洲小国，只需 8～15 个工作日妥投。

还有很多不同地区的邮政小包，但被跨境电商卖家使用的不多，这里不做赘述。

基本上，邮政物流具备覆盖面广、价格低廉、通关能力强等优势，但由于其国有经营性质，在价格的制定上较商业民营快递灵活性不足，无法根据市场的供需条件的变化及时进行价格调整，价格竞争力差距明显；网络信息更新速度慢，查询时间较长；缺乏个性化定制也是其一大短板。在使用邮政小包运输时，卖家需与多个物流渠道的货运代理公司联系，一方面及时了解各类渠道的最新消息，如中邮小包爆仓，可以换香港邮政小包，香港邮政小包爆仓，可以换成新加坡邮政小包等；另一方面，因不同小包所适合的产品及运往国家各有优势，跨境电商卖家应善用物流资源，选择最佳的运输途径。

2. 国际快递模式

国际快递模式由联合包裹服务公司（UPS）、联邦快递公司（Fedex）、中外运敦豪（DHL）、荷兰 TNT 构成主要的国际商业快递，其中 UPS 是世界最大快递公司，在美洲、日本路线最为擅长，一般 2～4 个工作日即可达到，寄往美国 48 个小时即可到达；FedEx 在中南美洲、欧洲路线比较有竞争力，一般 2～4 个工作日可达到；TNT 和 DHL 是欧洲公司，TNT 在欧洲、中东尤其是政局、军事不稳定的国家有绝对的优势。各快递公司以自身或相互合作建立的网络渠道及国际化信息系统为支撑，完成高效的货物递送、信息提供、物流管理等市场需求。个性化定制、速度快、服务好、安全性高是他们的主要优势。价格昂贵（按体积重计费，有偏远地区附加费），限制较多是他们共有的缺点。一般在跨境电商中只有用户要求才会采用商业快递方式，并且要支付额外运费。

3. 专线物流

专线物流是针对特定的国家或地区开辟的自主运输路线，以包舱发往国外，到达目的地后再进行国内派送，属于第三方物流形式，如俄罗斯、美国、欧洲、澳大利亚、中东专线等。专线物流会在出口地仓库进行统一分拣、包装之后空运出口，其专注某一航线，不仅仅在价格和配送速度上较其他物流有明显优势，在货物的清关方面也更加便捷，通关能力强。其速度慢于商业快递，但要快于普通的邮政小包，包裹丢失率较低。各个物流服务商相继推出了跨境专线物流特定产品，如中环运的“俄邮宝”“澳邮宝”、俄速通的 Ruston 中俄专线等。但物流专线的劣势也明显，揽收地区范围有限，包裹递送范围有待扩大。

此外，专线物流受当地政府政策影响较大，如对于发往俄罗斯的物流专线，民营物流企业是被排斥在俄境内业务之外的，俄罗斯只与中国邮政合作。同时渠道的稳定性受政治因素干扰很大。对于俄境内国内配送物流，能够配送全境的也仅俄罗斯邮政一家，并不能保证快递的门对门送达，客户自提严重影响购物体验。这与俄罗斯成为中国主要新兴的跨境电商市场严重不匹配，满足不了迅速增长的商品配送需求。

4. 国内民营快递跨境物流服务

目前，除中国邮政推出跨境物流服务外，原来主要从事国内物流的快递企业也积极地开展跨境物流服务。“四通一达”（申通快递、圆通速递、中通快递、百世汇通、韵达快递）纷纷投身海外布局。顺丰 2017 年 9 月已宣称，与 UPS 成立合资公司，开通了美国、澳大利亚、韩国、日本、新加坡、马来西亚、泰国、越南等快递服务，并开辟了中国到俄罗斯跨境 B2C 服务；阿里巴巴旗下菜鸟也宣布与阿联酋航空等多家航空公司签署跨国物流包机协议。速度快、费用低成为国内民营跨境物流服务的主要优势，但从事跨境业务时间有限，相关经验较国际四大快递缺乏，对市场的掌控能力较弱，全球网络覆盖率有限，用户认可度还有待提高，另外，国外高额的人力成本将提升物流运送成本，海外消费者居住分散偏远，进一步增加了邮递成本，这些都是国内物流企业的开展跨境物流亟须面对解决的问题。

（二）跨境电商物流的选择

首先，应该根据所售产品的特点（尺寸、安全性、通关便利性等）选择合适的物流模式。例如对于大件产品（如家具），就不适合走邮政包裹渠道，而更适合海外仓模式。

其次，在淡旺季要灵活使用不同物流方式。例如在淡季时，可以使用中邮小包降低物流成本，在旺季或者大型促销活动时期采用中国香港邮政或新加坡邮政或比利时邮政来保证时效。

最后，售前要明确向买家列明不同物流方式的特点，为买家提供多样化的物流选择，让买家根据实际需求来选择物流方式。

拓展阅读

对于新卖家来说，选择物流是个难题。下面介绍几种常见的方法。

1. 根据产品特点和对物流的要求来选择

（1）产品重量是否大于 2 kg。若产品重量小于 2 kg，可供选择的国际物流包括所有的国际物流；若产品重量大于 2 kg，则只能选择邮政大包、EMS、商业快递和某些适合 2 kg 以上的专线物流。

（2）产品是否带电。若产品带电，只能放弃中邮小包、e 邮宝等，选择接受带电产品的新加坡邮政小包等；若产品不带电，考虑经济性，可选择中邮小包，到美国选择 e 邮宝；考虑时效性，可选择新加坡邮政小包、中国香港邮政小包，或者 EMS、各商业快递等。

（3）是否考虑时效性第一。若是，选择专线物流、EMS、商业快递；若不是，2 kg 以下首选中邮小包，因为经济。

（4）是否考虑经济性第一。若是，选择邮政小包或专线物流，到美国选择 e 邮宝。

表 5-6 所示为国际快递的比较。如果卖家是第一次接触国际物流，可以先采用最易上手的 EMS、HK Post、SingPost（SpeedPost）及 China post 等运输方式，因为这几种运输方

式的运费都只计重量不计体积，而且 HK Post 和 China Post 的价格最实惠。

表 5-6 国际快递的比较

国际物流方式	费用	货运周期	货物查询	适用	运费计算	燃油附加费
EMS	一般	一般	可查询	对货运时间要求不高，货物体积较大，注重运费成本	EMS 直达只计算包装后实重，EMS 非直达实重和体积中取较高者	无
FedEx、DHL、TNT、UPS	高	短	可查询	货物价格加高，对货运时间有要求，追求服务和质量	实重和体积中较高者	每月更新
HK Post、China Post	低	长	须挂号	对货运时间要求不高，货物价值低，体积较大	只计算包装后的实重	无

2. 借助平台选择最佳物流

某些平台为卖家提供了“物流方案查询”服务，帮助卖家选择合适的物流方式，如全球速卖通平台。下面以全球速卖通为例简述查询的步骤。

（1）填写全球速卖通物流方案查询条件，必填项有收货地、发货地和全球速卖通物流方案。全球速卖通物流方案可以全选，也可以选择一个或者多个，如图 5-1 所示。

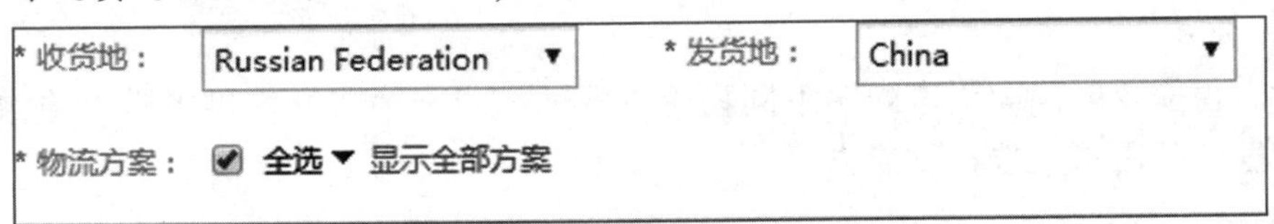

图 5-1 物流方案查询示例 1

如果想要更加精准地查询全球速卖通的物流方案，还可以填写货物类型、货物价值和包裹信息。包裹信息包括重量、长度、宽度、高度，如图 5-2 所示。

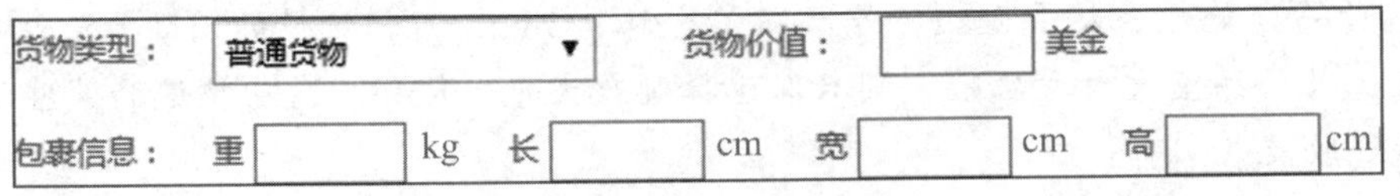

图 5-2 物流方案查询示例 2

（2）单击“查询”按钮，会出现全球速卖通物流方案查询结果，如图 5-3 所示。可以从以下几个指数进行全球速卖通物流方案筛选。

①推荐指数：应根据物流时效、未收到货纠纷率、物流动态评分（DSR，dynamic scoring）、跟踪信息完整度综合计算，分数越高，物流体验越好。

②时效：如 50% 包裹妥投需要的时间，80% 包裹妥投需要的时间。

③未收到货物纠纷率：[买家因未收到货物提起退款（dispute）订单数－买家主动撤销退款的订单数] / [买家确认收货的订单数＋确认收货超时的订单数＋买家提起退款

万案查询结果　　前往设

服务名称	全部类型	推荐指数	时效	未收到货物纠纷率	DSR物流	试算运费	更多信息
AliExpress 无忧物流-优先 平台推荐	快速	92	15～20天	低于平均79%	高于平均3%	请输入包裹信息	支持线上发货 订单金额 <600美金 重量 <69KG 不支持带电,纯电,液体包裹
AliExpress 无忧物流-标准 平台推荐	标准	87	24～30天	低于平均76%	高于平均1%	请输入包裹信息	支持线上发货 重量 <30KG 不支持纯电,液体包裹
4PX新邮经济小包 平台推荐	经济	79	29～39天	低于平均31%	低于平均3%	请输入包裹信息	支持线上发货 订单金额 <5美金 重量 <2KG 不支持纯电,液体包裹
中俄快递-SPSR	快速	89	15～22天	低于平均75%	高于平均2%	请输入包裹信息	支持线上发货 重量 <31KG 不支持带电,纯电,液体包裹

图 5-3　物流方案查询结果

（dispute）的订单数］。

④DSR 物流：物品运送时间合理性（shipping speed）是买家对卖家的单向评分，分数越高越好。

⑤试算运费：根据包裹信息计算得出，但仅供参考，实际全球速卖通运费以物流商计算为准。

3. 借助好的货代选择物流方式

做跨境电商必须有多个物流货代，获取物流信息的同时，也可以借助他们丰富的物流知识和资源选择合适的物流方式。

第二节　跨境电商物流运费的计算及物流运费模板的设置

一、跨境电商物流运费的计算

（一）跨境电商物流运费计算的要素

1. 计费重量单位

国际快递行业，一般 20.5 kg 以下（含 20.5 kg），每 0.5 kg 为一个计费重量单位，不足 0.5 kg，按 0.5 kg 计算；20.5 kg 以上，每 1.0 kg 为一个计费重量单位，不足 1.0 kg，按 1.0 kg 计算。

2. 首重与续重

国际快递一般以第一个 0.5 kg 为首重（或起重），每增加 0.5 kg 为一个续重。通常起重的费用相对续重费用较高。

3. 实重与积

实重是指需要运输的一批物品包括包装在内的实际总重量。

当需寄递物品体积较大而实重较轻时，因运输工具（飞机、火车、船、汽车等）承载能力及能装载物品体积所限，须采取将物品体积折算成重量的办法作为计算运费的重量，称为体积重量或材积。体积重量大于实际重量的物品又称轻抛物或轻泡物。

4. 计费重量

按实重与材积两者的定义与国际航空货运协会规定，货物运输过程中计收运费的重量是按整批货物的实际重量和体积重量两者之中较高的计算。

5. 包装费

一般情况下，国际快递公司是免费包装，提供纸箱、气泡等包装材料，很多物品（如衣物）的特别细致的包装就满足运输要求，但对于一些贵重、易碎物品，快递公司还是要收取一定的包装费用的。包装费用一般不计入折扣。

（二）跨境电商物流运费计算的公式

1. 通用运费

（1）当需寄递物品实重大于材积时，通用运费计算方法为：

$$通用运费 = 首重运费 + [重量(kg) \times 2 - 1] \times 续重运费$$

例如 7 kg 货品按首重 20 元、续重 9 元计算，则通用运费总额为：

$$20 + (7 \times 2 - 1) \times 9 = 137(元)$$

（2）当需寄递物品实际重量小而体积较大时，运费须按材积标准收取，然后再按上式计算运费总额。求取材积公式如下。

①规则物品：

$$重量（kg）= 长（cm）\times 宽（cm）\times 高（cm）\div 5\,000$$

②不规则物品：

$$重量（kg）= 最长（cm）\times 最宽（cm）\times 最高（cm）\div 5\,000$$

（3）对国际快件，还会加上燃油附加费。例如 DHL 快递此时的燃油附加费为 12%，还需要在计算的结果加上“运费×12%”。燃油附加费一般会同运费一起打折。

2. 总费用

从前面的计算过程可得出：

总费用=（运费+燃油附加费）×折扣+包装费用+其他不确定费用

3. 包邮运费

在跨境电商平台上，包邮的设置可以提升产品的曝光率和转化率。卖家在设置包邮的过程中要充分考虑以下五个因素，以保证产品售价的合理性。

（1）产品的成本价。

（2）产品包装后的重量。

（3）物流费用，包括国内运费、挂号费和国际运费。

（4）利润率，根据卖家的产品，一般除引流款、爆款外，利润率都应在 20%左右。

（5）其他费用，包括人民币对美元汇率、平台佣金等。

4. 标准运费折扣

标准运费是指平台按照物流服务提供商给出的官方报价。敦煌网默认的标准运费是没有折扣的，一般会比较高。卖家可以根据不同的运输方式减免折扣，平台显示的运费是在标准运费的基础上减去卖家设置的折扣。

敦煌网将国际快递根据路程远近分为十区，见表5-7。每个区包含一定数量的国家或地区，同一区运费相同。为吸引买家，卖家在设置运费时一般对前五区的商品进行包邮，商品定价参考公式为：

商品售价=成本+利润+五区运费

表5-7　敦煌网国际快递分区

计费区	国家/地区
一区	中国香港、中国澳门
二区	日本、韩国、蒙古国、中国台湾
三区	马来西亚、新加坡、泰国、越南、柬埔寨
四区	澳大利亚、新西兰、巴布亚新几内亚
五区	比利时、英国、丹麦、芬兰、希腊、爱尔兰、意大利、卢森堡、马耳他、挪威、葡萄牙、瑞士、德国、荷兰、瑞典
六区	美国
七区	老挝、巴基斯坦、斯里兰卡、土耳其、尼泊尔
八区	巴西、古巴、圭亚那
九区	巴林、伊朗、伊拉克、以色列、约旦、科威特、叙利亚、科特迪瓦、吉布提、肯尼亚、马达加斯加、阿曼、卡塔尔塞内加尔、突尼斯、阿联酋、乌干达
十区	开曼群岛、捷克、俄罗斯、拉脱维亚、哈萨克斯坦、白俄罗斯

在表5-8中，对发往六区～十区的国家/地区的商品，需要收取运费。同时，为保证商品的价格优势，收取的运费应该为减去五区运费后的运费，因此需要对六区～十区的标准运费进行打折。

【例5-4】一件实际重量为100 g的商品，使用中邮小包设置一区～五区包邮（中邮小包资费见表5-2），那么第八区的运费折扣应该是多少？

解答：

五区邮费=0.1×90.5+8=17.05（元）

八区邮费=0.1×120+8=20（元）

运费折扣=1-17.05/20=14.75%

因此，第八区的运费折扣应该是1.475折。

在填写运费折扣时，为方便起见，应直接写成1.5折或2折。在填写折扣比率时不宜采用四舍五入法，应采用进一法，因为对于卖家，折扣太低让利会多，在利润不高的情况下很容易导致亏损。

拓展阅读

物流服务公司与快递公司的关系

简单来说，物流服务公司（货代）是中介公司，是终端用户（卖家）和快递公司连接的纽带。一般物流服务公司的服务流程如下：

(1) 卖家联系物流服务公司。

(2) 物流服务公司根据卖家的实力在快递公司标准运费的基础上给予一定的折扣。一般出货量越大，折扣越大。

(3) 卖家获得订单，联系物流公司发货。一般物流服务公司都会有上门取件的服务，具体细则以各物流服务公司的服务条款为准。

(4) 物流服务公司通过快递公司把货物发出，并反馈货运跟踪号，以供查询和收款。

二、物流运费模板的设置

（一）运费模板管理首页

执行“我的 DHgate→产品管理→模板管理→运费模板”命令，进入运费模板管理页面，如图 5-4 所示。

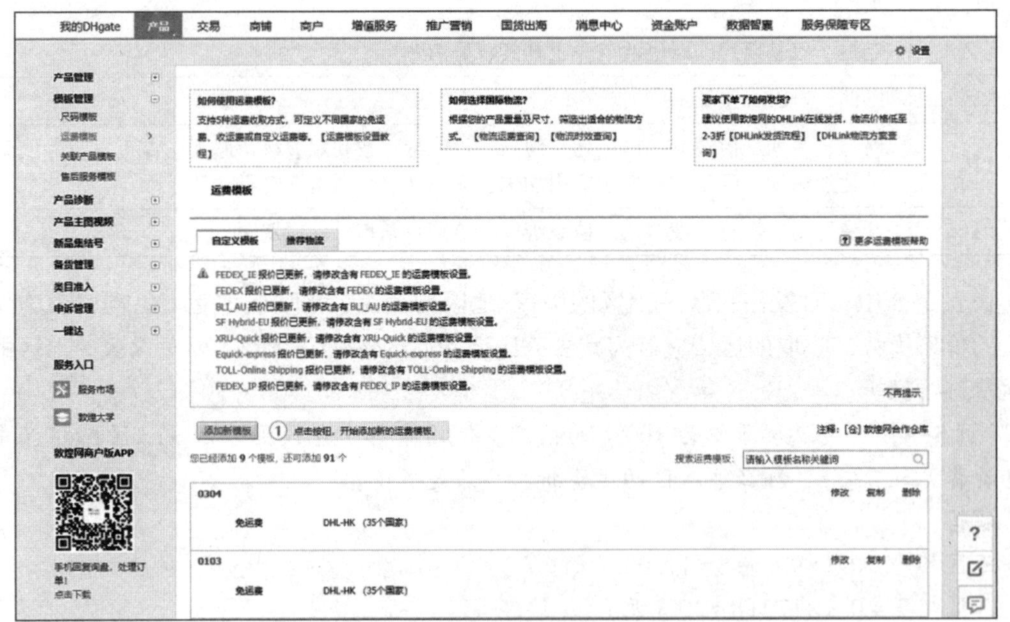

图 5-4 卖家运费模板添加页面

（二）添加新模板

敦煌网平台允许卖家设置 100 个不同的运费模板，每个模板中名称是必填项，卖家可任意编写，但不得超过 15 个字符，买家看不到这一名称，只需卖家自己确认即可。填好运费模板名称后，选择平台提供的物流方式单击“选择并设置”按钮，进入设置运费页面。

（三）设置运费

针对物流的配送国家，可以设置运费类型为“免费运”“标准运费”“自定义运费”“不发货”，要求对一个国家/地区只能设置一种运费类型，如图 5-5 所示。

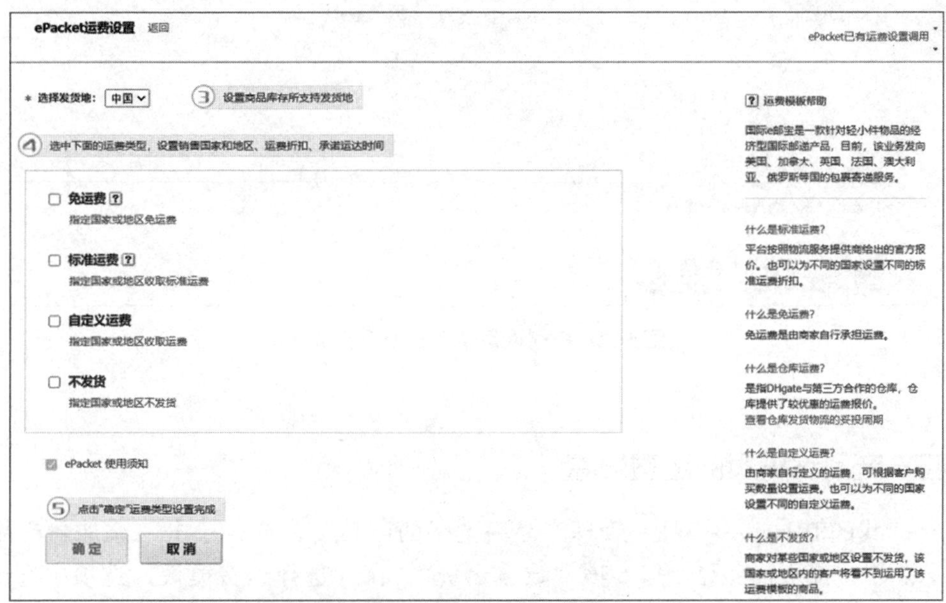

图 5-5 敦煌网运费模板设置页面 1

标准运费折扣设置。支持不同国家设置不同的标准运费折扣，如图 5-6 所示。

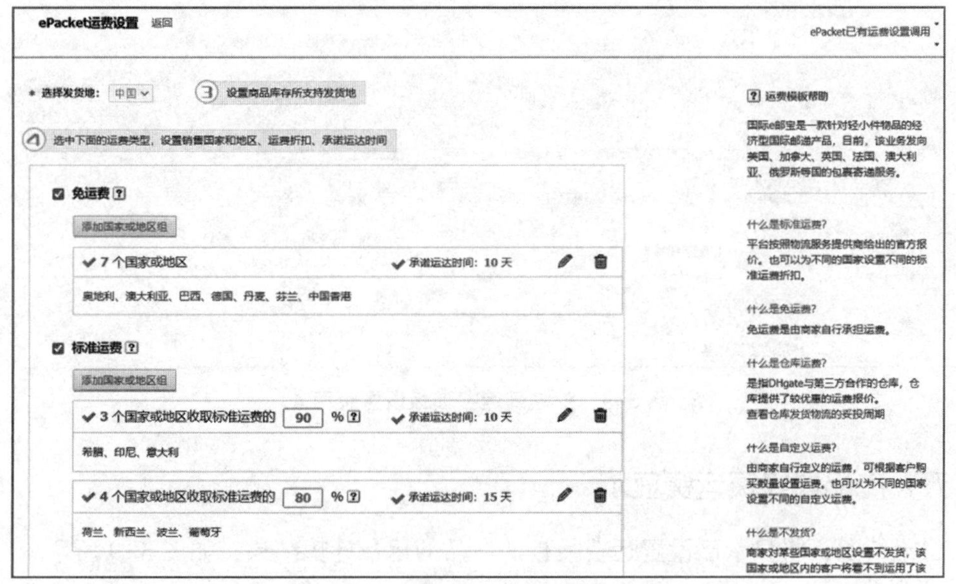

图 5-6 敦煌网运费模板设置页面 2

剩余国家/地区快捷处理。可以对设置后剩余未处理的国家/地区选中某一项运费类型一键全部处理，如图 5-7 所示。

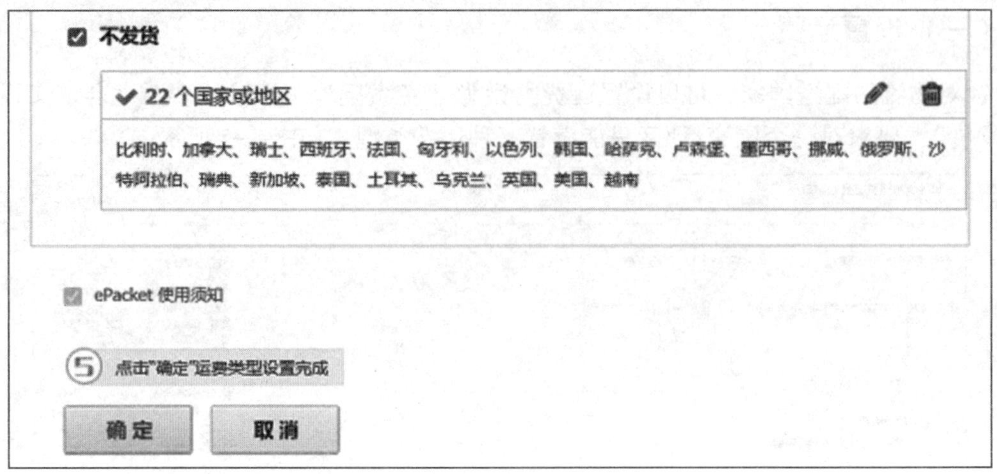

图 5-7　敦煌网运费模板设置页面 3

（四）产品编辑页的运费设置

执行“我的 DHgate→产品→管理产品→上架的产品”命令，单击“添加新产品”按钮，进入新增产品页面，显示第 5 项“设置运费”，在“选择运费模板”选项中选中要使用的运费模板，系统将展示运费模板的详细信息，如图 5-8 所示。

5.设置运费 ?

* 选择运费模板：女装(Women's Clothing) 类目下的产品，订单最多的国家为 美国，美国 买家主要采用ePacket物流。详细

女上衣0.5KG以下　添加运费模板 | 管理运费模板 | 运费模板设置教程»

物流公司	送达国家	运费设置	运费(含燃油费) 运送1 件(包) 至 选择送达国家
ePacket	越南,美国,加拿大,法国,西班牙,意大利,德国,瑞典,瑞士	免运费	
	澳大利亚,爱尔兰,巴西,奥地利,以色列,芬兰,中国香港	标准运费 80%的折扣	
	波兰,荷兰,马来西亚,葡萄牙,卢森堡,新西兰	1件(/包)以内 运费30.0美元，每超出2件(/包)运费增加15.0美元	
	哈萨克,俄罗斯	不发货	
	比利时,墨西哥,挪威	免运费	

图 5-8　敦煌网运费模板设置页面 4

（五）产品最终页运费显示

产品最终页面将显示已设置运费模板的商品的运费计算结果，如图 5-9 所示。

图 5-9 敦煌网运费模板设置页面 5

单击“Shipping Cost”一行中的▼图标按钮，系统将弹出可配送的物流的运费及配送时效的明细，如图 5-10 所示。

Choose region:

United States

Choose shipping method:

	Company	Tracking	Delivery Time	Shipping Cost
◉	ChinaPost Air	Yes	18-32 days	Free Shipping
○	EMS	Yes	5-13 days	US $31.24
○	DHL	Yes	2-8 days	US $55.68
○	ups	Yes	1-6 days	US $58.21

OK

图 5-10 敦煌网运费模板设置页面 6

第三节 海外仓

一、海外仓的概念

海外仓是指建立在海外的仓储设施。在跨境贸易电子商务中，海外仓是指国内企业将商品通过大宗运输的形式运往目标市场国家，在当地建立仓库、储存商品，然后再根据当地的销售订单，第一时间作出响应，及时从当地仓库直接进行分拣、包装和配送。

二、海外仓兴起的原因

（一）跨境贸易电子商务的迅速发展对物流业的要求日益提高

退换货在国内网购中较为普遍，国外买家的心态与国内买家是一样的，也希望购买的商品能快点被送到手中，不满意还能轻松退换货。那么怎么解决这个问题呢？答案是走出国门，提供与国外电商一样的本土化服务，充分利用中国制造的优势参与国际竞争，这将是跨境贸易电子商务实现可持续发展的关键。

实际上，海外仓将会成为电商时代物流业发展的必然趋势。

（1）海外仓的头程将零散的国际小包转化成大宗运输，会大大降低物流成本。

（2）海外仓能将传统的国际派送转化为当地派送，确保商品被更快速、安全、准确地送达消费者手中，完善消费者跨境贸易的购物体验。

（3）海外仓的退货处理流程高效便捷，适应当地买家的购物习惯，让买家在购物时更加放心，能够解决传统的国际退换货问题。

（4）海外仓与传统仓储物流相结合可以规避外贸风险，避免因节假日等特殊原因造成的物流短板，从而提高我国电商的海外竞争力，真正帮助电商提供本土服务，适应当地买家的消费习惯。

（二）跨境电商根据企业自身需求转型建仓

（1）跨境电商与国内电商最大的区别就是把货物卖到国外，不稳定的物流体系是一大挑战。无论是企业还是个体电商，要想把生意做大，不仅要维护好自己的电子商务平台，还需要一个能降低成本、增强配送时效、规避风险的海外仓储。在前期，卖家只要把货物大批量运到海外仓库，就有专门的海外仓工作人员代替商家处理后续各项琐事，在线处理发货订单，一旦有人下单就立即完成抓货、打包、贴单、发货等一系列物流程序，这可以给商家腾出时间和精力进行新产品开发，从而获取更大的利润。

（2）在海外市场，当地发货更容易取得买家的信任，大多数传统买家更相信快捷的本土服务，在价格相差不大的情况下，他们更愿意选择设置海外仓的商品，境内配送速度更快、安全性更高。特别是在星期五、圣诞节等购物旺季，订单暴增，跨境配送的效率受到影响，丢包的风险加大，各国海关的抽查政策更加严格。例如，在途经意大利、西班牙海关时，包裹很容易被扣关检查，这将延迟配送的时间。而速度是与买家的满意度直接挂钩的，买家满意度的降低会威胁卖家店铺好评率。因此，越来越多的国内卖家意识到应该选择海外仓。海外仓不仅可以将跨境电商贸易中的物流风险“前置”，还会提高客户的满意度，增加成交量，卖家的信誉和评价提高了，营业额也必然增长。

（3）除了本地发货的可信度和时效性，海外仓储及其配套系统，也能给买家带来更好的跨境贸易购物体验，节省更多的时间，降低出错率。

（三）海外仓的数据化物流体系带动跨境电商产业链的升级

目前，一些海外仓已采取数据化、可视化的运营方式。从长远来看，数据化物流的日趋完善将进一步带动跨境电商产业链的升级。通过数据管理物流，分析流程中的时间点数据，有利于卖家在配送过程、成品发货流程等方面找出问题，在供应链管理、库存水平管控、动销管理等方面提高效率。

三、海外仓的运营步骤及费用

（一）运营步骤

（1）卖家将商品运至海外仓储中心，或者委托承运商将货发至承运商海外仓库，可采取海运、空运或者快递方式。

（2）卖家在线远程管理海外仓库。卖家使用物流商的物流信息系统，远程操作海外仓库的货物，并保持实时更新。

（3）根据卖家指令进行货物操作。可根据海外仓储中心自动化操作设备，按照卖家指令对货物进行存储、分拣、包装、配送等操作。

（4）系统信息更新。发货完成后系统会及时更新，卖家可实时掌握库存状况。

（二）海外仓的费用

海外仓的费用=头程费用+仓储及处理费用+本地配送费用

四、海外仓的优缺点

（一）海外仓的优点

能得到跨境电商巨头的青睐，海外仓必定有其自身特有的优势，具体体现在五个方面。

1. 降低物流成本

从海外仓发货，特别是在当地发货，物流成本远远低于从中国境内发货。例如在中国发 DHL 到美国，每千克货物要人民币 124 元，在美国发货只需 5.05 美元。

2. 加快物流时效

从海外仓发货，可以节省报关清关所用的时间，并且按照卖家平时的发货方式（DHL，5～7 天；Fedex，7～10 天；Ups，10 天以上）。若在当地发货，客户就可以在 1～3 天收到货，从而大大地缩短了运输时间，增强了物流的时效性。

3. 提高产品的曝光率

如果平台或者店铺在海外有自己的仓库，那么当地的客户在选择购物时一般会优先选择当地发货，因为这样对买家而言可以大大缩短收货的时间。海外仓的优势也能够让卖家拥有自己特有的优势，从而提高产品的曝光率，提升店铺的销量。

4. 提升客户的满意度

并不是所有收到的产品都能让客户满意，这中间可能会出现货物破损、短装、发错货物等情况，这时客户可能会要求退货、换货、重发等，这时在海外仓内便可调整，大大地节省了物流的时间，在一定层面上不仅能够重新得到买家的青睐，也能为卖家节省运输成本，减少损失。

5. 有利于开拓市场

海外仓更能得到国外买家的认可，从另外一方面看，如果卖家注意口碑营销，自己的商品在当地不仅能够获得买家的认可，也有利于卖家积累更多的资源去拓展市场，扩大产品的销售领域与销售范围。

（二）海外仓的缺点

海外仓是把双刃剑，有优点，自然也有不足。

（1）必须支付的海外仓储费。在不同的国家，海外仓的仓储成本费用不同，卖家在选择海外仓时一定要计算好成本费用，并与目前的发货方式所需要的成本对比进行选择。

（2）海外仓储要求卖家要有一定的库存量，所以对一些买家特别定制的产品就不适合选择海外仓储销售。只有周转率高、不易压货、非个性化定制的热销单品适用于选择此种物流方式，否则会滞销产生额外的仓库费用。

（3）海外仓对于供应链管理、库存监控、信息化处理等提出了更高的要求。海外仓的操作卖家无法亲见，这对于彼此间的信任提出了挑战。另外，小微企业、卖家独立掌控、建设海外仓的能力明显不足。

第四节　不同跨境电商物流模式的比较

不同跨境电商物流模式的比较见表 5-8。

表 5-8　不同跨境电商物流模式的比较

种类	名称	重量	体积限制	时效性	特点
邮政物流	中国邮政航空小包	≤2 kg	长+宽+高≤90 cm，单边长度≤60 cm	15～60 天	费率低，覆盖面广，追踪信息不及时，时效慢，丢件率高
	EMS	大、小包均可		3～15 天	相对商业快递价格便宜，清关能力强，丢包率低
	国际 e 邮宝	≤2 kg	长+宽+高≤90 cm，单边长度≤60 cm	3～15 天	针对轻小物品，经济实惠
	中国邮政航空大包	≥2 kg，≤30 kg		7～20 天	运费低廉，不计体积重，没有偏远附加费及燃油附加费

续表

种类	名称	重量	体积限制	时效性	特点
商业快递	美国联合包裹运送服务公司（UPS）	小包、大包均可		3～7 天	价格贵（计体积重，偏远附加费），安全性高，速度快，服务好
	美国联邦快递（Fedex）	小包、大包均可		3～7 天	价格贵（计体积重，偏远附加费），安全性高，速度快，服务好
	德国中外运敦豪（DHL）	小包、大包均可		3～7 天	价格贵（计体积重，偏远附加费），安全性高，速度快，服务好
	荷兰 TNT	小包、大包均可		3～7 天	价格贵（计体积重，偏远附加费），安全性高，速度快，服务好
物流专线	美国专线、中东专线、俄罗斯专线、欧洲专线等	小包、大包均可		5～60 天	经济型，时效快，清关能力强
国内民营物流	顺丰速运、申通快递、圆通快递等	小包、大包均可		3～7 天	速度快，费用相比国际快递低，全球网络覆盖率有限
海外仓	美国仓、英国仓、德国仓	小包、大包均可		国内配送时间	送货时效快，用户体验度高，规模经济物流成本低，但存在仓储费用，信息物流管理要求高

本章小结

物流是跨境电子商务业务中不可忽视的环节，影响着成本、服务及利润。本章重点介绍了跨境电商物流中经常会用到的邮政物流、商业快递、专线物流、海外仓等，并通过对比的方式说明各物流模式的优缺点。本章同时详细介绍了如何在跨境电商平台上进行运费模板的设置。

知识测试与能力训练

一、选择题

1. 海外仓的成本=头程费用+仓储及处理费+本地配送费用。其中，头程费用指的是（　　）。
   A. 客户货物存储在海外仓库和处理当地配送时产生的费用
   B. 货物从中国到海外仓库产生的运费
   C. 对客户商品进行配送产生的本地快递费用
   D. 以上都不正确
2. （　　）是中国邮政为适应国际电子商务寄递市场的需要，为中国电商卖家量身定制的一款全新经济型国际邮递产品。
   A. 专线运输　　B. e 邮宝
   C. 国际快递小包　　D. 国际商业快递
3. 中邮大包的优点是（　　）。
   A. 成本低　　B. 妥投速度快
   C. 通达国家多　　D. 运单操作简单
4. e 邮宝的缺点是（　　）。
   A. 挂号费贵　　B. 不受理查单业务
   C. 不提供邮件丢失、延误赔偿　　D. 只适合 4 kg 以内的货物
5. 与国内货物运输相比，国际商业快递运输具有的主要特点是（　　）。
   A. 国际商业快递运输的风险小
   B. 国际商业快递运输的时间性强
   C. 国际商业快递运输涉及国际关系问题，是一项政策性很强的涉外活动
   D. 国际商业快递运输是中间环节很多的长途运输

二、计算题

运送 350 g 的货物到澳大利亚，当前折扣为 8 折，标准资费为 81 元/kg，请分别计算中国邮政航空小包平邮和挂号包裹的运费。

三、实训题

在敦煌网上，根据中国邮政小包的资费标准（可查询官网），一区至五区免运费，六区至九区为标准运费并给予正确的运费折扣，十区不发货，分别设置产品重量为 100 g、200 g、500 g 的运费模板。

第六章

跨境电商营销

学习目标

（1）了解跨境电商营销的方式和常用策略。
（2）掌握店铺自主营销的工具及设置技巧。
（3）掌握选择并申请参加平台活动的流程。

素质目标

通过跨境电商市场调研及营销方式工具的应用介绍，培养创新思维，树立科学发展观。

案例导入

传统营销和网络营销区别知多少

1. 传统营销

市场营销是指企业通过向顾客提供能满足顾客需要的产品和服务，促使顾客消费企业提供的产品和服务，进而实现企业目标的经营理念和战略管理活动。传统营销一般采用的营销策略是4P组合（产品、价格、渠道和促销），并且从传统媒介入手进行营销渗透，让产品和服务、公司品牌传播给消费者，常见的传统媒介有电视、报刊、广播。

传统媒介曾经帮助过很多企业打响品牌，获得不错的成绩，但在互联网时代，它们各有劣势。例如：电视广告投入的制作成本很高，只能有短短几秒或十几秒的时间展示企业的产品，投放时也没有针对性；报刊媒体没有动感，缺乏吸引力，需要消费者主动阅读。

在信息时代，信息本就过剩，人人都想节省时间获取最大价值的内容，谁能做出好的内容，谁能为用户节省时间和成本，谁就能迅速占领一席之地。传统媒体也有它的黄金时代和优势，结合网络营销可以取得很好的成绩。

2. 网络营销

网络营销是企业整体营销战略的一个组成部分，是为实现企业总体经营目标所进行的以互联网为基本手段营造网上经营环境的各种活动。该定义基本与传统营销没什么区别，最大的区别就在于营销的方式、媒介及产生的效果不同。

随着互联网的普及及发展，网络营销更快更精准，而且形式可以多样化，其普及、覆盖面广，无论是文字、图片、视频、音频，都可以通过网络传播，都可以成为网络营销的工具。多样化的营销形式更能提高人们对产品、品牌的认知。

撒网式的传递信息使得企业获得的流量及转化率大大提高。甚至有许多企业主只需通过一篇质量高的文章或一个有趣的短视频就能大规模地引起社会效应，引发大众的自传播，通过网络世界几秒钟信息即可普及十几亿人，比投入传统媒体的成本更低。

以传统媒体作为营销平台存在的一些弊端是显而易见的，而网络营销以互联网作为营销平台，避免了以上传统媒体营销所出现的诸多问题，同时营销方式更为多样化。

（资料来源：SEM/信息流（2023），网络营销推广与传统市场营销有什么区别？http：//sem.baidu. com/news/sem/733. html ）

案例思考：

（1）网络营销策略与传统营销策略有哪些区别？

（2）网络营销策略包含哪些要素？

第一节　跨境电商营销概述

一、跨境电商营销新趋势

（一）社交媒体平台

越来越多的消费者青睐于通过脸书和照片墙等社交平台购物，现在的卖家也倾向于选择此类社交平台进行营销推广，展示自己的产品并让消费者直接在平台上完成购物。

（二）网红效益

陌生的产品很难在短时间内与消费者建立信任，但如果是买家熟悉的网红或博主推荐的产品就很容易消除彼此的陌生感。借助网红强大的粉丝数，会让产品迅速吸粉，提升销售量。选择与卖家产品相契合的网红进行推广，虽然需要花一定的时间、精力去筛选，但一旦将网红的粉丝转化成自己产品的粉丝，所带来的效益是空前巨大的。

（三）自动化工具的应用

随着人工智能（artificial intelligence，AI）技术的发展，借助机器人和自动工具的营销手段应运而生。配合创意的回复、生动的表情，能够帮助消费者顺利完成购物，在一定程度上可减少买家下单时可能出现的摩擦，节省人力成本。如今，更多的消费者愿意向机器人自主询问解决问题，提升购物的体验。

（四）全渠道覆盖

全渠道覆盖包括线上和线下渠道，不管是计算机端还是移动端都全方位覆盖。在这种模式下，可以尽可能多地接触消费群体，不管消费者通过哪一种渠道获得产品信息，都能达到一致的购物体验。卖家应考虑站内和站外、线上与线下打造完整的全渠道营销。

（五）图片搜索

智能手机的普及会增加图片搜索，这种搜索方式不仅方便、快捷，还能让消费者找到更加准确、优惠的价格，势必将成为网购的另一种途径。

（六）群发邮件

邮件营销一直都是最常见的、简单的营销手段，通过定期的邮件，让企业和消费者建立联系。可用个性化邮件、折扣来奖励老客户，假日主题问候、购物车挽回邮件都属于邮件营销方式，并在一定程度上吸引某些消费者的关注。

（七）大数据分析

可通过大数据搜集买家搜索的关键词、查看的新闻和网页等信息，分析了解消费者的潜在和实际需求，或者借助大数据分析可以预测及销售产品，进一步帮助卖家实现精准营销。

（八）人工智能

2018 年电商卖家已经采用 AI 技术来实现顾客的个性化购物体验，通过网页的简短测试搜集消费者的喜好和改进建议，从而更好地为消费者推荐产品。通过这种模式，可更好地与消费者建立纽带，增加客户的黏性。

（九）完善 UI/UX 设计

购物网站的成功与否在于网站的外观、产品展示、服务展示是否清晰明了，这就是用户界面/用户体验（user interface/user experience，UI/UX）设计。不少主流电商一直在推出新的设计来减少网站的视觉干扰；因为手机端客户群体的增多，还需要考虑手机端的响应式设计；最后再结合视频和动画、清晰明了的产品图和导航栏来简化用户界面，以获得消费者的青睐。

（十）配送时效

在以顾客购物体验为先的时代，当日达、隔日达已经越来越成为现在国内电商平台的标配。跨境电商平台配送时效已经成为彰显平台竞争实力的重要因素，也成为营销推广的有力内容。跨境电商通过提供快捷、安全的递送服务，满足顾客的需求，将成功赢得更多的顾客。

二、跨境电商营销策略

（一）选品策略

选品策略是店铺运营策略的基础，在运营前期、运营中期、运营后期三个阶段做好选品，都会给店铺带来不同的好处。

1. 运营前期

迅速赢得买家青睐，提高产品点击率；增加买家下单的可能性，提高转化率。

2. 运营中期

获得跨境电商平台推荐，迅速累积销量；获得好评，得到更多的自然流量，提升产品排名，降低推广营销的费用。

3. 运营后期

定期上传高质量的产品，将为店铺增加新的流量、增加顾客的黏性，为后期店铺营销活动打下基础，提升产品的竞争力及树立品牌，增加店铺利润。

经过前两个阶段的积累，店铺运营后期将会拥有稳定的流量和销量。在这一时期定期推出满足市场需求的产品，再配备合适的营销手段，将进一步提升店铺销售业绩，提高竞争力。

本书第三章已介绍选品的若干方法，此处不再赘述。

（二）定价策略

产品价格直接影响产品的销量，合理的价格体现产品的价值；产品定价影响店铺的营销方式，包括营销方法和策略；产品定价的高低影响店铺的定位。

具体的定价策略及方法参见本书第三章。

（三）打造爆款策略

（1）打造爆款产品，首先要对产品市场、目标顾客及买家行为做准确的定位和分析，这有利于缩小选品的范围。

（2）当确定目标市场、买家后，利用选品策略进行选品，并运用定价策略对产品定价，然后上传产品。

（3）新品刚上传时各项数据往往会比较低，一般在 7 天后针对相关数据进行分析并优化。

（4）参加平台活动，促进产品尽早出单。

（5）通过直通车、联盟营销和 SNS 站外推广，提高产品的曝光率，提升产品的销量，促进产品数据上升。

（6）通过对店铺老客户的营销，提高重复购买率，提升客户的黏度。

（四）节假日营销策略

节假日营销是电子商务的一个重要的营销策略。利用消费者假日消费的心态，巧妙地结合平台及自主营销活动，不仅能有效地推广新产品，提高老产品的销量，快速打造爆款，还有利于增加客户的忠诚度、提高回购率。可见，节假日营销的优点较为明显。

针对节假日的营销策略应包括以下几个要素。

1. 营造节日氛围——创意营销

对于不同的节假日，制定不同的主题活动，与产品和店铺相结合，烘托节日气氛。

2. 激发销售潜力，艺术营销

一般节假日营销就是“价格战”，如促销战、广告战。配备具有节日元素的产品，再加上适当的促销方式即可达到良好的营销效果。

3. 传达品牌理念——文化营销

挖掘节假日中的文化内涵，将其与产品、企业文化或经营理念相结合，可以吸引更多的消费者，塑造品牌形象，并为企业带来良好的收益。

4. 提升品牌的亲和力——互动营销

满足顾客需求提供个性化、与众不同的服务，个性化营销和定制营销逐渐成为新的营销热点。

三、避免营销策略盲区

（一）盲目引流，垃圾流量导致低转化率

流量是转化的基础，这是跨境电商运营不争的事实，因此很多卖家把引流作为建店后的主要工作重心。通过在各种论坛、社交网站或聊天软件中发布广告，进行狂轰滥炸式的引流，但往往引进的都是没用的流量，非但不能成功转化，还严重影响转化率，导致在平台排名靠后。引流是必须做的，但要在保证质量的基础上，有针对性地精准引流，做好店铺的整体优化，争取搜索更多的自然流量，在符合产品特色和市场定位的地方做推广，才能获得高流量的转化。

（二）仅关注打造爆款，忽略关联

爆款一直是吸引流量的主力，很多卖家把精力都放在如何打造爆款上。但任何爆款都有过气的时候，如果店铺其他商品没有引流的能力，往往功亏一篑。在打造爆款的同时，也要注重其他商品的流量培养，尤其是在爆款成功聚拢人气后，要做好关联销售，带动其他商品的影响力，进而提升店铺整体的竞争力。

（三）虚假促销，先提价后打折

抓住顾客“逢促必买”的心理，很多卖家把经营国内电商的营销手段沿用到跨境电商

上来，先提价再打折。这种行为是“自作聪明，自断后路”。打折促销一定要量力而行，在保证利润的条件下实实在在做促销，而不要让虚假促销引起顾客的反感，得不偿失。应利用让利来提高转化，实现买卖双方共赢。

（四）虚假低价的引流

营销的常见手段是故意将产品的价格设置很低，吸引买家，但当买家进入产品详情页后会发现所有产品选项的价格都要高于最低价、最低价产品缺货或者下单后迟迟不发货。这种投机取巧的营销策略仅仅能在短时间内提高流量和转化，一旦失去用户的信任，未来的店铺经营将陷入严重的危机。卖家完全可以用薄利多销的方式来转化新用户和增加老客户的黏性。

第二节　店铺自主营销和站内免费营销工具

一、店铺自主营销

店铺自主营销是店主不通过任何代理自行建立营销网络的营销模式。这种营销模式是卖家选择最适合商品的营销方式来向顾客推送产品，有比较高的针对性，并且能有效降低营销成本，是目前跨境电商常用且优选的营销模式。

（一）店铺首页营销

店铺首页是店铺的招牌和门面，首页营销策略运用得当，会极大提升店铺的访问量与点击率，进而提升转化率。精致的主图或漂亮的页面很容易引起买家的注意，并延长停留时间或打开店铺其他商品详情页浏览，刺激购物的欲望。在运用店铺首页营销策略时，应注意以下关键点：

（1）店铺首页应主次分明、轮廓清晰、风格一致。店铺要有统一的基调和风格、一致的规划和明确的色彩视觉表现，让买家在进店第一时间就明确店铺的商品定位和销售对象，决定是否进一步了解或离开。

（2）开门见山放爆款或潜力爆款。店铺的爆款或潜力爆款应占据最佳的显示位置，即前三屏。根据每日的销售数据，定期更新产品内容、位置及橱窗图，更主要的是单个商品详情页的优化。相关调研显示，一位新买家进店后在前三屏的点击概率会很高，越往后越低。因此，尽可能让买家在前三屏找到他们的目标商品，而卖家也要利用好前三屏争取推销出更多的产品，尤其是主打产品。

（3）做好店铺栏目分类。店铺栏目分类尽量用最易查找的方法进行商品区分，帮助买家尽快找到他们想要的商品，常用的方法是根据商品的品牌、使用效果、功能、使用季节等进行区分。

（二）橱窗营销

橱窗是平台给予不同信誉等级的店铺相应优先的展位，可以起到对没有进店的买家进行优先展示的作用，商品搜索时会优先排列有推荐橱窗的宝贝。

橱窗营销就是充分利用橱窗位的优先推荐效果，使店铺的商品获得较高的浏览率与点击率后，提高商品的成交率的营销方法。不同平台橱窗位赠送的数量和规则不尽相同，同一个平台在不同时期也会有不同的规则。以敦煌网为例，每个店铺默认橱窗产品数量为24个，但升级为黄金、白金、钻石会员后橱窗展位数量就会相应增加到48、48、96个。

设置橱窗产品的方法为：在卖家后台管理中选择“店铺→橱窗管理”命令，选择要在橱窗展示的商品即可。

（三）关联营销

关联营销有时也称绑缚营销，是指一个商品详情页同时放了其他同类、同品牌可搭配的关联宝贝，尽量在所要营销的商品中找到关联性，实现多层次的引导。常见的关联营销方法有以下三种。

1. 互补关联

互补关联强调搭配的商品和主推商品有直接的关联性，如主推商品为面膜，则可以搭配洗面奶、护肤品等同场景产品。

2. 替代关联

替代关联是指主推商品和关联商品可以完全替代，如主推商品为牙膏，那么关联产品就可以是漱口水、口香糖等。

3. 潜在关联

潜在关联重点强调互补关系，一般不推荐，但针对多类目店铺时，可以考虑。例如主推商品为泳衣，潜在关联的商品可以为防晒霜或项链。表面上，两种商品并没有直接的联系，但在潜在意义上，买泳装的人可能在户外游泳，于是必要的护肤和装饰品就有了关联性。

二、站内免费营销工具

平台为店铺提供了一些免费营销工具，以便卖家开展营销活动。利用免费的营销工具可以提升店铺的流量、点击率，大幅度降低店铺的营销成本。不同跨境电商平台提供的免费营销工具大同小异，下面介绍一些典型的免费营销形式。

（一）限时限量折扣

限时限量折扣就是卖家自主设置活动时间、折扣力度、库存量及选择参加活动的商品的店铺营销工具，利用不同的折扣程度可达到推新品、造爆品、清库存的目的，是卖家最爱的营销工具之一。

1. 设置方法

（1）登录用户后台，进入“推广营销”界面，选择“店铺活动”，便可以开始创建活动，如图 6-1 所示。

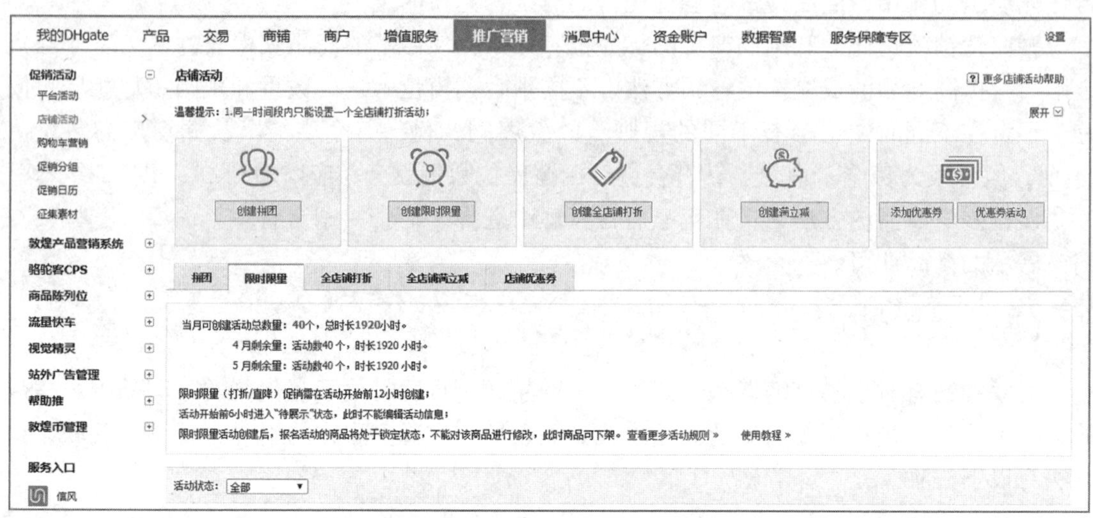

图 6-1 限时限购折扣活动创建页面

（2）单击“创建限时限量”按钮，如图 6-2 所示，进入创建店铺活动页面。活动开始时间为美国太平洋时间。打折商品 12 小时后被展示给买家，商家须提前 12 小时创建好活动。填写的活动名称要简单明了，三五个字即可；时长可以根据活动目的来确定，一般以一个星期居多，如果属于库存清理，时间可稍长，应注意每月的活动数量和时间限制（当月可创建活动总数量为 40 个，总时长为 1 920 小时）。根据要求填写完成后，单击“确定”按钮。

图 6-2 设置限时限量活动示例

（3）创建好店铺活动后，选择参与活动的商品，如图 6-3 所示。

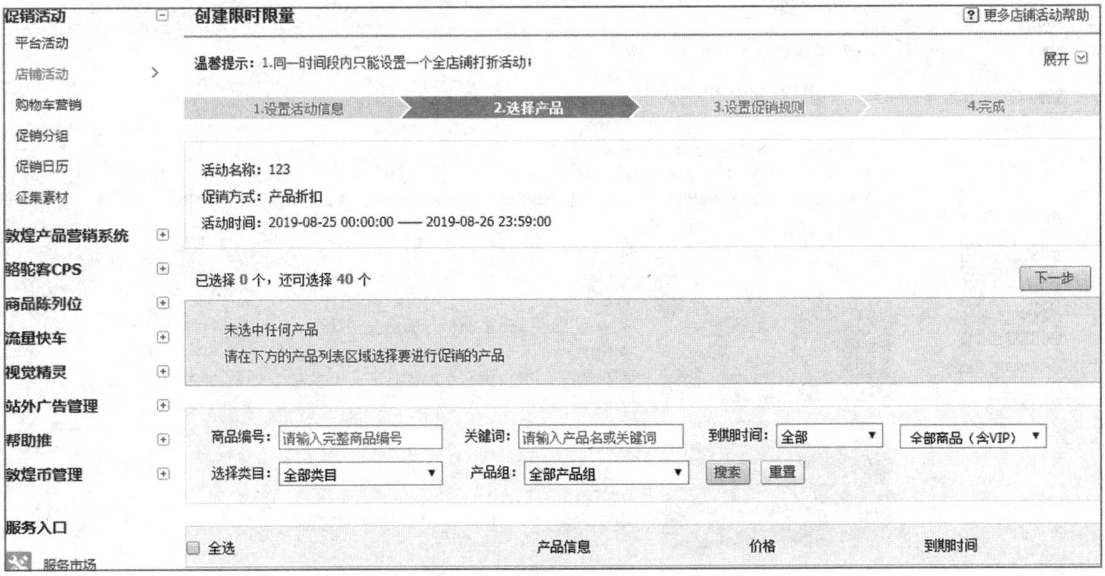

图 6-3　限时限购折扣活动选择商品示例

（4）设置商品的折扣率和促销数量。可单独设置也可批量设置折扣率和促销数量，如图 6-4 所示。

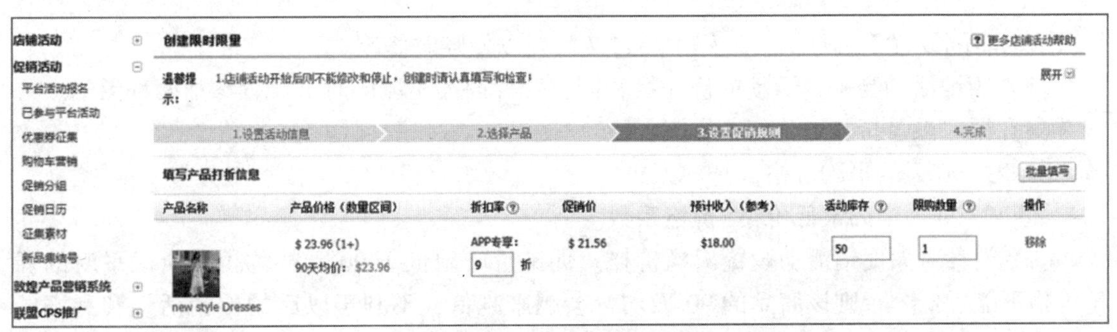

图 6-4　设置商品折扣率和促销数量示例

（5）完成设置后，活动处于“未开始”状态，此时可进行修改活动时间、增加和减少活动商品的种类等操作。活动开始前 6 小时将进入审核状态，活动状态变成“等待展示”，活动开始后将处于“展示中”状态。活动处于“等待展示”和“展示中”时不能编辑，也不能停止，如图 6-5 所示。

2. 商品设置和展示规则

（1）只支持创建本月及下月的活动；活动必须提前 12 小时创建（平台审核需要时间），可以跨月。

（2）在活动开始后不能编辑，不能添加产品，所以在活动开始前确认好活动信息和产品信息；添加到活动中的商品会被锁定，无法编辑产品信息，只能设置备货信息或下架；

图 6-5 限时限量折扣活动设置页面

每次活动时间设置不宜过长，最好不超过 7 天，以便随时修改。

（3）店铺活动与平台活动的优先级相同，一件商品不能同时被设置参加两种活动。

（4）限时限量折扣定价标准方案如下：

①过去 90 天的平均价格。

②过去 90 天中的最低价格×价格系数。

③专门针对大促销活动设置门槛价格。促销价必须低于 90 天的均价，所以平时的促销价格不能过低，否则该商品的 90 天均价会越来越低，不利于以后的促销活动和利润的控制。

（5）限时限量折扣与其他营销工具联合使用会达到更好的营销效果。例如限时限量折扣与全店铺打折销售联合营销，会起到以点带面、事半功倍的效果，对于新店铺更是立竿见影。当然，并不一定每次两者都捆绑在一起营销，当限时限量折扣不是很有竞争优势时，可以把全店铺打折留给更有竞争力的限时限量折扣商品。

3. 优势及注意事项

（1）优势。

①产品详情页显示促销标识及详情描述入口，吸引买家留在店铺查看更多的促销商品，如图 6-6 所示。

图 6-6 限时限量折扣促销标识

②店铺“Sale Items”进行双重曝光，吸引买家下单，如图 6-7 所示。

图 6-7 限时限量折扣双重曝光

（2）注意事项。

①时间、库存设置限额：爆款产品活动时间可以适当延长；在库存设置时，应做到限量，让买家有购买的紧迫感。

②设置活动前，应做好产品关联推荐，配合满立减或全店铺打折工具，刺激买家消费。

（二）店铺满立减

设置“店铺满立减”的目的是提高客单价。所谓客单价，是指一定时期内平均每个顾客购买的金额，即每一位顾客的平均交易额。客单价＝销售额/买家数。例如最近 30 天销售额为 400 美元，买家数为 20 个，则客单价为 400/20＝20 美元。

销售额是由客单价和客流量决定的。在客流量既定的情况下，提高客单价就能增加销售额，进而提高盈利。例如一件商品的售价为 10 美元，买两件可以优惠 5 美元，即两件商品的价格为 15 美元，很多买家会选择一次购买两件产品，由准备只花 10 美元，最后消费了 15 美元。而卖家也会从中得到好处，如果每件商品的成本为 4 美元，卖 1 件能获利

6 美元，卖两件就能获利 7 美元。

在推出满立减活动前，卖家应了解自己店铺的客单价是多少，卖家可执行“数据智囊→店铺概况”命令，查看最近 30 天内的客单价，如图 6-8 所示。

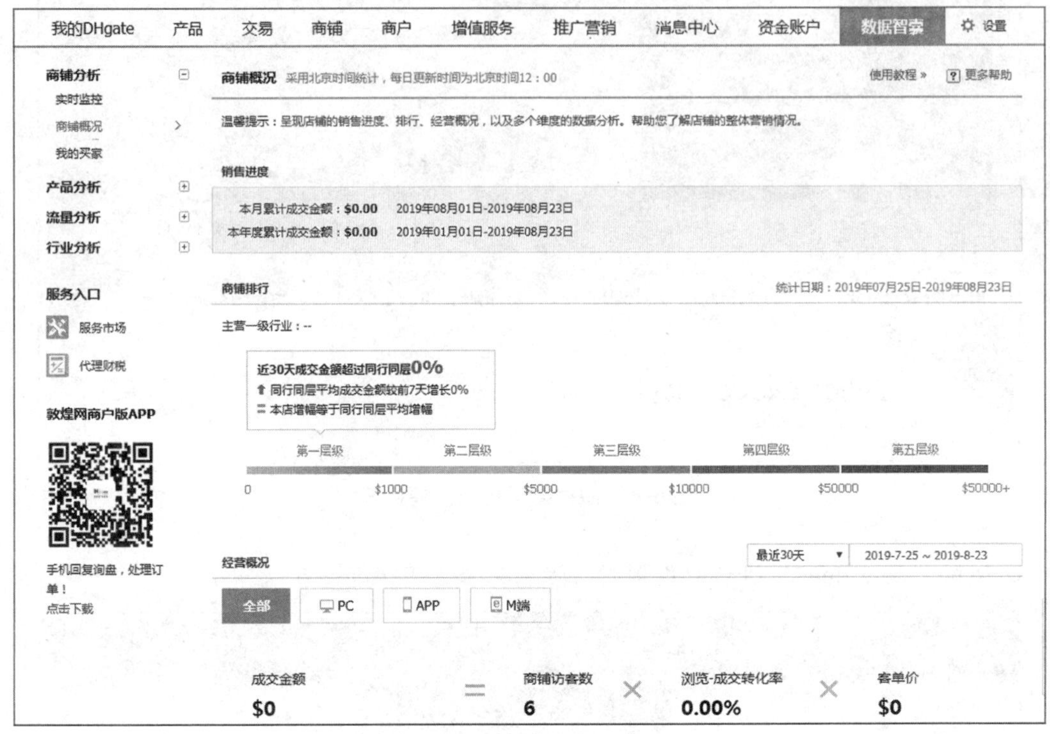

图 6-8　店铺客单价截图

执行“推广营销→店铺活动→创建满立减”命令，进入全店铺满立减活动创建流程，如图 6-9 所示。

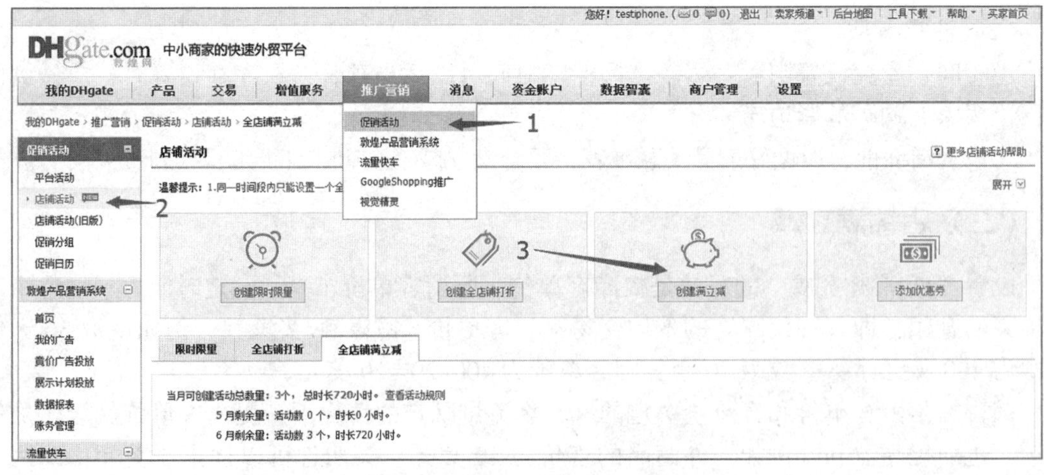

图 6-9　开始创建全店铺满立减活动

设置全店铺满立减信息，如图 6-10 所示。

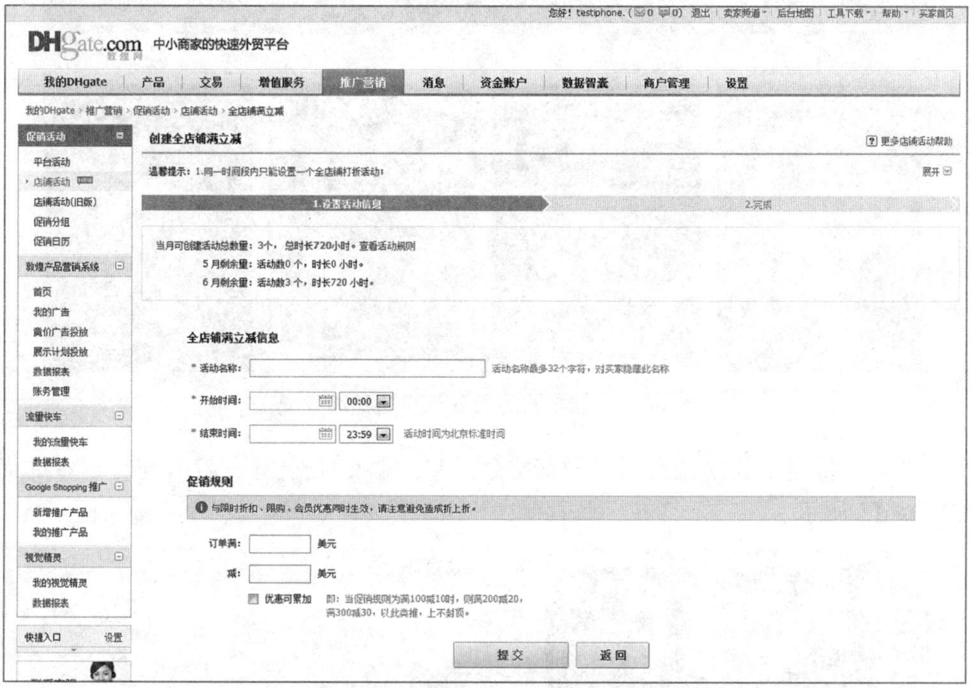

图 6-10 设置全店铺满立减信息

在确定“单笔订单金额满多少，立减多少”时，有个小技巧：如某商品单价是 14 美元，卖家可以设置成“单笔订单金额满 30 美元，立减 5 美元”，这样买家只有买到 3 件以上才能享受这一优惠。

单击“提交”按钮完成活动创建及设置，如图 6-11 所示。活动处于“未开始”状态，此时可以进行分组折扣修改、停止活动等操作，活动开始前 24 小时进入“待展示”状态。

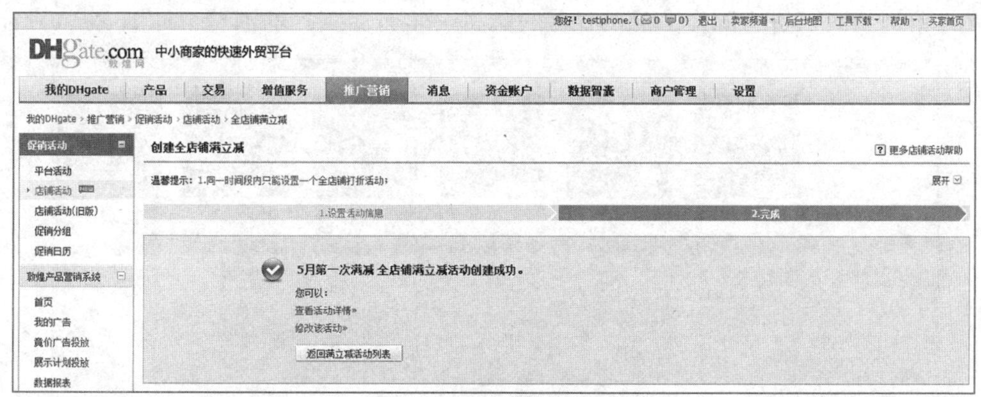

图 6-11 全店铺满立减活动创建完成

店铺首页将展示全店铺满立减说明，如图 6-12 所示。

图 6-12　店铺首页将展示全店铺满立减

产品详情页将显示满立减说明及详情描述入口，吸引买家留在店铺查看更多的促销商品，如图 6-13 所示。

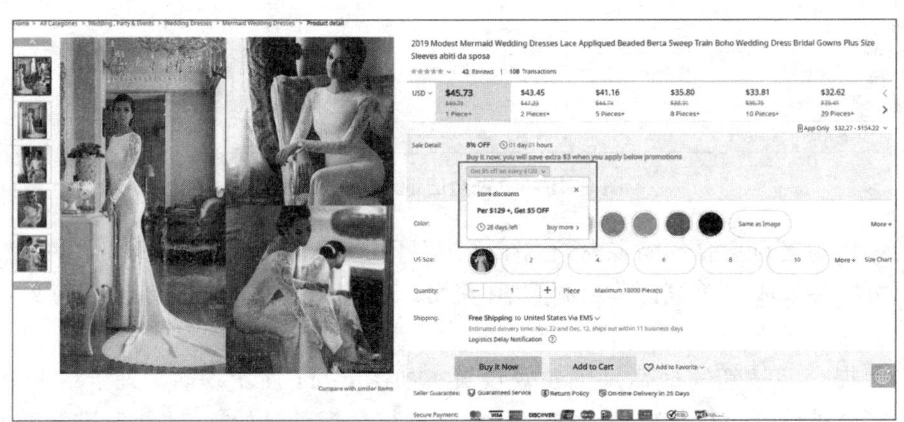

图 6-13　满立减说明及详情描述

在订单详情页可进行同类产品的比较，以进一步刺激买家的消费，如图 6-14 所示。

图 6-14　订单详情页同类产品的比较

（三）全店铺打折

全店铺打折是对本店铺内所有商品进行打折促销，是店铺自主营销的四大利器之一，给人一种全面清仓、价格特别优惠的感觉。对于新店铺来说，能快速提升店铺的销量及信用，提高曝光率。

1. 设置方法

（1）执行“推广营销→店铺活动→创建全店铺打折”命令，如图 6–15 所示。

图 6–15　设置全店铺打折示例

（2）设置全店铺打折信息，如图 6–16 所示。活动创建时间须提前 48 小时，开始和结束时间必须在同一个月内，可以提前创建下一个月的活动。

图 6–16　设置全店铺打折信息示例

2. 优势及特别提示

（1）优势。

①在页面“On Sale”可获得额外曝光，如图 6-17 所示。

图 6-17　全店铺打折额外曝光

②产品详情页显示促销标识及详情描述处入口，可吸引买家留在店铺查看更多的促销商品。

③可进行买家购物车页面折扣及促销时间提醒。

④有促销分组功能。此功能为卖家提供更加自由的折扣设置方式，卖家可根据不同的折扣力度需要将产品进行分组（如“9 折区”“8 折区”等），不再受限于必须把相同折扣的商品放到同一个产品分组中，卖家可自由调整分组及组内商品。

（2）特别提示。

①月初活动数量一般最少，卖家可抓住机会，设置好月初活动，争取更多的曝光和订单。

②设置活动名称应简单明了，三至五个字为佳。

③活动时间为美国太平洋时间，不是北京时间。

④折扣率一定要预先算好，从整体上对所有商品的利润水平把握好。

⑤活动必须提前 24 小时创建，可以支持跨月设置。

⑥由于全店铺打折促销力度大，打折时间最好控制在三天以内，打折促销时间过长会给买家“打折店”的感觉，反而不会轻易下单。

⑦活动开始前 12 小时处于“等待展示”阶段，活动商品不能被编辑，折扣信息也不能被修改。

此外，如果全店铺打折活动与限时限量打折活动时间重叠，以限时限量折扣为主，如商品 A 在全店铺打折中的折扣是 10%，在限时折扣中是 15%，买家页面上展示的是限时限量折扣 15%。

（四）店铺优惠券

设置店铺优惠券的目的与满立减活动一样，是提高店铺的客单价，不同之处在于：优惠券可以吸引买家二次下单；优惠金额可以随意设置，如设置 1 美元、2 美元、3 美元的“小优惠”来吸引买家下单，这对于卖家来说比较灵活。

1. 设置方法

（1）执行“推广营销→店铺活动→优惠券活动”命令，单击“添加优惠券”按钮，如图 6-18 所示。

图 6-18　设置店铺优惠券活动示例

（2）填写设置店铺优惠券信息。活动开始和结束时间必须在同一个月内，但可以提前创建下一个月的活动。优惠券有以下几种类型。

①领取型。领取型优惠券是买家无使用条件的优惠券，即只要订单金额大于优惠券的面值，买家就可以使用优惠券。领取型优惠券的优势在于：使用门槛低，可提高用户的黏性和回头率；买家领取后使用率高，可吸引新买家下单，使得订单转化率得到显著的提升。

设置领取型优惠券时要注意店铺商品的价格和利润空间。例如店内部分小商品的价格为 5.5 美元，发放 5 美元的领取型优惠券显然不太合适，因为买家极有可能只花 0.5 美元购得商品，而不会多买。

优惠券使用规则规定了买家领取的优惠券后是“按天设置有效期”还是“按时间设置有效期”，如图 6-19 所示。

②买够送。买够送优惠券是买家订单金额要达到一定要求才可使用的优惠券，金额是指定金额的 1%～30%，如图 6-20 所示。例如发放 5 美元优惠券，使用条件是订单金额满 30 美元才可以使用，这样可避免低价商品让利过多的现象发生，也可以提升客单价，刺激买家下单。

买够送优惠券设置的注意事项是：须根据客单价来设置，在客单价的基础上提升一定金额。例如客单价为 20 美元，优惠券的使用条件可以为满 30 美元或 40 美元。但如果满足 100 美元才可使用优惠券，很少有买家会使用，该优惠券也就失去了意义。

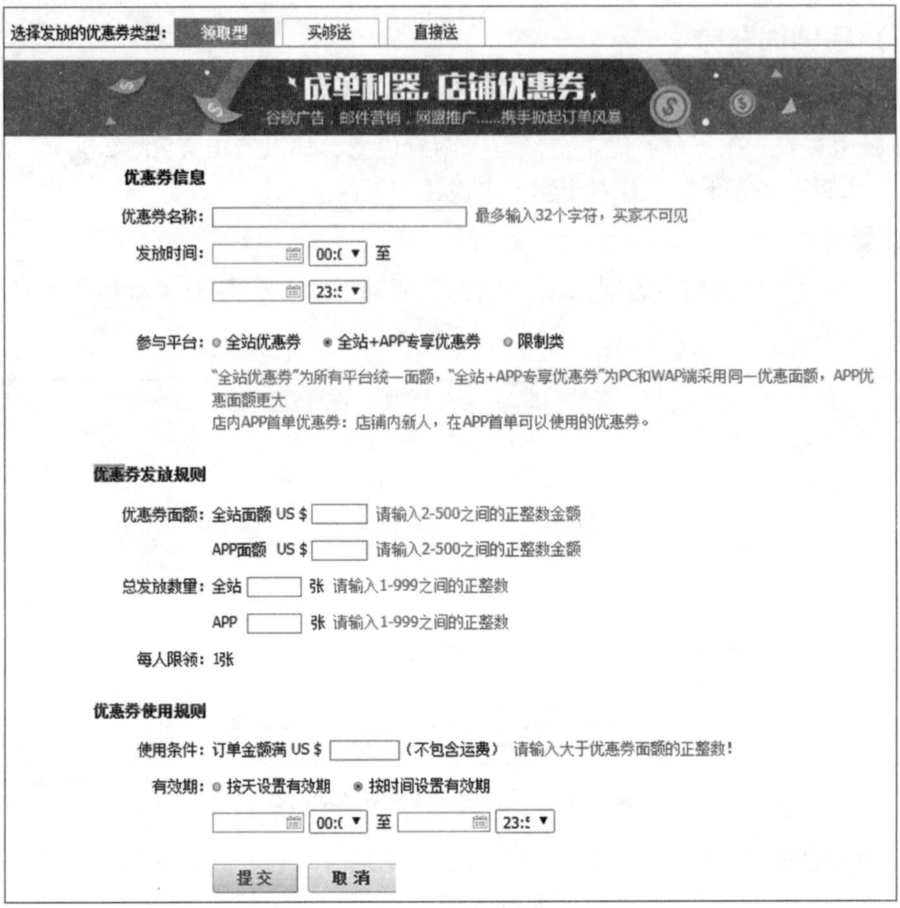

选择发放的优惠券类型： 领取型 买够送 直接送

成单利器，店铺优惠券，
谷歌广告，邮件营销，网盟推广……携手掀起订单风暴

优惠券信息

优惠券名称： 最多输入32个字符，买家不可见

发放时间： 00:(至

23:5

参与平台： 全站优惠券 全站+APP专享优惠券 限制类

"全站优惠券"为所有平台统一面额，"全站+APP专享优惠券"为PC和WAP端采用同一优惠面额，APP优惠面额更大

店内APP首单优惠券：店铺内新人，在APP首单可以使用的优惠券。

优惠券发放规则

优惠券面额：全站面额 US $ 请输入2-500之间的正整数金额

APP面额 US $ 请输入2-500之间的正整数金额

总发放数量：全站 张 请输入1-999之间的正整数

APP 张 请输入1-999之间的正整数

每人限领：1张

优惠券使用规则

使用条件：订单金额满 US $ （不包含运费） 请输入大于优惠券面额的正整数！

有效期： 按天设置有效期 按时间设置有效期

00:(至 23:5

提交 取消

图 6-19 设置店铺优惠券活动示例 1

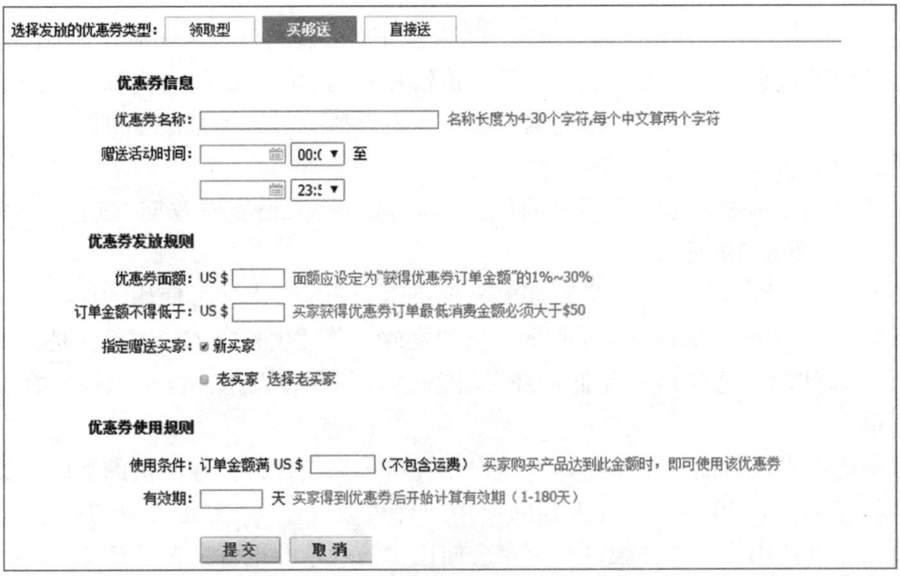

选择发放的优惠券类型： 领取型 买够送 直接送

优惠券信息

优惠券名称： 名称长度为4-30个字符,每个中文算两个字符

赠送活动时间： 00:(至

23:5

优惠券发放规则

优惠券面额：US $ 面额应设定为"获得优惠券订单金额"的1%~30%

订单金额不得低于：US $ 买家获得优惠券订单最低消费金额必须大于$50

指定赠送买家： 新买家

老买家 选择老买家

优惠券使用规则

使用条件：订单金额满 US $ （不包含运费） 买家购买产品达到此金额时，即可使用该优惠券

有效期： 天 买家得到优惠券后开始计算有效期（1-180天）

提交 取消

图 6-20 设置店铺优惠券活动示例 2

③直接送。直接送优惠券给指定买家（“我的买家”中已记录的老买家及“我的订单状态”为买家付款财务确认的买家），订单金额要大于50美元，优惠券金额是使用订单金额的3%～30%，如图6-21所示。

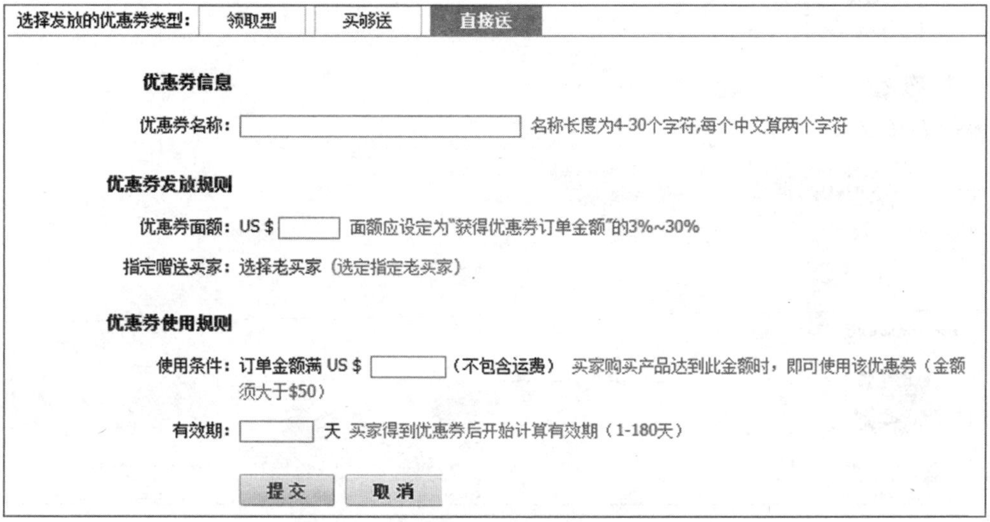

选择发放的优惠券类型：领取型　买够送　直接送

优惠券信息

优惠券名称：　名称长度为4-30个字符,每个中文算两个字符

优惠券发放规则

优惠券面额：US $　面额应设定为"获得优惠券订单金额"的3%~30%

指定赠送买家：选择老买家（选定指定老买家）

优惠券使用规则

使用条件：订单金额满 US $　（不包含运费）买家购买产品达到此金额时，即可使用该优惠券（金额须大于$50）

有效期：　天 买家得到优惠券后开始计算有效期（1-180天）

提交　取消

图6-21　设置店铺优惠券活动示例3

2. 优势及注意事项

（1）优势。

①在“优惠券中心（Coupon Center）”中有推广，如图6-22所示。

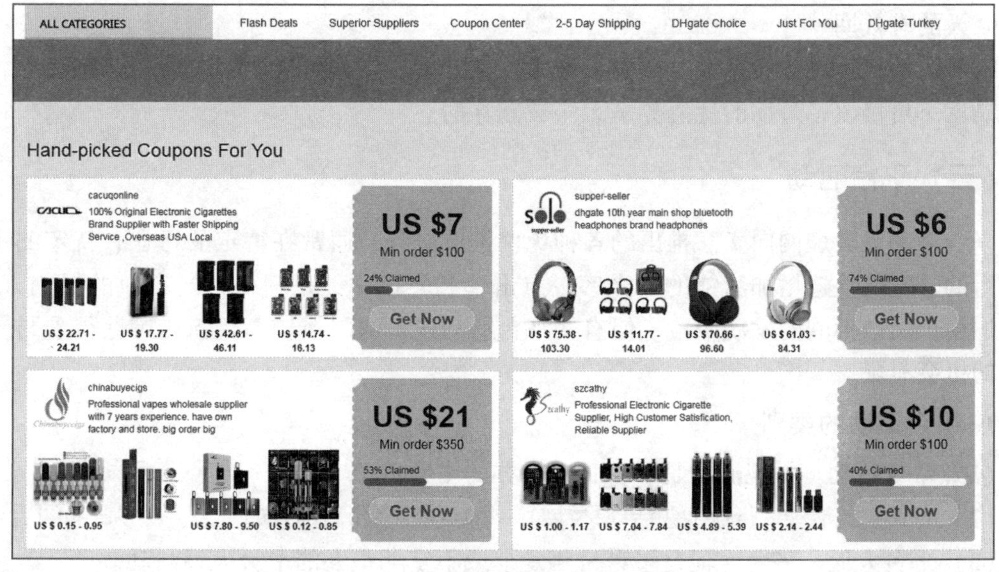

图6-22　店铺优惠券活动推广示例1

②在“店铺促销”中有优惠券显示，如图 6-23 所示。

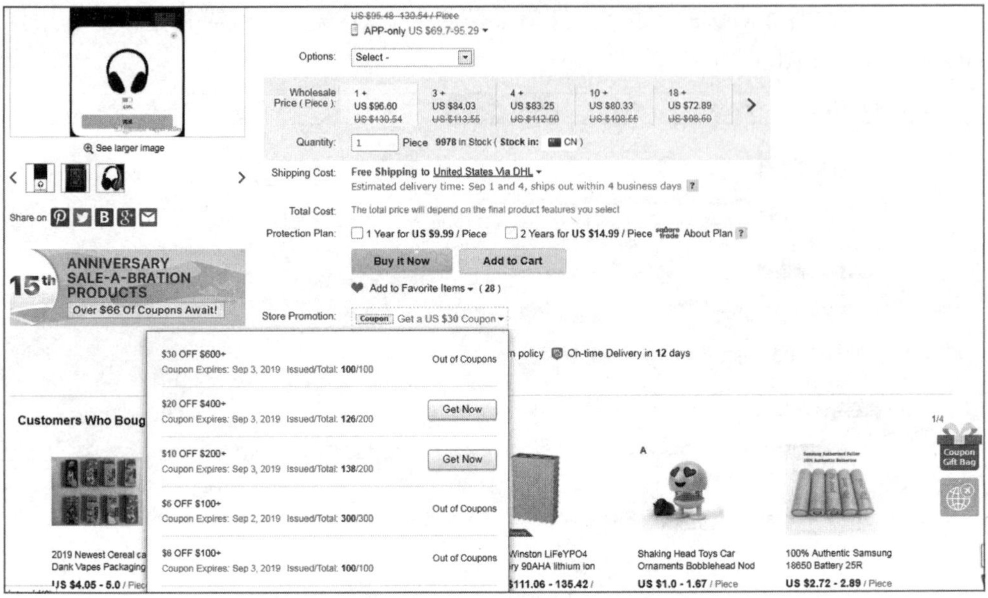

图 6-23　店铺优惠券活动推广示例 2

(2) 注意事项。

①优惠券只能在赠送优惠券的卖家店铺中使用，不能在其他的卖家店铺中使用。

②使用优惠券的订单需要退款，平台在退款时是按买家实际支付的金额来退款，不会包含优惠券的金额。优惠券一旦作废就不能再使用了，也不退还给买家。

③优惠券的有效期是从买家获得优惠券的时间开始计算的，添加优惠券时最大可以设置 180 天的有效期。

④对买够送优惠券，活动开始前可做修改，开始后则不可修改；对直接送优惠券，一旦定制就不可修改；过期的优惠券是无法被删除的。

(五) 平台活动

平台活动是敦煌网向卖家推出的各种免费推广服务，通常在特定的行业、特定的主题下实行的。它能快速增加店铺的曝光率、点击率和转换率，是一种行之有效的促销方式，并且适用于店铺不同的发展阶段。但有些平台活动设置的门槛较高，新店铺获得参与平台活动的机会有限。

1. 平台活动的类别

(1) 常规活动。常规活动是平台日常举办的主题活动。

(2) 行业主题活动。行业主题活动是针对一些专题的平台活动，如童装、母婴产品的活动。

(3) 平台大促。平台大促是平台每年定期或不定期举办的平台大型活动。

(4) 品牌馆活动。品牌馆活动是平台一些知名品牌联合其他品牌举行的促销活动。参与品牌活动，首先要符合平台的规则要求，如品牌的要求、产品质量证明等。

2. 平台活动设置步骤

（1）执行“我的 DHgate→推广营销→促销活动”命令，可进入活动列表页查看当前活动。选择感兴趣的活动，单击“查看详情”按钮，可查看活动详细信息，如图 6-24 所示。

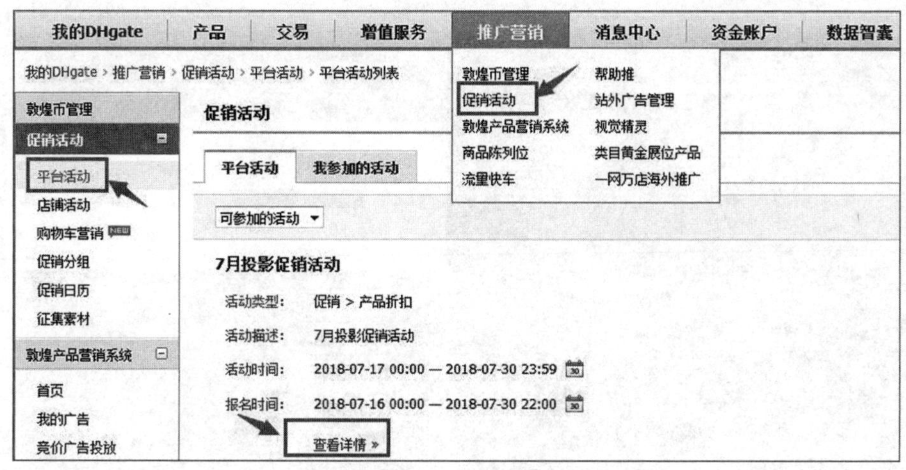

图 6-24　平台活动设置示例 1

查看完活动详细信息后，如果想要参加活动，可以单击“我要报名”按钮或者在活动列表页开始报名，如图 6-25 所示。

图 6-25　平台活动设置示例 2

（2）等待系统载入产品，系统会按照活动要求筛选产品，然后把符合活动要求的产品载入，如图 6-26 所示。

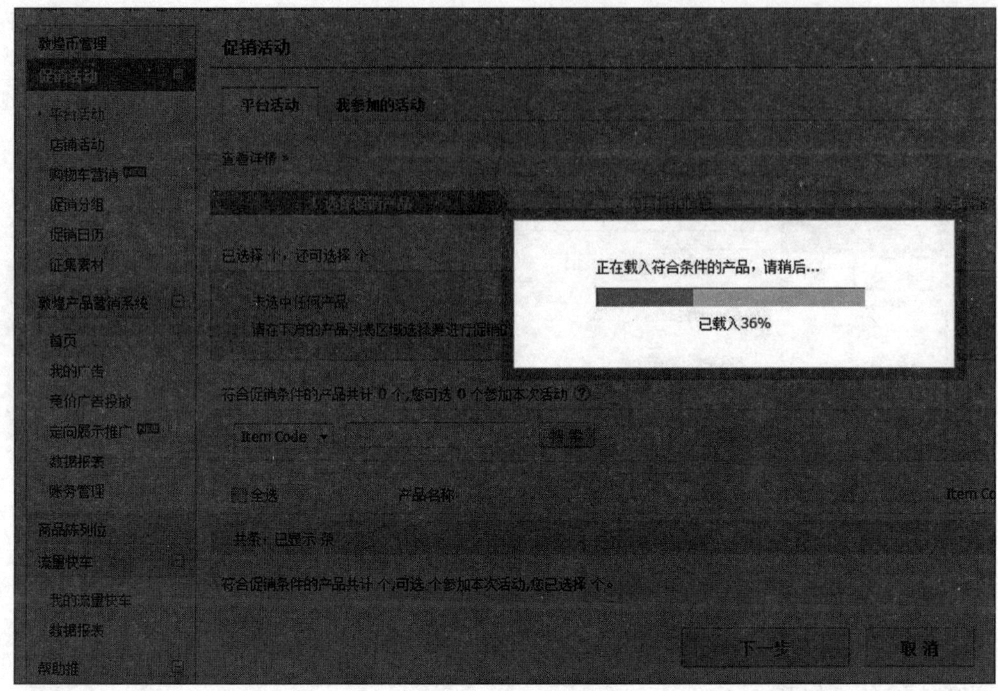

图 6-26　平台活动设置示例 3

（3）选择要报名的产品后单击“下一步”按钮提交，如图 6-27 所示。

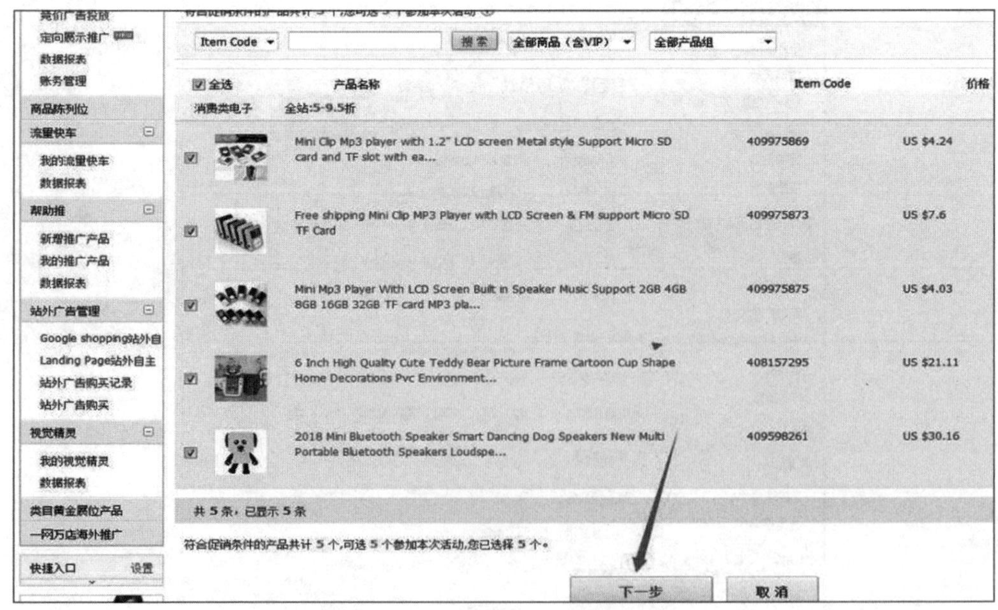

图 6-27　平台活动设置示例 4

（4）设置产品折扣，设置完成后单击“提交”按钮提交折扣信息，完成报名，如图 6–28 所示。

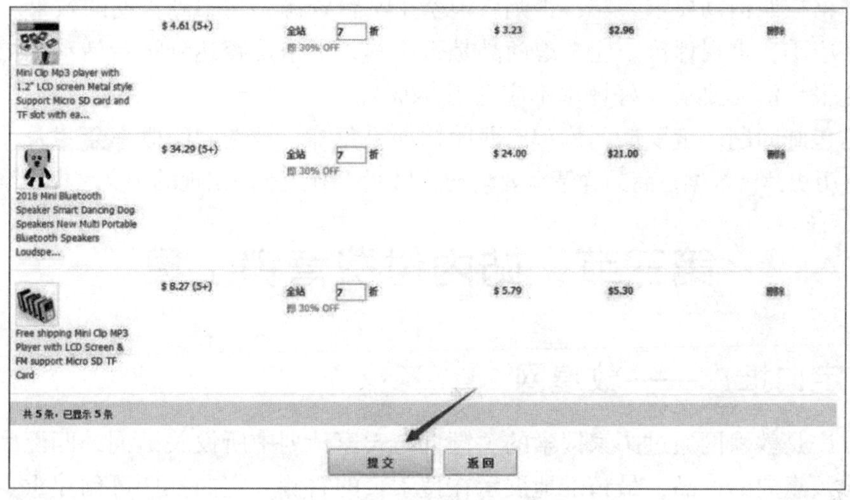

图 6–28　平台活动设置示例 5

（5）报名后可查看和管理报名产品的审核状态，如图 6–29 所示。在审核状态时，可以取消报名参加活动的产品。

促销活动

平台活动　我参加的活动

活动名称	活动时间	产品数	全部状态	报名状态
7.24-7.31首页轮播第三针3C全品类综合促销	2018-07-24 16:00 — 2018-07-31 15:59	1	未开始	查看状态
7月投影促销活动	2018-07-17 00:00 — 2018-07-30 23:59	1	进行中	查看状态
7.10健康美容独立日促销活动	2018-07-10 16:00 — 2018-07-17 15:59	1	已结束	查看状态

图 6–29　平台活动设置示例 6

3. 参与平台活动的注意事项和设置技巧

（1）注意事项。

①时间问题。通常平台活动都有较为严格的时间先后顺序要求。例如招商时间为 8 月 5 日到 7 日，展示时间为 8 月 10 日到 13 日，先到先得。建议每天查看活动更新，一般平台会在下午 5～6 点更新活动。

②报名产品和招商目的不符。报名产品应与招商目的相一致，否则会造成错误或浪费。例如参加平台巴西团购活动，报名后发现产品运费模板无法到达巴西。

③价格优势。参加平台活动时价格影响一般不大，但如果可以适当体现价格优势，则会更好地发挥平台活动的效果。

④报名产品信息不完整。报名平台活动时，一定要将参与的产品信息按照活动要求填写完整，如产品好评率等。

（2）设置技巧。

①明确平台活动对产品和店铺的要求。不同活动对店铺好评率、产品销量、评分各不相同，要严格按照活动要求参与，否则就浪费了平台资源，达不到预期的效果。

②商品应季，重视评价。应考虑商品是否应季，价格是否达到平台活动的要求，好评率是否符合平台活动要求（好评率不应低于94%）。

③考虑包邮问题。俄罗斯团购和巴西团购如果免邮，被选中的概率会变大。

④要有历史销售数据，商品详情页要整洁、尺寸清晰，不该出现的中文字样要清除干净。

第三节　站内付费营销工具

一、定向推广——敦煌网

定向推广是敦煌网通过买家搜索的关键词与卖家计划中所设关键词的匹配度来获取最符合买家购买意向的产品，最精准地展示在搜索页的右侧。定向推广可创建重点推广和快捷推广，可在计算机和移动端进行展示。定向推广的使用要求是账户非关闭/冻结状态、产品处于正常在线状态、敦煌账户内有余额。

（一）定向推广展示位置

1. 计算机端

（1）广告评分最高的前三名将展示在关键词的前十页搜索结果中，第一名展示在每页的第3位，第二名展示在每页的第26位，第三名展示在每页的第27位。

（2）广告评分的第四名及后续广告将展示在关键词搜索结果右侧，从第一页开始按顺序排放，每页广告数量为18个，如图6-30所示。

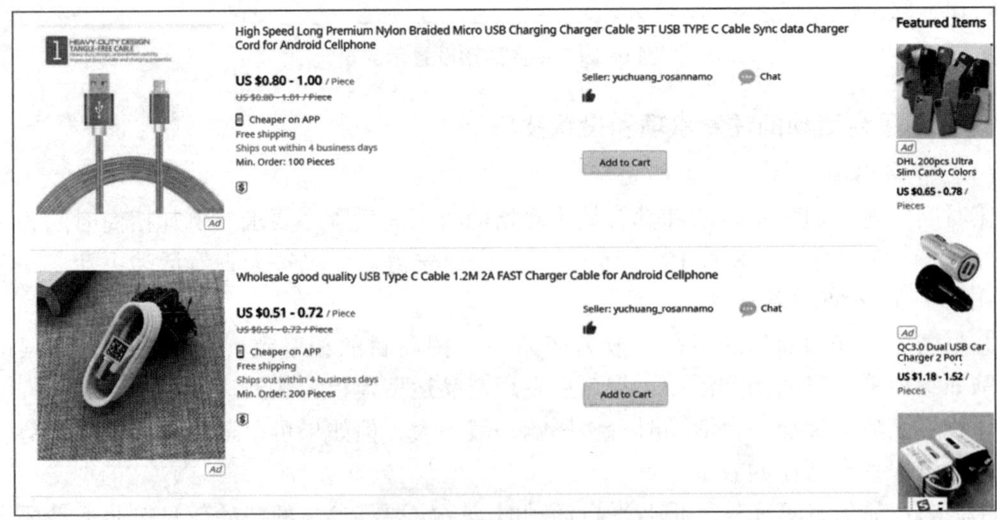

图6-30　定向推广展示规则

2. 移动端

买家关键词搜索结果页中第 7、14、21 等 7 的倍数页以瀑布流下拉形式展现。

（二）定向推广产品推荐原则

（1）店铺近期订单量、成交金额——让卖家更易获得点击量、订单。

（2）与买家搜索匹配度最高的产品——通过关键词展示给买家的产品更加精确，产品与搜索关键词匹配度更高，展示的产品更加精准。

（3）关键词出价高的产品——系统会根据公式及卖家对关键词的出价进行计算并排序。如果关键词质量分不够高，可以持续地对关键词进行出价，关键词质量分与出价决定排序，重要程度占比为 5∶5。

（三）定向推广扣费规则

定向推广类型实际扣费的计算公式如下：

定向推广类型实际扣费 = 下一名客户的出价×下一名客户的质量得分/卖家产品质量得分+0.01 敦煌币

注意：产品展示不收费，仅在产生国外点击时扣费，国内点击不收费（国外同一 IP 重复点击按一次扣费）。

二、外贸直通车——阿里巴巴国际站

外贸直通车（P4P）是阿里巴巴会员企业通过自主设置多维度关键词，并对关键词进行出价竞争，从而获得免费展示产品信息的机会，吸引买家点击浏览产品信息，从而按照点击量进行付费的全新网络推广方式。

（一）外贸直通车的操作方法

外贸直通车需要单独充值购买后使用，具体可联系客户经理咨询并办理。仅管理员和被授权的制作员账号可以查看并操作外贸直通车，如图 6-31 所示。

（1）在营销中心可以看到账号信息及推广状态。

（2）执行“广告管理→外贸直通车”命令，可以进入关键词推广页面。

（3）关键词推广页面包含的内容较多，可以进行关键词分组、添加关键词等操作。

（4）如对某个关键词不想设置推广，选择“暂停”命令即可。

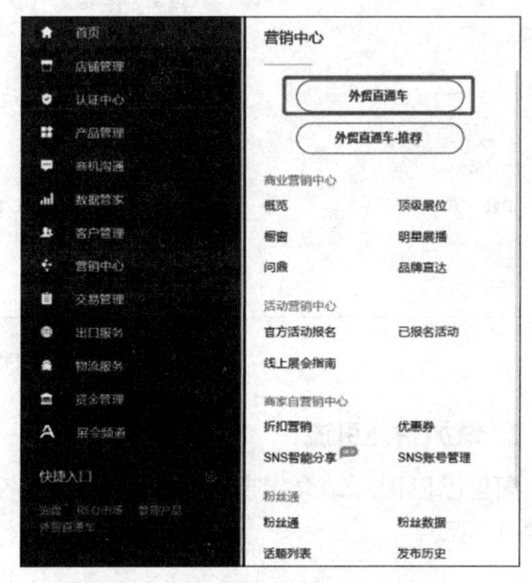

图 6-31　外贸直通车操作方法

（二）外贸直通车的排名优势

1. 站内排名优先

通过出价获得搜索排名首页前 5 位（除其他资源位，如顶级展位等），右侧有 10 个广告位，即直通车第 6～15 位，最下面有 4 个广告位，即直通车第 16～19 位，如图 6-32 所示。

图 6-32　首页 P4P 产品推广位置

2. 增加站外引流

阿里巴巴国际站会定期在脸书、谷歌及各主流网站上对直通车产品进行引流推广，如图 6-33 所示。

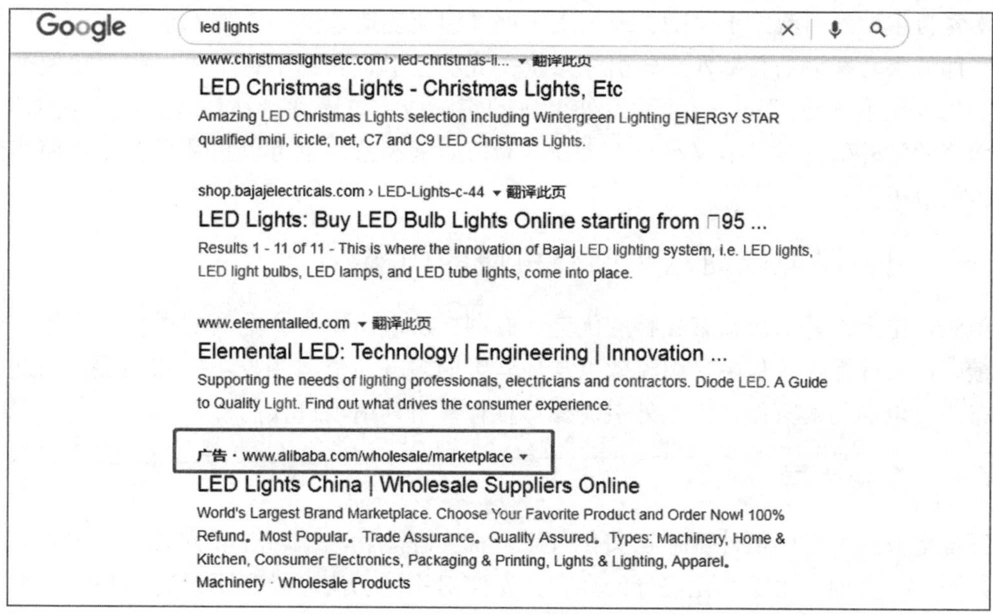

图 6-33　直通车产品站外引流

（三）外贸直通车出价排序和扣费规则

（1）外贸直通车排序规则=推广评分×出价，该乘积越大排名越靠前，且数据会实时更新。

①只有 3～5 星词有资格通过出价的方式在前五名被展示，1～2 星的词只能在每一页右边或者下方的智能推荐位上被展示。

②排名实时更新，商家随时可以进行产品优化或出价的更改。

③推广评分是系统根据星级给出的系统评分，星级越高，评分越高，但供应商无法在后台看到该评分，只能查看到星级。

④若商家每日预算小于出价，可能导致直通车排名降低，无法达到预估排名。

（2）外贸直通车点击扣费价格=（下一名客户的出价×下一名客户的推广评分）/自身的推广评分+0.01 元。

①外贸直通车按照点击量扣费，曝光不扣费。

②底价≤扣费≤商家的出价。

第四节　站外营销

对于卖家而言，站外引流虽然见效相对慢一些，但意味着开辟了独立于电商平台之外的流量来源，可有效规避站内引流的激烈竞争，因此具有可观的经济效益和品牌推广效应，值得加以重视。而对于平台而言，站外引流有利于增加跨境电商平台的总流量，为此会对卖家自主站外引流给予奖励，或为卖家站外引流创造条件。例如敦煌网推出了返佣金奖励，即如果卖家借助其站外广告引流系统，成功吸引顾客在平台下单，将返还佣金，卖家仅需付少量手续费，可有效摊薄站外引流的实际成本。因此，在做好站内引流的同时，中小卖家的站外引流操作不仅有利于自身产品或店铺经营，也可以惠及平台，从而达到一举两得的效果。

一、出口跨境电商从事站外引流的门槛

虽然理论上站外引流具有独特的优势，有利于从事出口跨境电商的中小卖家进一步提高业绩。但实际操作过程中，引流效果与经营者的多方面资源和技巧密切相关。因此，对于出口跨境电商的卖家而言，站外引流操作存在着下列诸项进入门槛。

（一）文化差异

跨境电商所面对的境外客户在文化背景、社交理念和网络环境等方面均与国内有着较大的差距。一方面，由于文化差异的存在，卖家对不同引流途径和平台对用户的影响效果缺乏切身的认识，从而难以充分利用这些途径和平台的优势实现扬长避短；另一方面，文化上的鸿沟也导致客户与卖家之间难以有效沟通和建立信任度。鉴于此，卖家需要分析和整理国外消费者的习惯，深入了解各种引流途径的特点，以避免对目标群体产生无从下手的感觉。

（二）专业知识

在站外引流过程中，部分操作（如搜索引擎优化）会涉及网站编程语言、网站结构等专业性知识。更重要的是，在境外实施站外引流所面对的是非母语的环境，需要对目标地语言较为熟悉，才能融入当地的社交群体中，吸引潜在用户的关注，这就需要具有精通英语甚至小语种的语言能力。以上专业知识对于普通的中小卖家来说难度较大，虽然有可能通过突击学习和翻译软件等辅助手段进行弥补，但所付出的时间和精力上的代价仍然值得诸多中小卖家慎重考虑。

（三）资金投入和时间周期

配备专人或团队负责站外引流是克服上述困难的有效方法，然而资金有限又是大多数中小卖家的软肋。此外，在站外引流的过程中广告的投放、产品让利折扣、网络红人的聘请等营销手段的使用，都涉及费用的支出，无疑增加了中小卖家资金上的压力。另外，作为常规的站外引流操作，在国外社交媒体上积累数量可观的粉丝不仅需要克服文化差异和语言障碍，更需要大量的时间和精力的投入。如果卖家缺乏时间、资金或耐心完成整个培养周期，引流效果自然不佳。

在以上影响站外引流效果的门槛中，最核心的瓶颈仍然在于中小卖家对境外的引流途径和策略缺乏必要的了解。如果中小卖家能够克服文化差异，充分掌握境外的站外引流策略，专业知识、资金和时间等方面的困难其实都有机会迎刃而解。

二、典型的站外引流途径

（一）基于搜索引擎 Google 的站外引流

与国内不同的是，Google 是境外搜索引擎的绝对霸主，常年占据了全球75%以上的搜索份额，其影响力已经渗透到境外互联网的绝大部分角落。可用于 Google 引流的主要方法包括搜索引擎优化（SEO）和两侧广告位（Adwords）。前者可通过网站结构、内容、代码调整等站内优化与站外推广、建立外链等站外优化相结合，达到在搜索引擎关键词排名中提升的目的，进而将客户引入网站，获得流量。后者主要针对 Google 关键词做广告推广。

从中小卖家的角度来看，SEO 属于目前性价比最好的推广方式之一，具有成本低、效果好的特点，通过自然排名容易获得客户的信任，从而获得较多的流量。关注用户体验、积累并及时更新关键词、进行外部链接是提高 SEO 排名的常用方法。中小卖家可以借助百度统计、站长工具、Google 趋势等工具对自己及竞争对手网站进行诊断分析。此类工具通过对站点流量、关键词、网站抓取频率等关键数据的统计及分析、比较提出优化方案。值得注意的是，SEO 不是一蹴而就的，需要长期不间断分析、调整才能达到良好的效果。

谷歌推广（Google Adwords）可以根据用户的需求精准地投放广告，其在 Google 搜索结果和 Google 广告联盟中同时存在，以吸引客户；可采用多种广告格式，根据语言、地理位置进行广告定位；遵循点击付费原则，无最低花费、时间限制，操作也较为简单。事实证明，此方法引流不仅数量多，而且客户的精准度和成单率都有很高的提升，是卖家常用的站外引流方法之一。但对于没有品牌、差异化及资金优势的中小卖家，长时间投入可能无法负担。因此，前期小规模投放测试，并认真做好转化数据调研，筛选出转化率高的单品，进而不断优化，是中小卖家更具性价比的明智之举。

（二）基于社交平台的站外引流

社会性网络服务媒体（social networking services，SNS）是目前网络社交平台的主要形式。典型的 SNS 包括脸书、推特、拼趣、照片墙等。在社交网络上进行针对性的引流活动也可称为 SNS 营销。虽然很多时候 SNS 营销的见效慢，引流成功率有限，但考虑到其庞大的用户基数和广泛的受众面，该渠道仍然至关重要。据亚马逊官网的统计，主营苹果手机壳定制的 Casetify 在母亲节前夕利用脸书中的“照片广告”“轮播广告”并结合优惠政策，依靠社交媒体强大的覆盖面成功地吸引了新用户及老客户购买母亲节礼物，最后获取比上一年增长 3 倍的业绩，每笔交易成本降低 50%，平均金额上升 20%。

中小卖家应基于不同社交平台的特点规则、受众群体及自身产品、店铺来选择经营重点，切忌盲目在各个平台注册账号进行营销，不仅达不到预期效果，还存在被封号的风险。例如脸书上更侧重展现产品的外形，因此对服装、首饰类产品可利用此平台给人以视觉冲击。另外，直接在社交平台上做广告的费用较高，中小卖家可以选择“先社交后营销”的策略来操作社交平台引流。对于脸书、推特，可以通过产品赠送、抽奖等互动形式积累一定的粉丝数量，再进行广告的投放、Page 页速推等；YouTube 则与视频达人合作，并在发布视频时附带网站链接、折扣码，一经推出就会有不错的浏览量且成本不高；照片墙、拼趣等图片社交平台要求产品图质量很高，而且要有创新的广告策划，刚从事跨境电商或运营有困难的中小卖家不应马上尝试。

（三）基于促销网站的站外引流

相对于其他站外引流方式，促销（deals）网站是见效最快的站外引流方法。不同国家有不同的主流促销网站。例如英国 Hotukdeals、法国 Dealabs、德国 Mydealz、加拿大 RedFlagDeal、日本 Kakaku 等。其中，美国最大、最具影响力的折扣信息分享平台 Slickdeals 占据美国促销总流量的 90%以上，但对卖家要求很高，重视网站用户的体验。在 Slickdeals 发帖要求亚马逊店铺的 Feedback 的评论数在 1 000 以上，Review 在 50 个以上，评分不低于 4.0。禁止卖家做自我营销，对关联账号检查严格，一旦发现会马上查封账号和含有相关关键字的产品。

此外，美国博客网站 Gawker 旗下的 Kinja 也是众多促销平台中的佼佼者，主要发布各电商平台中的“今天最好的广告（Today's best deals）”，并且推广免费、用户定位精准。如果产品被展示在 Kinja 网，就有机会在 Gawker 旗下的各大子板块出现，吸引大量的流量。正因为如此，Kinja 网的竞争也异常激烈，除产品要新颖、奇特外，亚马逊店铺的 Feedback 数量超过 500 个、好评不低于 4.2 分及评论数量不低于 20 个。

中小卖家可以选择一些门槛低的促销网站申请若干账号，当达到一定级别后再考虑发布产品，发帖时除考虑产品及文案的创意性，产品价格还要有足够的吸引力，较低的价格往往被网站选中的可能性更大。因此，卖家在发帖前需要对促销网站引流的产品进行精心的筛选和优化。

（四）名人效应营销

利用各类知名网络红人、时尚博主推销产品或店铺是站外引流的又一有效途径，这些人自带大量粉丝拥护者，发放的任何动态都会引起讨论和推荐流量。除增加浏览量外，知名人物的“意见领袖”身份对卖家产品及店铺的转化率和信任都起到积极的作用。知名营销策划公司 Markerly 对照片墙的 2017 年市场营销研究报告中指出，仅仅在照片墙上拥有 1 000 个以上粉丝的小网红就可使产品获得 2 倍以上的转化率。同时，知名博主发布的高质量博文及所含的外链会提升卖家产品页面及网站在谷歌上的关键词排名。中小卖家可通过折扣类网站（如 DealNews、Vipon、SlickDeals）或者专业的红人网站（如 Warrior Forum、black hat world），以及脸书、YouTube、照片墙等社交平台联系红人。在此过程中应该选择适合店铺及产品的知名人士，而不是盲目追求名人效应。由于境外网络名人的文化背景与我国有较大的差异，在联系时需要注意语言障碍、沟通不畅等问题。此外，网络名人自身的信任危机也会导致对产品的负面影响。因此，定期对红人推销产品的状况进行审查是必要的。

（五）联盟营销

联盟营销（affiliate marketing）是指网络联盟营销，是一种按营销效果付费的网络营销方式，即商家（又称广告主，在网上销售或宣传产品和服务的厂商）利用专业联盟营销机构提供的网站联盟服务拓展其线上及线下业务，扩大销售空间和销售渠道，并按照营销实际效果支付费用的新型网络营销模式。商家通过联盟营销渠道产生了一定的收益后，才需要向联盟营销机构及其联盟会员支付佣金。由于是无收益无支出、有收益才有支出的量化营销，因此联盟营销已被公认为最有效的低成本、零风险的网络营销模式，在北美、欧洲及亚洲、非洲等地区深受欢迎。

联盟营销三要素为广告主、联盟会员和联盟营销平台。广告主按照联盟营销的实际效果（如销售额、引导数、点击量等）向联盟会员支付合理的广告费用，节约营销开支，提高营销质量。联盟会员则通过网络联盟营销管理平台选择合适的广告主并通过播放广告主的广告提高收益，同时节约大量的销售费用，轻松地把网站访问量变成收益。

联盟营销的收费方式主要有以下三种形式。

（1）按点击数付费（cost-per-click，CPC）：联盟网络营销管理系统记录每个客户在联盟会员网站上单击链接商家网站文字或图片的次数，商家按照点击数来支付广告费。

（2）按引导数付费（cost-per -lead，CPL）：访问者通过联盟会员的链接进入商家网站后，如果填写并提交了某个表单，管理系统就会产生一个对应给该联盟会员的引导（lead）记录，商家按引导记录数向联盟会员付费。

（3）按销售额付费（cost-per -sale，CPS）：商家只在联盟会员的链接介绍的客户在商家网站上产生了实际的购买行为后（大多数是在线支付）才给联盟会员付费，一般是设定一个佣金比例（销售额的10%到50%不等）。

拓展阅读

跨境电商的营销策略

企业以顾客的需要为出发点，根据经验获得顾客需求量和购买力的信息、商业界的期望值，有计划地组织各项经营活动，这就是营销策略的定义。

1. 追加销售

“我对这次升级感兴趣吗?”大多数人都听过这种形式的问题。这是一个追加销售的例子。根据数字营销社区 Econsultancy 的说法，追加销售的效率是在线交叉销售的20倍。

追加销售有以下两个关键内容：

（1）使产品的加售与原始产品相关。

（2）对客户可接受的价格范围敏感。

2. 照片墙（Instagram）

照片墙营销的平均订单价值为65美元，除了 Polyvore 以外这比其他任何社交媒体平台都要高。此外，最近的一项研究发现，照片墙给品牌的参与度比其他任何社交媒体平台都要高25%。如果卖家使用正确的主题标签，并在合适的时间发布，那么就可以在照片墙上获得一大批的关注者。

掌握照片墙营销的关键是与用户互动。可以尝试投放广告吸引客户。最重要的是，展示使用卖家产品的客户照片。这是向潜在客户展示品牌实力的机会。潜在客户看到该产品经常被购买，并且做其他人正在做的事情会感觉更舒服。

3. 减少被遗弃的购物车

顾客在购物车中添加物品，但在结账时放弃购物车中的物品是很常见的事情。根据调查公司 Baymard Institute 的数据，67.45%的订单最后都会被放弃。这可能是产品三分之一的销售额。是否有一种简单有效的方法可以减少放弃购买率呢？卖家可以写一封邮件，诱使客户完成支付。可以直接在 Shopify 管理员中执行此操作，此外 Abandon Aid 应用可帮助卖家向放弃购物车的顾客发送邮件，提醒对方完成支付，并且操作非常简单。

4. 生成更多产品评论

根据在线杂志 Internet Retailer 的报道，卖家可以通过向在线商店添加产品评论来将电子商务转换率提高14%～76%。有以下两个原因：

第一，社会证明。产品评论是一种推荐形式，买家会立即看到人们对正在考虑购买的产品的看法。

第二，搜索引擎优化。进行产品评论会增加页面上的内容量，并增加买家点击一些长尾关键字的可能性。

出于上述两个原因，添加产品评论会增加销售额。Product Reviews 是 Shopify 平台设计的免费应用程序，提供了一种向商店添加评论的方式，还支持定制主题等服务。不过，刷评论的方式并不是一个长久的好办法，尽量获得客户的真实评价才是王道。

5. 做市场研究并预测未来销售

如果有能力扩展产品线或添加新产品，那么卖家需要评估市场需求，看是否值得去做。可以通过关键字研究、地理验证和查看社交媒体趋势来实现这一目标。把产品设置成缺货或者预售状态，并查看有多少人会有购买的意向，也是一个好办法。如果卖家正在考虑销售三件商品中的一件，可以把所有产品都上线，然后把它们的状态设置成缺货，并查看哪些产品最受关注，选择关注度最高的进行销售。

（资料来源：https：//www.ikjzd.com/home/17480）

本章小结

本章主要介绍跨境电商的营销活动包括站内和站外，其中，店铺自主营销和平台活动是主要站内引流方式，如限时限量折扣、全店铺打折、店铺优惠券、满立减活动；站外营销也不容忽视，联盟营销推广、SNS 社交营销等。通过本章的学习，应学会跨境电商营销推广的基本运营技能。

知识测试与能力训练

一、选择题

1. 店铺自主营销有哪些活动形式？(　　)

A. 全店铺打折　　B. 店铺优惠券

C. 限时限量折扣　　D. 全店铺满立减

2. 关于满立减的设置时间，下面说法正确的是（　　）。

A. 没有时间限制　　B. 每个月有 3 个活动

C. 可以跨月设置　　D. 总时长为 720 个小时

3. Facebook 营销的发展特点包括（　　）。

A. 移动技术的发展　　B. 可视化网络的兴起

C. 人口统计　　D. 细化营销渠道

4. 限时限量活动可以实现哪些促销目的？(　　)

A. 清库存　　B. 推新款

C. 打造爆款　　D. 打造活动款

二、简答题

1. SNS 营销有哪些常见的形式？

2. 简述站内免费营销工具的种类。

三、实训题

1. 写一封营销邮件，首先感谢客户对本店铺一直以来的支持和对本店商品的喜欢，通知客户本店铺正在进行促销活动，时间自拟，并附上活动链接，提醒客户促销时间及商品数量有限请及时购买。

2. 在敦煌网账号中设置店铺自主促销活动。

第七章

跨境电商数据分析

学习目标

(1) 了解影响跨境电商平台产品排名的主要因素。
(2) 熟悉主要跨境电商平台数据分析工具。
(3) 掌握数据智囊的定义和操作流程。

素质目标

引入辩证唯物主义实践论的基本观点，用于实践、发现事物的内在联系，抓住事物现象的本质，掌握科学分析问题解决问题的辩证方法。

案例导入

数据分析在跨境电商中的作用

1. 选品

国内外消费者的需求及购物习惯不同，因此跨境电商的从业者第一个遇到的问题就是选品的问题。由于海外产品类目的建设不够完善，选品要用关键词数据，关键词数据可以反映出国外消费者的需求。

以 Wish 平台为例，搜索次数多代表需求旺盛，商品总数代表市场竞争情况，广告商品比例和出价是用来判断推广竞争情况的。通过关键词数据表，就可以快速锁定相关产品。如彩泥玩具（slime），推广的商品比例极少，运用国内的运营思维，通过广告打法可以快速占领市场。

2. 运营

运营是最离不开数据的。跨境电商与做淘宝、天猫一样，模块基本相同，包含整体分析、流量分析、客户分析模块等，从而得到店铺经营数据，如商品排行榜、订单分布情况、重点地域分析（可计算各个地域的盈亏情况）等。

数据采集难和指标少是跨境数据分析和运营的难点

谷歌趋势是一个非常好的平台，可以帮助国人了解全球的用户，但有许多需求还是要回到对应的平台本身。跨境电商的平台多，除了耳熟能详的大型平台外，还有许多平台，如Shopee、Shopify、执御、SheIn等。大的平台数据分析有一定的支持，防爬虫技术也很先进，如亚马逊。小平台的数据分析缺少支持，需要自行开发程序采集并分析，而且有些平台页面上不显示销量等核心指标。

随着跨境电商的发展，越来越多的人才涌入这个行业，数字化和智能化的全面变革将会在不久的将来改变跨境电商行业。或者说，数字化和智能化将改变所有行业。

案例思考

（1）影响跨境电商平台产品排名的主要因素有哪些？

（2）列举你知道的跨境电商平台分析工具。

第一节 跨境电商搜索排序基本原理

根据敦煌网平台的搜索数据统计，在产品水平同等的条件下，产品排序每提升一个名次就能提升3%～5%的曝光量，排序每提前一页，相应的曝光量将会增加300%以上。

所谓产品搜索排序规则，是指在电商平台买家通过搜索功能查找产品，这些产品的搜索结果会按照某种顺序展现出来，这种提供产品搜索结果、产品展示顺序的规则称为产品搜索排序规则，即产品排序规则。

一、产品排序的两大公式

对于跨境电商而言，流量是商家一切营销的目的，也是店铺得以长久发展的前提和基础。但并非所有的流量都是有价值的，有些流量不仅没有给店铺带来利润，还浪费了营销成本，得不偿失。于是，流量是要有质量的，如何提高引流质量，首先要理解以下两个重要的公式：

流量=曝光量×点击率

订单数=曝光量×点击率×转化率

从上述公式可以看出，要想引进流量，卖家需要努力提高自己商品的点击率；同时还要提高产品的转化率，即获取更多的订单。

如何增加产品的点击率和转化率呢？除了提升产品的质量、价格优势外，还应该熟悉平台产品排序规则，提高产品排名，增加曝光量，进而达到增加店铺流量和订单数的目的。

二、影响产品搜索排序的因素

（一）产品相关性

产品相关性是指产品与关键词或类目相匹配的程度。当用户搜索关键词或者类目时，会与产品的多项信息进行匹配，如标题、类目、长描、短描、属性等。所有可以被匹配到的结果都会出现在搜索列表页。匹配度越高的产品，得分也就越高，排序就会越靠前。这几项的相关度是相互关联的，即如果标题匹配，但短描不匹配，或者短描、详描匹配，而类目不匹配，得分就会受到影响。

商品的标题描述作为商品描述的主要信息项，是搜索匹配的关键因素。因此，建议卖家产品一定要上传至准确的类目，尽可能准确、全面地描述产品名称。例如搜索 wedding dress，在商品标题中有 wedding dress，则在搜索排序中就会有较高的得分。

这就需要卖家尽量完善产品的属性信息，确保每一个产品的属性都全面、准确，这对获取优质排名非常有帮助。例如搜索 pink phone shell，虽然在产品列表的描述没有 pink，但是在产品的属性有 pink，所以也会被搜索命中。

（二）产品质量

产品质量是指产品是否为优质商品。产品质量从根本上决定了买家是否会最终下单并成功支付。此项分数影响因素较多，主要有四个方面：产品销售额、产品转化率、产品价格、产品图片。

（1）产品销售额。产品销售额即产品的售出情况和金额，售出越多，分数越高。

（2）产品转化率。产品转化率是产品曝光后获得的点击和购买情况。转化率对新品尤其重要。

（3）产品价格。产品定价要合理，平台会从销售数据、同类商品市场价格等多方面来判断产品的价格是否合理。对于恶意压价和抬价的产品会予以减分。

（4）产品图片。对于产品图片，从数量和质量都会做判断，如果数量多，质量高，则图片并非越多越好，因此，在保证数量的同时一定要兼顾质量。

（三）服务质量

用户下单，主要依赖两个方面：一是产品的质量，二是卖家的服务质量。两者缺一不可。两者都很好，买家的重复购买率就会很高，缺少其中一个，都可能会导致订单的流失，因此，搜索排序非常关注卖家的服务质量。从以下几个角度来评判卖家的服务：

（1）重复购买率。重复购买包括在平台重复购买和在自己店铺重复购买。重复购买率越高，该项得分越高。

（2）好评率。好评率是指在店铺或者产品页面的 feedback。好评率越高，该项得分越高。

（3）纠纷率。纠纷率是指买家与卖家发生纠纷的次数。平台纠纷、协议纠纷、售后纠纷都在考量范围内，纠纷率越低，该项得分越高。

（4）退款率。退款率与纠纷率基本相同。每一次的退款都会被考察，由于卖家原因导致的退款影响很大。

（5）卖家等级。优秀商户和顶级商户在搜索排序中有一定优势。

（四）投放曝光系统

投放产品曝光系统，可以获得一定的加分。

（五）降权惩罚

搜索中，确立了明确的惩罚制度，最直接的表现就是搜索降权、扣分。例如在敦煌网，扣分会被应用到所有违反规定的地方，扣分项主要包括乱放类目、堆砌关键词、发布重复产品、恶意调高调低价格、新品连续退款退货等。

拓展阅读

2024年阿里巴巴排名最新规则

1. 内容质量

2024年，阿里巴巴将更加注重内容质量，对于虚假、抄袭、低质量的内容将进行严厉处罚。优质的内容将更容易获得排名优势。

2. 用户体验

用户体验是衡量排名的重要因素。2024年，阿里巴巴将重点关注页面加载速度、页面设计、售后服务等方面，提升用户体验。

3. 商品质量

商品质量是电商平台的核心竞争力。2024年，阿里巴巴将加大对商品质量的监管力度，对假冒伪劣、质量低劣的商品进行严惩。

4. 商家信誉

商家信誉是消费者在选择商品时的重要参考。2024年，阿里巴巴将更加关注商家的信誉，对有违规记录的商家进行限制。

5. 数据分析

数据分析能力成为2024年阿里巴巴排名的关键因素。商家需善于运用数据分析，优化商品、页面、推广等方面，提升排名。

6. 社交传播

社交传播能力对排名有重要影响。2024年，阿里巴巴将鼓励商家通过社交媒体、短视频等渠道进行品牌推广，提高品牌知名度。

（案例来源：https：//www. 5niang. com/article/16137. html ）

第二节 跨境电商数据分析

所谓数据分析，是指有针对性地收集、加工、整理数据，并采用统计、挖掘技术分析和解释数据的科学和艺术。

跨境电商平台入驻不同类型、不同等级的卖家，每家店铺具有不同的规模，制定合适的目标、做好定位很重要。跨境电商数据分析分为两大部分：行业分析选品和店铺商品分析。第一部分可以帮助店铺选好行业、选好产品，让店铺发展起来；第二部分是根据繁多的指标，对店铺和产品开展优化工作和营销活动，为店铺的成长提供动力。下面以敦煌网为例介绍如何利用平台上的信息和数据来指导运营操作。

一、数据智囊概述

数据智囊是敦煌网为卖家量身打造的数据展示和分析工具，可帮助卖家实时监控店铺经营指标数据，多维解析行业发展趋势，深入分析买家的购买行为，时刻更新买家最新搜索习惯等。目前，平台已上线数据智囊二期，主要实现了店铺概况、流量及交易数据走势、统计列表、各级类目行业排名、产品排名和数据导出功能，增值卖家增加了流量分析、我的买家热搜词追踪功能。

首先，店铺买家分析主要实现了国家分布、购买频次、消费能力分布功能。

其次，行业概况分析主要实现了行业概况、流量及交易数据走势、各级类目排名、店铺排名和产品排名功能。

最后，关键词分析的对象包含店铺引流关键词、平台热搜及飙升关键词。

二、数据智囊的功能

数据智囊目前包含三大功能：商铺解析、行业动态和搜索词追踪。不同的板块对应不同的功能，具体见表 7-1。

表 7-1 数据智囊三大功能

项目	商铺解析					行业动态		搜索词追踪	
	商铺概况	产品分析	产品详情	流量分析	我的买家	行业概况	我的买家	行业搜索词	引流搜索词
综合版	√	√	√	√	√	√	√	√	√
基础版	√	√							
商铺解析			√	√	√				
行业动态						√	√		
搜索词追踪								√	√

（一）商铺解析

商铺解析是数据智囊重要的功能之一。为了能让卖家更细致地了解店铺和产品的流量情况，2015 年平台对该功能做了重点优化。优化后的商铺解析分别从店铺整体、单个产品的角度，展示流量、买家、成交等环节的经营状况，帮助卖家了解自身店铺营销情况和存在的问题，进而不断优化流量渠道投放，调整产品结构，使得店铺处于健康发展的轨道。商铺解析的具体功能包括商铺概况、产品分析、产品详情、流量分析和我的买家。

1. 商铺概况

商铺概况显示本商铺的流量、成交等基础数据的分析，帮助卖家了解商铺整体的运营情况，如图 7-1 所示。

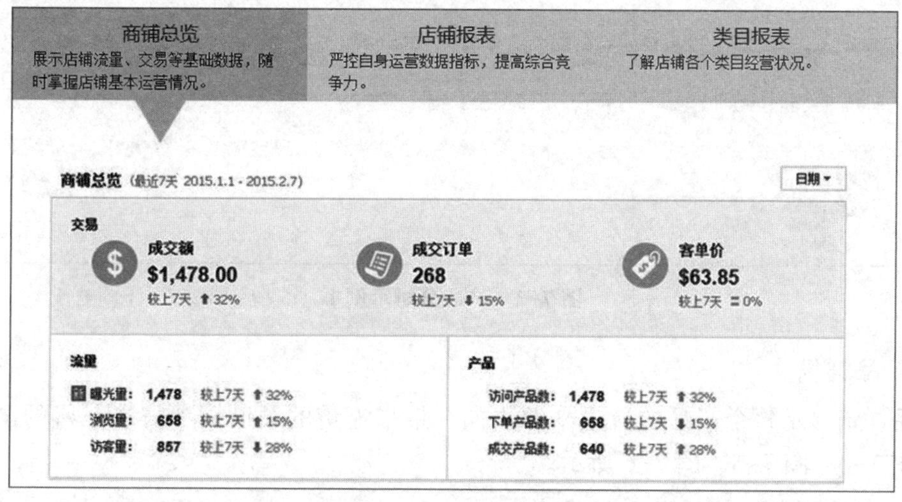

图 7-1　商铺概况分析示例

卖家可以在商铺详细数据功能选择近 7 天或者近 30 天的数据，查看每天店铺整体运营的情况，并支持下载，如图 7-2 所示。

商铺详细数据 (最近7天 2019.1.1 - 2019.2.7) 下载数据　日期▾　指标▾

时间	浏览量	成交量	成交金额	下单量	客单价	成交人数
2019-01-21	520	45	$58,126	36	$546.23	23
2019-01-21	520	45	$58,126	36	$546.23	23
2019-01-21	520	45	$58,126	36	$546.23	23
2019-01-21	520	45	$58,126	36	$546.23	23
2019-01-21	520	45	$58,126	36	$546.23	23
2019-01-21	520	45	$58,126	36	$546.23	23
2019-01-21	520	45	$58,126	36	$546.23	23

共有7条记录　«上一页 1 2 3 4 5 6 7 8 ... 15 下一页»　到　页　确定

图 7-2　商铺详细数据示例

2. 产品分析

产品分析显示本店铺所有产品的流量、交易等基础数据，帮助卖家了解每个产品的经营情况，并可以将当前页的产品信息导出，如图 7-3 所示。

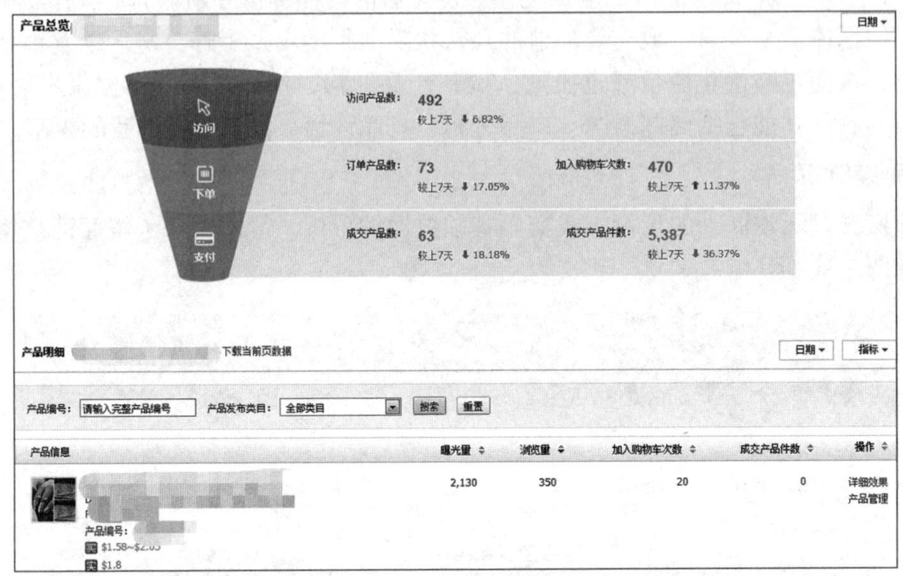

图 7-3　产品分析示例 1

3. 产品详情

产品详情显示每个产品的流量来源去向、带来流量的关键词和需求旺盛的国家或地区，如图 7-4、图 7-5、图 7-6 所示。

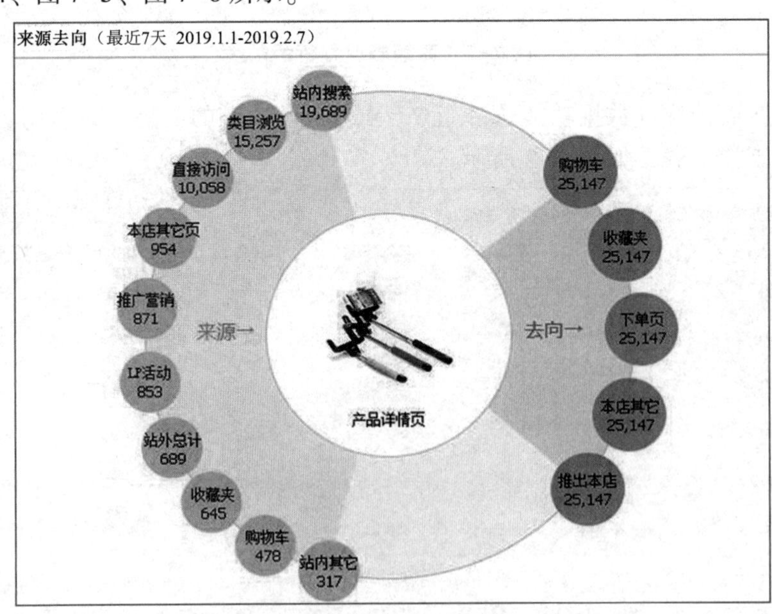

图 7-4　产品分析示例 2

曝光关键词TOP5　浏览关键词TOP5

(最近7天 2019.1.1 - 2019.2.7)

关键词	曝光量
iPhone 6 plus	458
iPhone 6	436
iPhone 5s	306
iPhone5 headphones	214
iPhone 5 charger usb	128

图 7-5　Top 关键词分析示例图

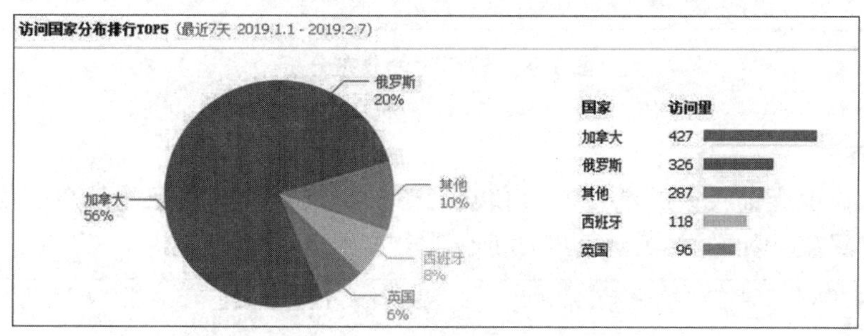

图 7-6　需求旺盛国家分析

4. 流量分析

流量分析显示整个店铺的流量来源与去向、店铺卖家访问和下单的高峰时间，以及买家的地域分布，如图 7-7、图 7-8 所示。

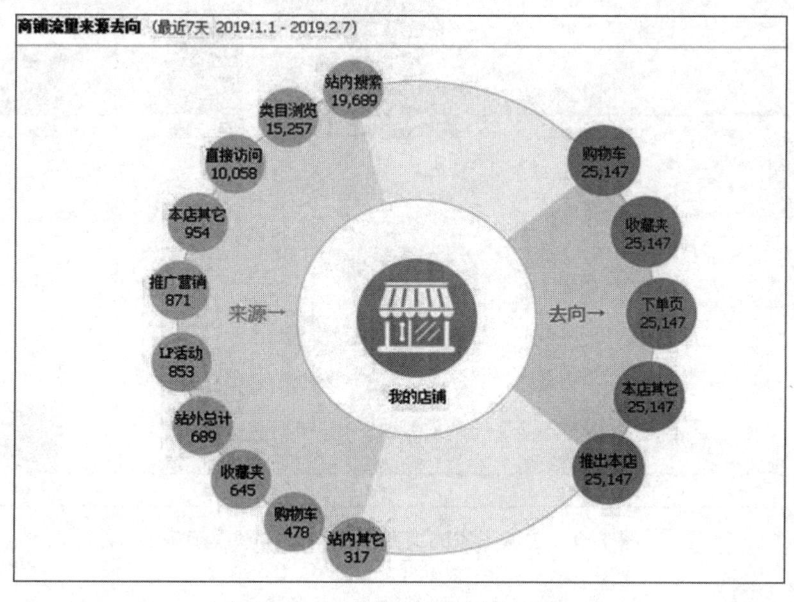

图 7-7　店铺流量来源去向示例

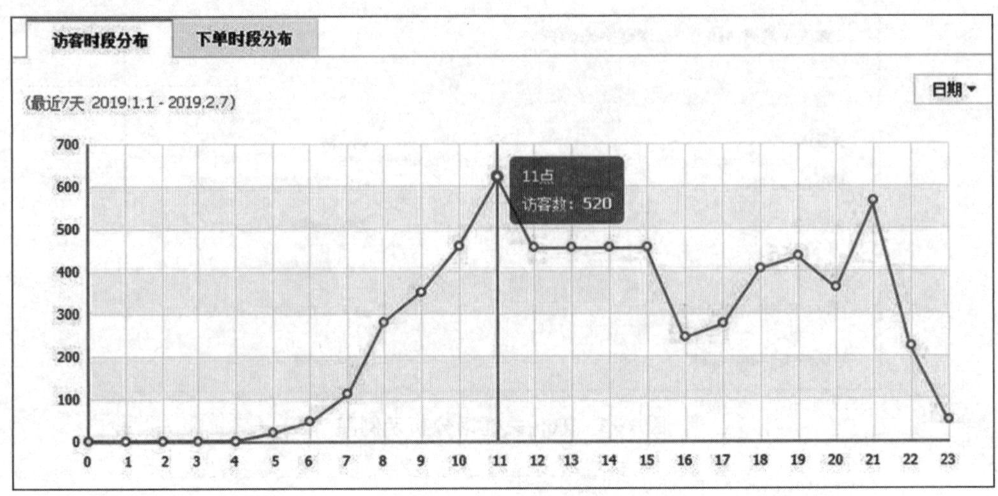

图 7-8　访客时段分布分析

5. 我的买家

我的买家显示店铺买家的消费能力和购买频次，以及重点买家的信息。卖家可以安排客服维护重点买家，如图 7-9、图 7-10 所示。

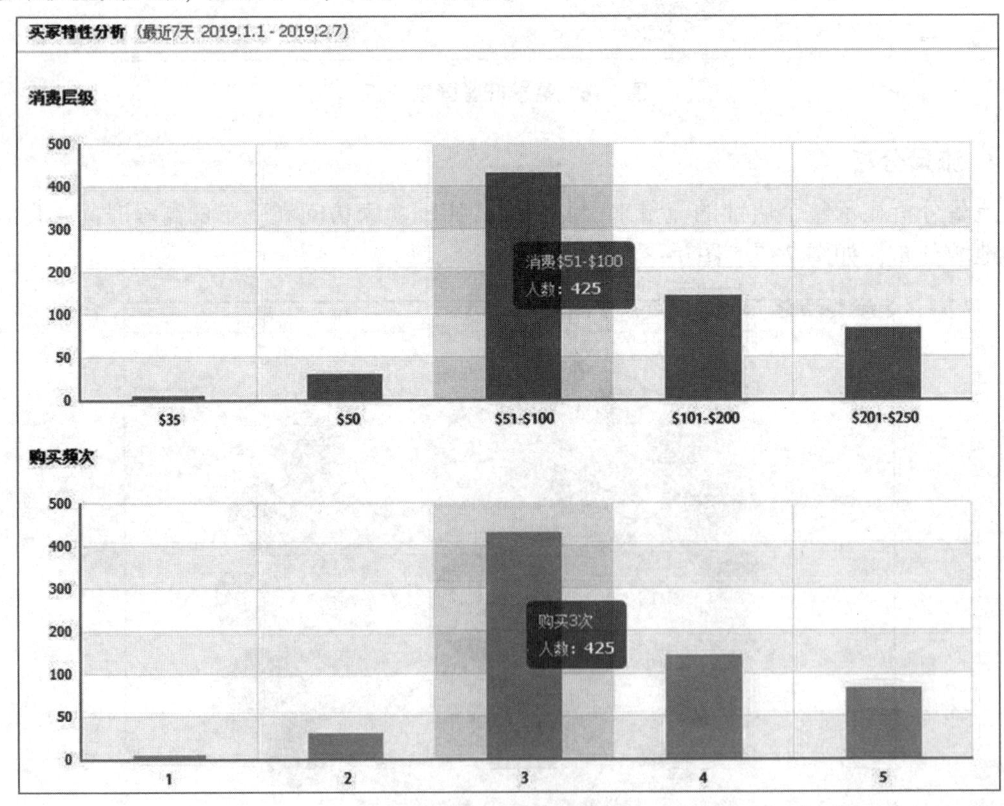

图 7-9　店铺买家的消费能力和购买频次示例

买家TOP10（最近7天 2019.1.1 - 2019.2.7）

买家信息	所属国家	交易金额	下单量
Noelia NK	加拿大	$12440.58	20
Mr right	俄罗斯	$10358.98	18
Hello vick	美国	$9857.00	17
zy521hh	英国	$9525.00	15
Mr right	巴西	$8128.55	12
Hello vick	法国	$7568.94	9
zy521hh	美国	$6970.00	8
Mr right	美国	$6510.25	6
Mr right	法国	$5896.00	3
Hello vick	加拿大	$5525.85	2

图 7-10　重点买家的信息示例

（二）行业动态

行业动态能展示出所有类目的流量、买家和成交金额数据，以及行业内优秀卖家的店铺数据，帮助卖家了解所在行业的发展趋势，同时还能了解到不同行业的买家消费能力和消费习惯，帮助卖家挖掘国外买家的购买习惯和规律。行业动态主要包含行业概况和买家情报两个板块，如图 7-11、图 7-12 所示。

图 7-11　行业概况示例

行业排名

类目排名　商铺排名　产品排名

产品浏览量指数
产品浏览量指数
成交量指数
成交金额指数
成交人数指数
竞争力
上架商品数量

序号	类目名称	产品浏览量占比	产
1		47.30%	
2		20.30%	1.48% ↑
3		17.96%	4.13% ↓
4		9.34%	5.11% ↓
5		1.79%	2.19% ↓
6		1.41%	13.18% ↑
7		1.26%	9.87% ↑
8		0.48%	11.43% ↓
9		0.15%	41.92% ↓

图 7-12　行业排名示例

1. 行业概况

行业概况显示每个类目的流量、买家和成交金额的数据，以帮助卖家了解行业的最新动态。

2. 买家情报

买家情报通过买家国家分布、消费能力等数据，展示买家的消费习惯，有利于提高买家的重复购买率，如图 7-13 所示。

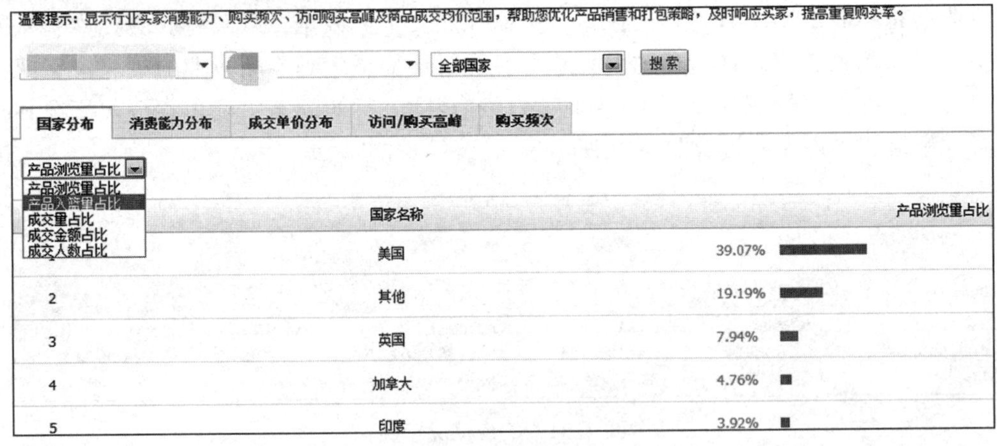

图 7-13　买家情报示例

（三）搜索词追踪

搜索词追踪分别从整个行业和自身店铺的角度，为卖家深度呈现买家喜欢的搜索词情况，每周更新一次。该功能分为行业搜索词和引流搜索词。

1. 行业搜索词

行业搜索词展示热搜词和飙升词，可以按照类目、国家、日期来查询，并可以导出，如图 7–14 所示。

搜索词：　时间：　国家：
行业：　搜索　重置
热搜词　飙升词
搜索次数变化次数指数化的结果。
导出数据

热搜关键词	搜索热度	搜索人气	热度变化	点击量	平台产品数	国家(TOP3)
2019 Wedding Dresses	12910	2210	3610↑	7856	354976	US,BW,CA
2019	8092	1146	11716↓	3554	3818985	US,CA,AU
printed	8082	3248	8074↑	2666	1187533	US,CA,UK
plus size wedding dresses	7334	952	5776↑	5362	43781	US,ZA,CA
Party Decoration	4974	1804	3758↑	2858	143648	US,IN,AU
new	4288	2256	4280↑	1856	7643578	US,UK,IN

图 7–14　行业搜索词示例

2. 引流搜索词

引流搜索词显示分别为店铺带来曝光、浏览的关键词，帮助卖家了解店铺内产品标题所需的重点关键词，如图 7–15 所示。

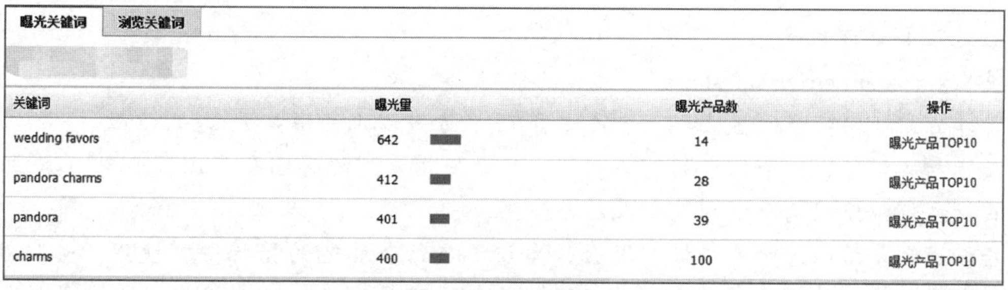

曝光关键词　浏览关键词

关键词	曝光量	曝光产品数	操作
wedding favors	642	14	曝光产品TOP10
pandora charms	412	28	曝光产品TOP10
pandora	401	39	曝光产品TOP10
charms	400	100	曝光产品TOP10

图 7–15　引流搜索词示例

拓展阅读

跨境电子商务网站数据分析指标

一、网站分析的内容指标

1. 转换率

英文：take rates（conversions rates）。

计算公式：转换率=进行了相应动作的访问量÷总访问量。

指标意义：衡量网站内容对访问者的吸引程度及网站的宣传效果。

指标用法：当在不同的地方测试新闻订阅、下载链接或注册会员时，可以使用不同的链接的名称、订阅的方式、广告的放置、付费搜索链接、付费广告等，看哪种方式是能够保持转换率上升，以及如何增强来访者和网站内容的相关性。如果该值上升，说明相关性增强；反之，则减弱。

2. 回访者比率

英文：repeat visitor share。

计算公式：回访者比率=回访者数÷独立访问者数。

指标意义：衡量网站内容对访问者的吸引程度和网站的实用性，是否有令人感兴趣的内容促使访问者再次回到卖家网站。

指标用法：基于访问时长的设定和产生报告的时间段，该指标可能会有很大的不同。绝大多数的网站都希望访问者回访，因此都希望该值不断提高，如果该值在下降，说明网站的内容或产品的质量没有加强。需要注意的是，一旦选定了一个时长和时间段，就要使用相同的参数来产生报告，否则就失去了比较的意义。

3. 积极访问者比率

英文：heavy user share。

计算公式：积极访问者比率=访问超过11页的用户/总的访问数。

指标意义：衡量有多少访问者对网站的内容有高度的兴趣。

指标用法：如果网站针对正确的目标受众，并且网站使用方便，可以看到该指标在不断地上升。如果网站是内容型的，可以针对不同类别的内容来区分不同的积极访问者，当然也可以定义访问20页以上的才算是积极的访问者。

4. 忠实访问者比率

英文：committed visitor share。

计算公式：忠实访问者比率=访问时间在19分钟以上的用户数/总用户数。

指标意义：与上一个指标的意义相同，只是使用停留的时间取代浏览页数，取决于网站的目标，可以使用两个中的一个或结合使用。

指标用法：访问者时长指标有很大的争议，应结合其他的指标一起使用，如转换率。但总体来说，较长的访问时长意味着用户喜欢待在网站，高的忠实访问率当然是较好的。同理，访问时长也可以根据不同的需要自行设定。

5. 忠实访问者指数

英文：cmmitted visitor idex。

计算公式：忠实访问者指数=大于19分钟的访问页数÷大于19分钟的访问者数。

指标意义：指的是每个长时间访问者的平均访问页数。这是一个重要的指标，它结合了页数和时间。

指标用法：如果该指数较低，意味着有较长的访问时间，但是有较低的访问页面。通常希望看到该指数有较高的值，如果卖家修改了网站，增加了网站的功能和资料，吸引更多的忠实访问者留在网站并浏览内容，该指数就会上升。

6. 忠实访问者量

英文：committed visitor volume。

计算公式：忠实访问者量=大于19分钟的访问页数÷总的访问页数。

指标意义：长时间的访问者所访问的页面占所有访问页面的量。

指标用法：对于一个靠广告驱动的网站，该指标尤其值得注意，因为它代表了总体的页面访问质量。如果网站有10 000的访问页数却仅有1%的忠实访问者率，这意味着卖家可能吸引了错误的访问者，这些访问者没有太大的价值，他们仅仅看一眼网页就离开了。这时应该考虑广告的词语是否令人产生了误解。

7. 访问者参与指数

英文：visitor engagement index。

计算公式：访问者参与指数=总访问数/独立访问者数。

指标意义：该指标是每个访问者的平均会话（session），代表着部分访问者的多次访问的趋势。

指标用法：与回访者比率不同，该指标代表回访者的强烈度，如果有一个非常正确的目标受众不断地回访网站，该指数将大大高于1；如果没有回访者，指数将趋近于1，意味着每一个访问者都有一个新的会话。该指数的高低取决于网站的目标，大部分内容型和商业性的网站都希望每个访问者在每周/每月有多个会话（session）；客户服务尤其是投诉等页面或网站则希望该指数尽可能地接近于1。

8. 回弹率（所有页面）

英文：reject rate/bounce rate。

计算公式：回弹率（所有页面）=单页面访问数÷总访问数。

指标意义：代表访问者仅看了一页的比率。

指标用法：该指标对于最高的进入页面有很重要的意义，因为流量就是从这些页面中产生的，当卖家对网站的导航或布局设计进行调整时尤其要注意到该指标。卖家是希望该指标在不断地下降。

9. 回弹率（首页）

英文：reject rate/bounce rate。

计算公式：回弹率（首页）=仅仅访问首页的访问数÷所有从首页开始的访问数。

指标意义：该指标代表所有从首页开始的访问者中仅仅看了首页的访问者比率。

指标用法：该指标是所有内容型指标中最重要的一个，通常人们认为首页是最高先的进入页面。对任意一个网站，可以想象，如果访问者对首页或最常见的进入页面都是一掠而过，说明网站在某一方面有问题。如果针对的目标市场是正确的，说明访问者不能找到他想要的东西，或者是网页的设计有问题（包括页面布局、网速、链接的文字等）；如果网站设计是可行易用的，网站的内容也可以很容易地找到，那么问题可能出在访问者的质量上，即市场问题。

10. 浏览用户比率

英文：scanning visitor share。

计算公式：浏览用户比率=少于1分钟的访问者数÷总访问数。

指标意义：该指标在一定程度上用于衡量网页的吸引程度。

指标用法：大部分的网站都希望访问者停留时间超过1分钟，如果该指标的值太高，那么就应该考虑网页的内容是否过于简单、网站的导航菜单是否需要改进。

11. 浏览用户指数

英文：scanning visitor index。

计算公式：浏览用户指数=少于1分钟的访问页面数÷少于1分钟的访问者数。

指标意义：1分钟内访问者的平均访问页数。

指标用法：该指数越接近于1，说明访问者对网站越没兴趣，仅仅是瞄一眼就离开。这也许是导航的问题，如果对导航系统进行了显著的改进，应该可以看到该指数在上升；如果指数还是下降，应该是网站的目标市场及使用功能有问题，应着手解决。结合浏览用户比率和浏览用户指数，可以看出用户是在浏览有用的信息还是厌烦而离开。

12. 浏览用户量

英文：scanning visitor volume。

计算公式：浏览用户量=少于1分钟的浏览页数÷所有浏览页数。

指标意义：在1分钟内完成的访问页面数的比率。

指标用法：根据网站的目标的不同，对该指标的高低有不同的要求，大部分的网站希望该指标降低。如果是搞广告驱动的网站，该指标太高对于长期的目标是不利的，因为这意味着尽管通过广告吸引了许多的访问者，产生很高的访问页数，但是访问者的质量却是不高的，所能带来的收益也就会受到影响。

二、网站分析的商业指标

1. 平均订货额

英文：average order amount（AOA）。

计算公式：平均订货额=总销售额÷总订货数。

指标意义：用来衡量网站的销售状况。

指标用法：将网站的访问者转化为买家当然是很重要的，同样重要的是激励买家在每次访问时购买更多的产品。跟踪该指标可以找到更好的改进方法。

2. 转化率

英文：conversion rate（CR）。

计算公式：转化率=总订货数÷总访问量。

指标意义：这是一个比较重要的指标，用于衡量网站对每个访问者的销售情况。

指标用法：通过该指标可以看到即使一些微小的变化都可能给网站的收入带来巨大的变化。如果网站还能够区分出新、旧访问者所产生的订单，那么就可以细化该指标，对新、旧客户进行分别的统计。

3. 每访问者销售额

英文：sales per visit（SPV）。

计算公式：每访问者销售额=总销售额÷总访问数。

指标意义：用来衡量网站的市场效率。

指标用法：该指标与转化率差不多，只是表现形式不同。

4. 单笔订单成本

英文：cost per order（CPO）。

计算公式：单笔订单成本=总的市场营销开支÷总订货数。

指标意义：衡量平均的订货成本。

指标用法：每笔订单的营销成本对于网站的盈利和现金流都是非常关键的。营销成本的计算有不同的标准，有些把全年的网站营运费用摊到每月的成本中，有些则不这么做。如果能够在不增加市场营销成本的情况下提高转化率，该指标就会下降。

5. 再订货率

英文：repeat order rate（ROR）。

计算公式：再订货率=现有客户订单数÷总订单数。

指标意义：用来衡量网站对客户的吸引力。

指标用法：该指标的高低与客户服务有很大的关系，只有满意的用户产品体验和服务才能提高该指标。

6. 单个访问者成本

英文：cost per visit（CPV）。

计算公式：单个访问者成本=市场营销费用÷总访问数。

指标意义：用来衡量网站的流量成本。

指标用法：该指标衡量的是市场效率，目标是要降低该指标而提高 SPV，为此要将无效的市场营销费用削减，增加有效的市场营销投入。

7. 订单获取差额

英文：order acquisition gap（OAG）。

计算公式：订单获取差额=单个访问者成本（CPV）-单笔订单成本（CPO）。

指标意义：这是一个衡量市场效率的指标，代表网站所带来的访问者和转化的访问者之间的差异。

指标用法：该指标的值应是一个负值，用于测量从非访问者中获得客户的成本。有两种方法来降低该差额：当增强了网站的销售能力，CPO 就会下降，该差额就会缩小，说明网站转化现有流量的能力得到了加强。同理，CPV 可能升高而 CPO 保持不变或降低，该差额也会缩小，表明网站所吸引的流量都具有较高的转化率，这种情形通常发生在启用了点击付费（pay per click，PPC）计划时。

8. 订单获取率

英文：order acquisition ratio（OAR）。

计算公式：订单获取率=单笔订单成本（CPO）÷单个访问者成本（CPV）。

指标意义：用另一种形式来体现市场效率。

指标用法：用比率的形式往往比较容易为管理阶层所理解，尤其是财务人员。

9. 每笔产出

英文：contribution per order（CON）。

计算公式：每笔产出=（平均订货数×平均边际收益）-每笔订单成本。

指标意义：每笔订单给卖家带来的现金增加净值。

指标用法：公司的财务总监总是对该指标感兴趣，代表花了多少钱来赚多少钱。

10. 投资回报率

英文：return on investment（ROI）。

计算公式：投资回报率=每笔产出（CON）÷每笔订单成本（CPO）。

指标意义：用来衡量广告的投资回报。

指标用法：比较广告的回报率，应该把资金分配给有最高回报率的广告，但是回报率应当要有时间段的限制，如“25% RIO/周”和“25% RIO/年”是有很大的差别的。

本章小结

本章主要介绍了平台产品排序规则、排序影响因素。以敦煌网为例，讲解跨境电商中主要数据挖掘和分析工具及功能，如在数据智囊中，卖家可以借助店铺、行业、搜索词等分析工具掌握店铺经营状况，进而制订相应的方案，调整产品策略，优化店铺经营。

知识测试与能力训练

一、选择题

1.（　　）是指用适当的统计分析方法对收集来的大量数据进行分析，提取有用的信息和形成结论，而对数据加以详细研究和概括总结的过程。

A. 数据分析　　B. 数据采集

C. 数据管理　　D. 过程改进

2. 相对于传统外贸行业来说，跨境电商最大的特点就是一切都可以通过（　　）来监控和改进。

A. 数据化　　B. 结构化

C. 层次化　　D. 信息化

3.（　　）是指在统计周期内平均每个访客所浏览的页面量。

A. 页面访问时长　　B. 跳出率

C. 人均页面浏览量　　D. 页面浏览量

4. 搜索排序的影响因素有（　　）。

A. 商品信息描述的质量

B. 商品与买家搜索需求的相关性

C. 商品的转化率

D. 卖家的销售能力

5. 依据敦煌网平台的搜索数据统计，在产品水平同等的条件下，产品排序每提升一个名次就能提升（　　）的曝光率，排序每提前一页，相应的曝光量将会增加(　　)以上。

A. 2%～3%；200%　　　　B. 3%～5%；300%

C. 3%～5%；200%　　　　D. 2%～3%；300%

6. 会遭到敦煌网的降权惩罚的行为有（　　）。

A. 发布重复产品　　　　B. 乱放类目

C. 堆砌关键词　　　　D. 恶意调高或调低价格

二、实训题

在敦煌网后台利用数据智囊进行女包、背包、钱包三种产品的最近 30 天的行业趋势对比。

第八章

跨境电商的视觉美工

学习目标

（1）掌握商品图拍摄流程、技巧。
（2）掌握店铺装潢的具体操作。
（3）掌握商品详情页的基本框架、制作要点。

素质目标

通过实践环节培养认真、严谨、细致、一丝不苟的工作作风，引导学生遵守职业道德，弘扬工匠精神。

案例导入

身处“颜值”时代，吃饭聚餐都变成了朋友圈的“晒图”大赛，一张张精致的图片配上一段精美的文字能够获赞无数。同理，图片对跨境电商卖家的重要性也不言而喻。一张富有视觉冲击力的图片能够吸引消费者驻足点击，甚至形成购买行为，在同样的产品中出类拔萃。

那么，对跨境电商卖家而言，怎么判断产品的图片是否优质？如何才能让产品图片富有视觉冲击力？

从电商的角度来讲，产品图片有两类：引流图和商品图。引流图一般居于平台的首页，如果要吸引人点击，就要有视觉冲击力。例如图片的背景需要有户外的景色衬托，而不是纯白色的背景，吸引买家进入店铺。产品图以突出产品特色为主。例如一幅产品图中，模特身上既穿了衣服，又撑了一把伞，脚上还穿了一双雨鞋，这三件产品，放在一起没有侧重点。假设是卖鞋，就要考虑选择一张能够一眼看出在卖鞋的照片。

什么类型的产品图片转化率会比较高？以客户为例，他们对图片的要求首先是不能失真，其次要拍出高级感，如果拍摄出来的图片与产品实际的样子相差过大，容易导致退货。

倘若卖家想要自己拍摄产品图片，需要具备哪些条件？若没有拍摄条件，怎么选择优质的图片？首先得有场地；其次是拍摄设备。如果卖家暂时没有条件邀请摄影师拍摄，建议购买国产器材（包括灯光等），通常国外的器材价格会比较高。

（资料来源：https：//www. sohu. com/a/326120464_ 115514）

案例思考：

（1）跨境电商平台对产品图片的要求一般包括哪些？

（2）跨境电商美工与国内电商美工有区别吗？

第一节　产品图片拍摄及后期处理

对于跨境电商而言，视觉美工的关键在于产品图片的拍摄与处理、店铺装修与优化、产品详情页的打造等方面，需要充分利用视觉冲击、色彩搭配、页面布局等来吸引消费者，从而促进交易。

一、产品图片拍摄

限于网购的特殊性，买家无法接触到商品实物，于是产品图片成为最直观反映商品的媒介，其品质直接影响买家对产品的印象及购买欲望。卖家结合文字说明，多角度、全细节拍摄一系列图片来展示产品，可以达到图文并茂的效果，进而弥补买家无法触及实物的局限性。

拍出商品图片是一个系统的过程，要经历拍摄前的准备、开始拍摄两个步骤。

（一）拍摄前的准备

1. 产品拍摄要点分析

任何产品都有其自身的商业价值，产品卖点的良好呈现能马上让买家了解其价值。因此，在拍摄前首先要计划拍出产品的哪些特点、以什么方式呈现，换位思考买家的关注点在哪里，还要注意产品图的风格一致性等问题。

2. 拍摄工具与场地

确定好产品的拍摄要点后，就需要选择相机、拍摄环境、灯光和道具，有效地呈现产品的特点。应综合考虑拍摄要求、经济条件和对拍摄知识的了解程度选择拍摄器材，如果追求高质量、专业性强的拍摄效果，建议选用单反相机，因为单反相机的可操作性、成像效果都比普通卡片机或手机有明显的优势。

拍摄环境可以分为室外自然环境、室内自然环境和室内摄影棚。不同的拍摄环境各有优势，拍摄环境的选择取决于拍摄时的光线条件，以及产品的大小、材质和预期效果等。

另外，对拍摄所需要的背景布、衬托物和辅助道具，也需要在拍摄前作好相应的准备。不同的产品拍摄，场景搭建有所不同，如小而精的产品拍摄可以使用静物台搭配灯箱，中型或大件的产品拍摄可以搭建背景幕布，服装类目的产品则可以选择模特场景实拍等，如图 8-1、图 8-2 所示。

图 8-1　静物台拍摄产品

图 8-2　搭建幕布拍摄产品

3. 产品图风格定位

确定产品图的拍摄风格，首先要从产品本身出发，考虑最终的消费者群体（包括民族文化、年龄特点、消费能力、价值观、审美观等方面），最终确定拍摄的背景、整体风格及模特道具的选用。同时，产品图片还要强调与其他同类产品的差异性，如果能从视觉上体现产品的与众不同，则更具有竞争优势。

目前，各大跨境电商平台产品图主要的拍摄风格如下。

（1）简洁风格：纯色背景，整体效果干净明快，能突出产品本身。

（2）时尚风格：在服饰、箱包、饰品等类目中最为常见，一般以时尚性感的模特加上适当的背景来体现产品的时尚感。

（3）情景创意风格：主要将产品置于一个特定的环境中，或对产品进行有创意的摆放，添加陪衬物营造氛围，从而凸显产品的商业价值。

如果对产品风格很难界定，可以先调研同类产品（销量最多或人气排名较高的产品）的拍摄风格作为参考。

（二）开始拍摄

1. 常用布光方法

（1）正面两侧布光。正面两侧布光的特点是正面投射出来的光全面、均衡，商品表面展示全面、不会有暗角，是商品拍摄中最常用的布光方法，如图 8-3 所示。

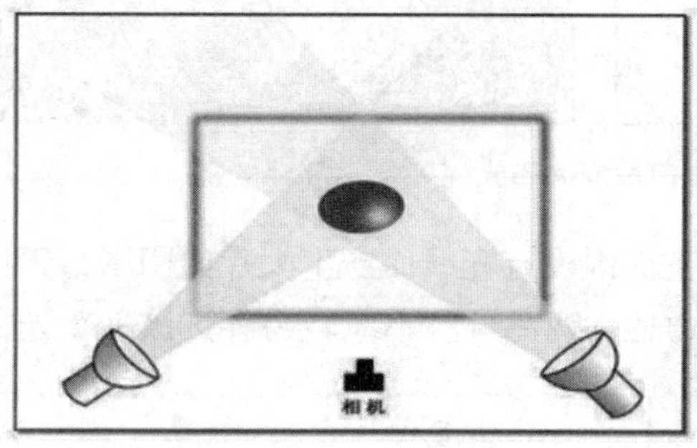

图 8-3　正面两侧布光

（2）两侧 45°布光。两侧 45°布光使商品的顶部受光，正面没有完全受光，适用于拍摄外形扁平的小产品，不适用于拍摄立体感较强且有一定高度的产品，如图 8-4 所示。

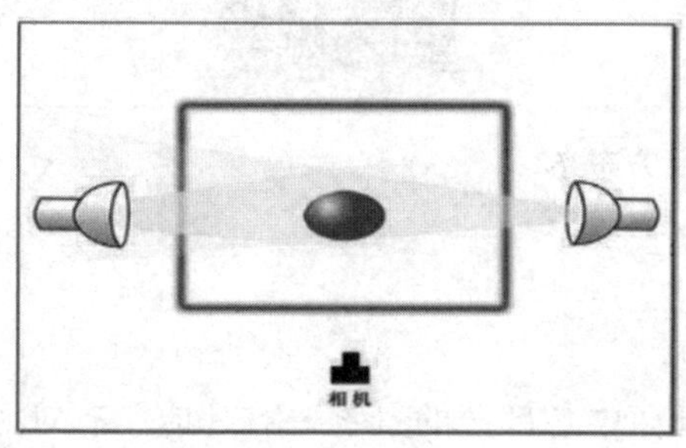

图 8-4　两侧 45°布光

（3）不均衡布光。不均衡布光中，商品一侧出现阴影，底部投影很深，商品表面细节元素得以呈现，由于减少了环境光线，增加了拍摄的难度，如图 8-5 所示。

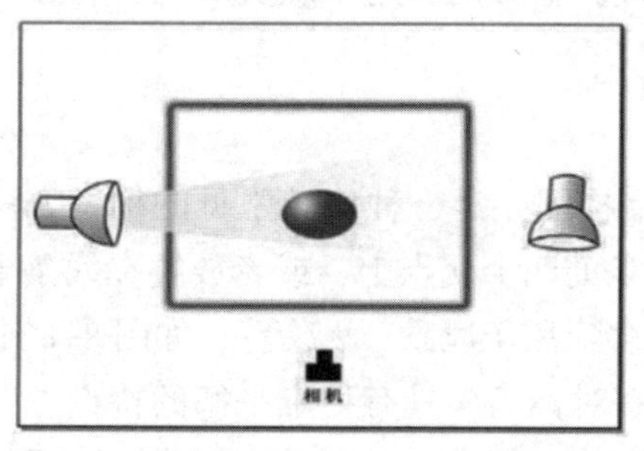

图 8-5　不均衡布光

（4）前后交叉布光。从商品后侧打光可以表现出表面的层次感，表现出商品的层次和细节，如图 8-6 所示。

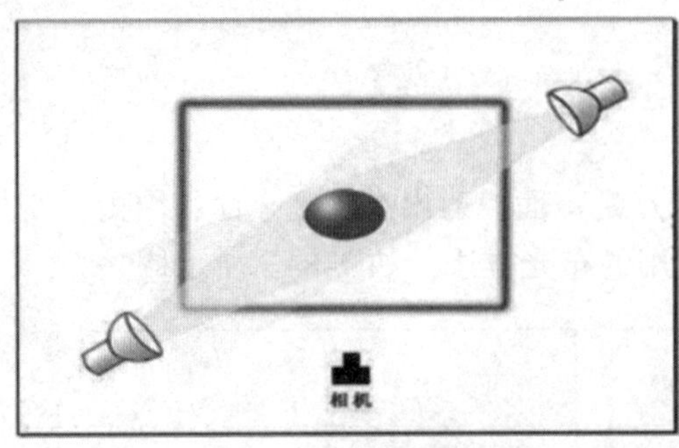

图 8-6　前后交叉布光

（5）后方布光。后方布光中，商品的正面因没有光线而产生大片的阴影，无法看出商品的全貌，如图 8-7 所示。因此，除拍摄通透性商品外，不应轻易尝试该种布光方式。

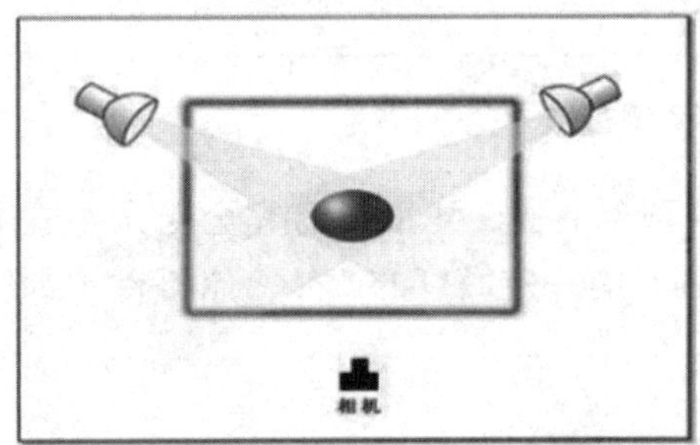

图 8-7　后方布光

2. 摄影构图的要点

摄影构图的画面设计应注重构图的平衡美。

（1）对称和均衡的运用。结构均衡是指画面中各部分的景物要有呼应、有对照，达到平衡和稳定。画面结构的均衡除了大小、轻重外，还包括明暗、线条、空间等。

（2）构图中的主次关系。设计画面时，要注意主体和陪衬物的关系、主要人物和次要人物的关系、人物与背景的关系。

（3）构图中黄金分割的运用。构图时，可将黄金分割应用于虚实对比、动静对比、大小对比中。

3. 摄影构图方法

（1）三分法构图。三分法构图也称为九宫格构图，是一种比较常见的构图方法，一般用两横两竖将画面均分，使用时将主体放置在线条的四个交点上，或者放置在线条上。大部分相机上都直接配备该构图辅助线，应用广泛，多应用于风景、人像等，如图 8-8 所示。

（2）对称式构图。对称包括上下对称、左右对称等，具有稳定平衡的特点。在建筑摄影中，对称式构图可表现建筑设计的平衡、稳定性。对称式构图广泛应用于镜面倒影中，表达出唯美的意境，如图 8-9 所示。

图 8-8　三分法构图

图 8-9　对称式构图

（3）框架式构图。框架式构图是选择一个框架作为画面的前景，将观众的视线引导到拍摄主体上，从而突出主体，如图 8-10 所示。框架式构图会形成纵深感，使画面更加立体直观，更有视觉冲击，也让主体与环境相呼应。常用门窗、树叶间隙、网状物等作为框架。

图 8-10　框架式构图

（4）对角线构图。对角线构图使图片富有动态张力，更加活泼，如图 8-11 所示。将主体产品安排在画面的对角线上，会有更好的纵深效果和立体效果。

图 8-11　对角线构图

4. 摄影角度

（1）平摄。平摄是指机位跟被摄主体大致在一个平行线上，这种角度接近人的用眼习惯。平视构图的主要特点是透视效果好，不易产生变形，会相对真实地还原产品的形态，如图 8-12 所示。在拍摄物体时，要先观察一下被拍摄主体是正面还是侧面好看，然后再确定角度进行拍摄。

图 8-12　平摄

（2）仰摄。仰摄是从下往上进行低角度拍摄，被拍摄的主体高于相机机位，以这种角度拍出的照片具有很强的视觉冲击力，可以很好地表现出被拍摄物体的高大，如图8-13所示。低角度拍摄可以使环境变得干净，更容易在拍摄时突出主体，如灯饰拍摄。

图 8-13　仰摄

（3）俯摄。与仰摄的机位相反，俯摄是从高角度进行拍摄，比较适用于大场景，可以表现出场景的辽阔，如图 8-14 所示。在拍摄产品时，俯摄多用于拍摄产品顶面。

图 8-14　俯摄

（4）微距。微距适用于拍摄野花、鸟鱼虫等细小的物体，对于细节可以充分展示，如图 8-15 所示。微距多用于拍摄小而精的商品，以表现其做工的精细程度，如珠宝首饰等。

图 8-15　微距

5. 应注意的要点

在产品图片的拍摄过程中应注意以下几点：

（1）只要有可能，尽量使用自然光；保证光线充足，确保产品都能均匀采光。

（2）背景通常选用纯净的素色，多数选用纯白色，尽量简单，不混杂其他陈设，以突出主体，使买家的注意力集中在产品本身。如果产品的颜色较浅，可选用深色背景。

（3）将相机的解像度设为中等（如 1024×768 像素），不但可以保证相片效果，还可以避免照片过大、延长上传时间，从而更方便地进行图片编辑。

（4）在拍摄产品时，图片中的产品尺寸应足够大，以便看清楚细节，可以让产品占满整个图片画面。多角度拍摄多张图片，以便于让买家全面地了解产品。例如卖家可以拍摄产品的标签、原有包装、配件，并拍摄正面、侧面、背面及顶部等特写。

二、产品图片的后期处理

产品拍摄完毕后，先要挑选出满意的图片，再利用相关软件对图片进行处理。

常用 Photoshop、幻影魔术手、美图秀秀等编辑软件对图片进行处理，具体包括以下基本操作：

（1）裁剪图片，删除不必要的背景。

（2）平衡对比度和亮度。

（3）锐化处理时不要过头。

（4）调整大小。将图片调整至 800×800 像素以上，横向和纵向比例建议为1∶3～1∶1。

（5）产品图不宜进行拼图处理；同款但不同颜色的产品图不宜全部上传。

（6）图片设计需要基于对产品和消费人群的定位，在处理图片时可适当加入产品定位人群所喜好的元素与设计。

拓展阅读

亚马逊主图亮了，官方宣布规则

怎样才能掌握亚马逊？首要的当然是图片，它是网络贸易的基础，正如网络中的一句话“网络生意的本质就是图片购物”。图片是顾客下单的重要因素之一。做好亚马逊平台应从图片开始。亚马逊图片有以下三类规则。

1. 商品主图要求

（1）商品最少填满 85%的图片；图片必须仅显示出售的商品，不能包含商标、水印或内嵌图片；图片包含的文本内容只能是商品信息。

（2）主图片必须为背景是纯白色的商品照片（而不是画出来的图），且不能包含其他搭配品。

（3）主图片缩放时最长边必须在 1 000 像素以上，最短边必须在 500 像素以上。

（4）主图片最长边不能超过 10 000 像素。

（5）首选 JPEG 格式的图片，也可以使用 TIFF 或 GIF 格式的图片。

2. 商品副图要求

(1) 最好采用图片和文字结合的方式，文字内容为“标题+简单描述”。

(2) 多角度卖点展示图：恰当的文字说明、插图、背景、品质细节等，完美地解读产品细节和特点。

(3) 实物对比图：通过产品与日常生活中熟悉的物品的比较，弥补无实物体验的缺陷。

(4) 应用场景图：采用生活化的场景，提高真实度。

(5) 产品包装图：展示卖家的态度和品牌印象。

(6) 生产工艺流程图和产品内核拆解图。

(7) A+页面图：采用图片+文字描述的方式，图片避免与主图、副图相同。

3. 违规图片

(1) 色情图片。

(2) 图像与标题不符。

(3) 非白色背景的图片。

(4) 图片中含有可见的人体模型。

(5) 产品在图片中被裁剪或部分不可见。

(6) 具有非站立的挑衅姿势的模特图像。

(7) 图片中显示多个产品视图、颜色或尺寸。

(8) 图片中显示包装、品牌或不确定的标签。

(9) 显示任何文字、标志、图形或水印的图像。

(10) 具有锯齿状边的图片、模糊或像素化图片。

不要盗用其他卖家的图片，偷盗图片的行为同样是侵权行为，如果被原图卖家发现并投诉，轻则导致图片被删，重则导致账号受限，销售权限被移除。

（资料来源：https：//www. cifnews. com/article/57918？origin=amazonguoyuan）

第二节　店铺装修

对网店也要像实体店一样进行装修，跨境电商网站也不例外。但跨境电商网店的装修要基于平台允许的规则条件下，借助计算机语言、软件命令或平台提供资源来完成，并且跨境电商网店装修还要考虑国外消费者的审美、语言、文化等差异，这对跨境电商店铺的装修提出了更高的要求。

一、店铺装修原则

（一）重点突出

在视觉热点集中的页头位置布局主款、新品、热销品等重点营销产品，力求以较强的视觉效果吸睛。

（二）陈列有序

网页空间有限，排版产品既要追求视觉价值的塑造，又要致力于最高效的空间利用，这直接影响买家的视觉体验。

（三）流畅贯通

流畅贯通是指如何引导买家在短时间内找到所需的商品，留住买家。卖家要做到产品分类导航流畅、产品的展示风格贯通一致，进而给买家留下更为专业的印象，提升客户体验。

二、店铺布局设置

店铺的布局设计应本着给用户提供最佳体验的原则，既要将网站中所有信息都在有限的首页导航栏中呈现，又要为用户反馈出重要的帮助信息。一般的跨境平台都为卖家提供了一些店铺装修的模板，卖家可以根据产品的定位和特性来选择适当的模板。下面以敦煌网为例讲解店铺布局模板的设置步骤。

（一）选择店铺布局模板

执行“我的 DHgate→产品→商铺→商铺装修”命令，开始选择布局模板，单击“设置布局内容”按钮，如图 8-16 所示。

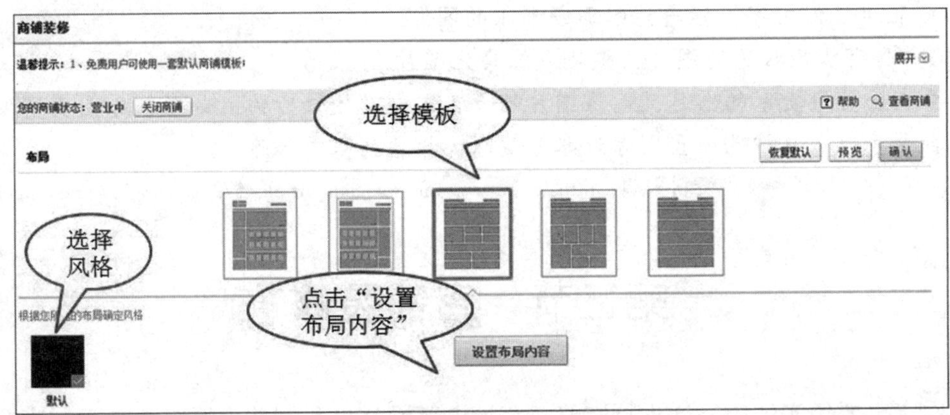

图 8-16　设置布局模板示例

（二）设置布局内容

务必按照页面的提示上传相应尺寸的图片，并且保证图片清晰、美观；建议在多图片区域全部上传图片，以保证页面效果，如图 8-17 所示。

（三）保存设置

设置布局内容完成后，选择对应的模板、风格，单击“保存”按钮，如图 8-18 所示。

图 8-17　设置布局内容示例

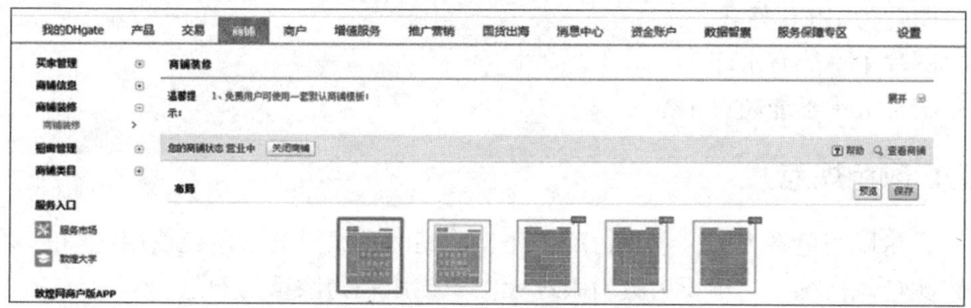

图 8-18　保存布局设置示例

三、设置店铺橱窗产品

卖家购买的店铺模板包含橱窗智能控功能，可执行“我的 DHgate→产品→商铺→橱窗管理”命令，进行店铺橱窗名、橱窗产品、补位规则等设置，如图 8-19 所示。

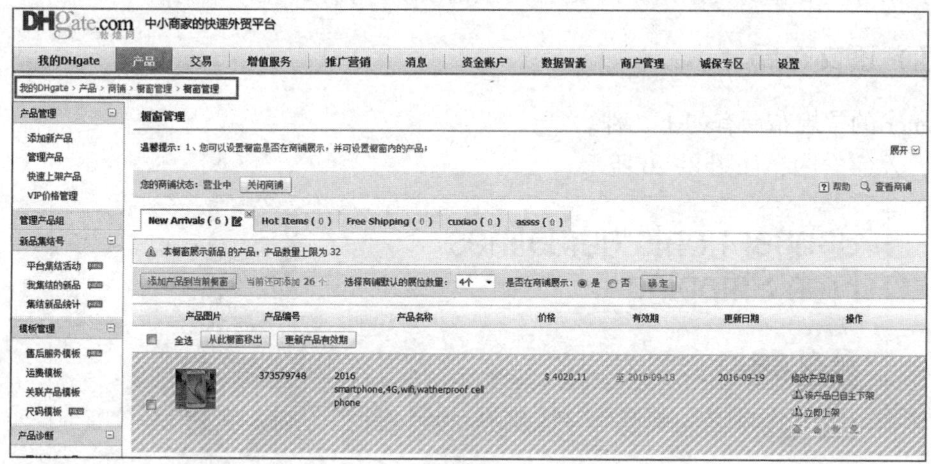

图 8-19　设置店铺橱窗产品示例

在未付费购买的情况下，只有新到货品（New Arrivals）热门商品（Hot Items）和免运费（Free Shipping）三个橱窗，每个橱窗下有 8 个免费的展位，共 24 个。卖家可以自行设置橱窗是否在商铺展示，并可设置橱窗内的产品。

四、Banner 设计

横幅广告（Banner）是一家店铺文化的精髓，会出现在店铺首页最显眼的位置。因此，Banner 一定要精心布置，既要让新买家印象深刻，又要让经常来的买家有新鲜感。好的 Banner 能展示店铺形象，加深顾客的印象。Banner 设计一般需要包含店铺名称、产品信息等内容，图文搭配需要讲究规范。

（一）图片要求

（1）选取产品图片及产品相关事物。
（2）必须画质清晰，不能过于模糊或变形失真。
（3）图片为 JPEG 格式。
（4）图片中不能有水印。
（5）图片大小不能超过 1 M。

（二）颜色规范

（1）尽量以淡色系为主，色彩搭配干净、明亮，图案简洁，避免使用花哨的背景。
（2）颜色风格统一，不要为吸引眼球大面积使用较为浓重的颜色。
（3）主色调与全店铺装修的主色调应保持一致。

（三）图片内文字

（1）尽量用系统自带字体，避免出现版权问题，推荐使用 Arial、Verdana 等字体。
（2）字体要大于 16 号，建议采用图片方式独立设计和展现。
（3）对相同类型的文字内容，最好采用相同的字体样式。

（四）图文布局

Banner 的常规布局有如下几种。
（1）左字右图，如图 8-20 所示。

图 8-20　横幅图布局示意 1

（2）左图右字，如图 8-21 所示。

图 8-21　横幅图布局示意 2

（3）文字居中，如图 8-22 所示。

图 8-22　横幅图布局示意 3

（4）文字在上角，如图 8-23 所示。

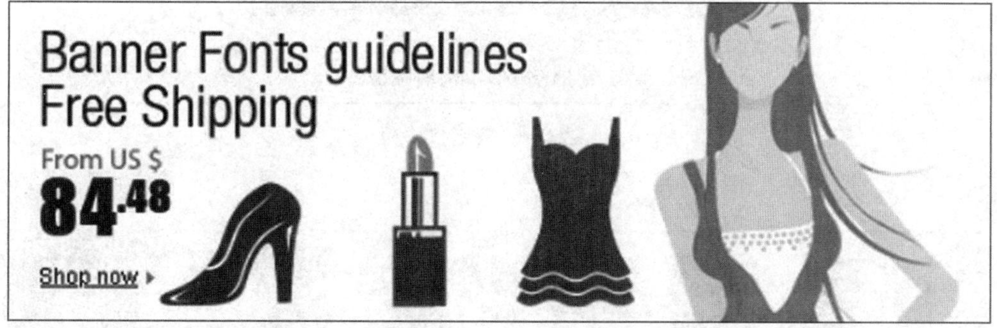

图 8-23　横幅图布局示意 4

（五）图片尺寸和容量限制

每横幅广告都有严格的图片和尺寸限制，限制条件可以在上传图片的位置看到。敦煌网横幅广告的图片尺寸和容量限制见表 8-1。其中，广告位的相关介绍如图 8-24～图 8-27所示。

表 8-1 敦煌网横幅广告（Banner）的图片尺寸和容量限制

页面	广告位	宽度/像素	高度/像素	容量/K
首页	轮播图 4/5	990	440	15
	轮播图 5/5	990	440	15
类目页	Banner 1～3	232	90	15
列表页	通栏 Banner	674	47	35
	左侧 Banner 1～2	181	250	15

图 8-24 轮播图广告位

图 8-25 类目页广告位

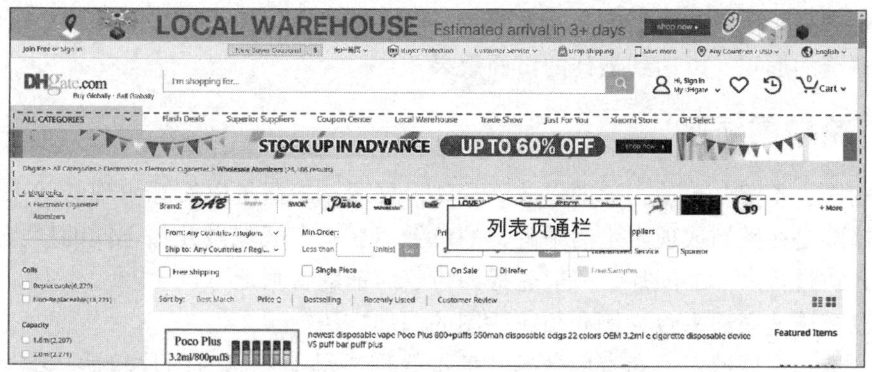

图 8–26　列表页通栏广告位

图 8–27　列表页左侧横幅广告位

五、宣传图设置

部分模板包含多个宣传图片，建议全部上传，以达到最佳的页面效果。例如在图8–28中，两个店铺不同的布局内容孰优孰劣一目了然。

图 8–28　宣传图设置

此外，产品宣传图需要采用高像素图片，同一模块选用相似风格的图片，可将图片设计成图文并茂的形式，以达到最佳的页面效果。

六、轮播图添加

轮即轮换、轮留、流动，播即播放、放映、展示。轮播是以实际出现的状态而产生的词组。轮播图是在网站或现实生活中醒目的位置，在一个区域做几幅不同的广告图，以轮换播放的方式进行展示的图片。一般轮播图位于店铺的首页上方。

下面以全球速卖通平台为例介绍轮播图的添加方法。

首先，选择全球速卖通卖家后台的“商铺管理→马上装修→图片轮播→编辑”命令，进入图片轮播编辑页面。

其次，模块高度为100～600像素，宽度必须为960像素。单击“添加新图片”按钮，上传新图片或从URL链接拷贝，上传好后保存即可，如图8-29所示。

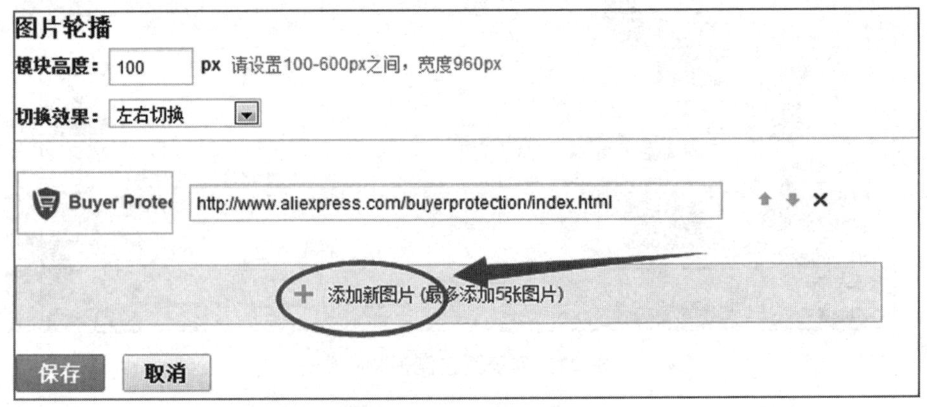

图8-29　轮播图设置示例

最后，选择“模块管理→基础模块”命令，可免费添加5个图片轮播，选好的轮播图可在后台进行顺序上的编辑与调整。同时，在后台还可增加更多的模块，并调整模块的先后顺序。

第三节　产品详情页打造

图片能起到将购买欲望转为购买行动的实际作用。利用图片设置一张好的商品详情页，对于卖家来说非常重要，有时图片所传递的内容是无法用文字替代的。有人甚至说跨境电商卖的不是商品，而是图片。因为跨境电商买家面对的并不是实物商品，而是各种图文详情。需要注意的是，商品详情页应尽量采用实拍图。

好的详情页会带来高的点击量、转化率、客单价、较长的平均页面停留时间和较深的平均访问深度等，最重要的在于带来的转化率高。转化率高指的是顾客浏览卖家店铺页面之后，下单的人数占全部访客数的比例高，而不是只看不买。

一、产品详情页上的内容

产品详情页主要有品牌介绍、产品整体展示图、产品细节图、与其他产品的对比图、质检报告、尺码/使用说明、保养方式、支付与运输问题、售后服务说明、生产实力展示图、买家好评秀、常见问题回答（frequently asked questions，FAQ）等。

二、产品详情页举例

下面以敦煌网某店铺假发产品的详情页为例，来介绍跨境电商打造产品详情页时推荐进行优化的 13 个方面。

（一）品牌介绍

品牌介绍可以让买家觉得品牌质量可靠，使得产品更容易得到认可。此部分可以被加入企业简介、主营品类和优势介绍等内容中。

（二）整体展示优化

整体展示可分为场景图和摆拍图两种类型。场景图最普遍的就是模特展示图，适用于衣服等物品；摆拍图比较适用于家居以及数码、鞋、包等小件物品，通常需要突出主体，采用模特拍摄反而喧宾夺主，如图 8-30 所示。

图 8-30　摆拍图

（三）细节图优化

细节图需用实拍图加上简短的文字描述，尽可能地展示商品的细节、材质、功能、特点等。在详情页上的细节图要尽量保证图片的清晰度，且同一模块选用相似风格的图片，可将图片设计成图文并茂的形式，以达到最佳的页面效果，如图 8-31 所示。

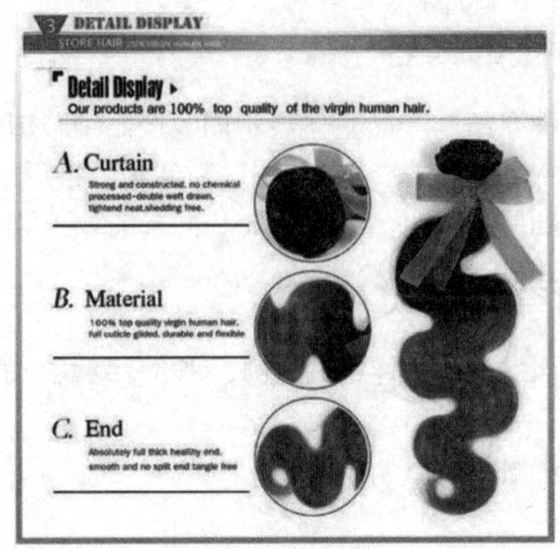

图 8-31 细节图

(四) 添加对比图

在详情页添加该产品与同类产品的对比图，加上少量的文字说明，有助于突出产品的优势和卖点，如图 8-32 所示。

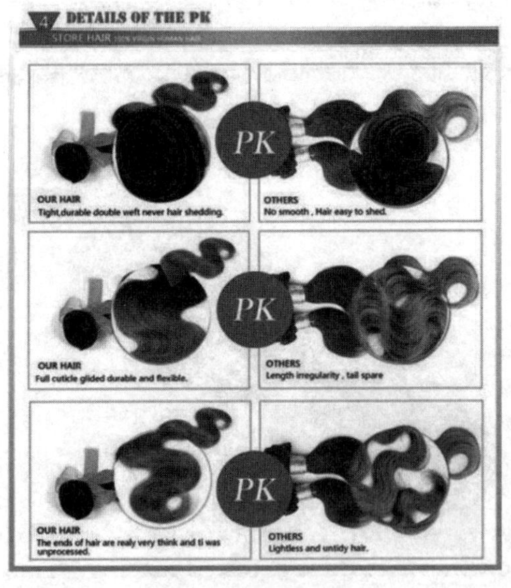

图 8-32 对比图

(五) 质检报告

对于亲肤型产品、食品或珠宝手表等产品而言，质检报告会很大程度提升产品在消费者心目中的可靠性与安全感，如果有就应该加入产品详情描述之中，如图 8-33 所示。

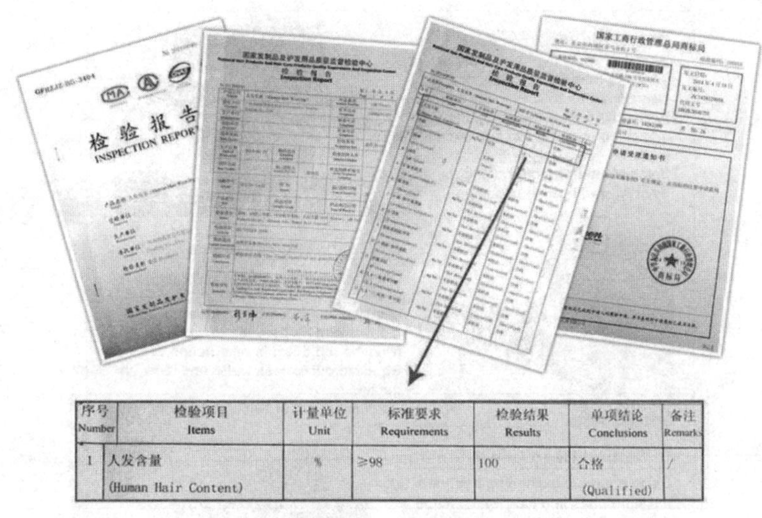

序号 Number	检验项目 Items	计量单位 Unit	标准要求 Requirements	检验结果 Results	单项结论 Conclusions	备注 Remarks
1	人发含量 (Human Hair Content)	%	≥98	100	合格 (Qualified)	/

图 8-33　质检报告

（六）尺码/使用说明

产品详情页上应该列出产品的尺码，尤其是对于衣服，尺码表既要有衣服的具体尺码展示，又要列出一个尺码表，以便于买家查看。对于本节列举的假发产品，则是对其尺寸和佩戴方式的使用说明，如图 8-34 所示。

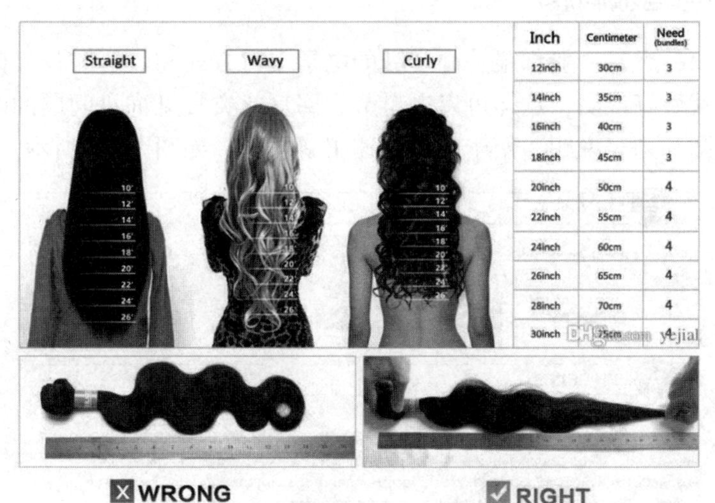

Inch	Centimeter	Need (bundles)
12inch	30cm	3
14inch	35cm	3
16inch	40cm	3
18inch	45cm	3
20inch	50cm	4
22inch	55cm	4
24inch	60cm	4
26inch	65cm	4
28inch	70cm	4
30inch	75cm	4

图 8-34　尺寸和佩戴方式的使用说明

（七）保养方式

产品详情页应添加保养方式的说明和图示，可以给消费者更为专业和贴心的印象，增强消费者对产品的信赖感，有助于转化率的提升，如图 8-35 所示。经营衣物、服饰类的产品时，也建议在详情页加上此方面的内容。

A. Comb Hair Gently

Brushing or styling hair gently can prevent hair from falling out.
Use a wide-tooth comb. It is suggested to comb the ends first, then the body, and comb from the roots to the ends lastly.
If you comb from the roots to the ends directly, it will cause shedding.

B. Washing Hair Regularly

Before washing, brush the hair gently by wide tooth comb.
Gently shampoo, with lukewarm water, in a downward motion, working shampoo from the top down in one motion.
Squeeze out excess water and blow dry gently.
Don't towel rub or twist the hair dry.

C. Natural Deep Conditioning

Using a deep conditioning treatment adds moisture back into hair, which helps it to become stronger, healthier and shinier.

- Wash your hair with lukewarm water.
- Massage in oil.
- Steam the hair.
- Rinse with warm water.
- Blow dry.
- Oil the hair with glycerin.

图 8-35 保养方式

（八）支付与运输问题

买家在选定商品后，一般都很关心产品的电子支付方式和收货时长等问题。卖家最好能在买家提问前就做好说明，这样可以大量节省回复此类常见询盘问题的时间。对于此类问题可多用缩略图和列表说明，便于买家快速了解情况，如图 8-36 所示。

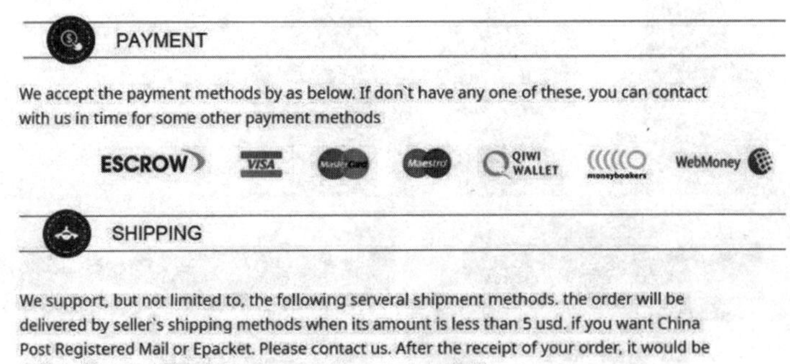

Shipment Method	Epacket	China Post	Correos	Express
Russia	15 - 25	30 - 60	/	7-9
Brizal	/	50 - 70	/	7-9
United States	15 - 25	/	/	7-9
Spain	/	20 - 60	20-25	7-9
Most Countries	/	20 - 60	/	7-9

图 8-36 支付与运输问题

（九）售后服务承诺说明

预先将售后服务承诺说清楚，可以打消买家的很多疑虑，在提升买家对产品信赖的同时，也可以为卖家节省一些回复询盘的时间，如图 8-37 所示。

If unsatisfied with this purchasing, you can return the item within 14 days after receiving them. Please email us at first for return address and instructions. It should be noted that the shipping cost due to the return would be paid by buyers and all the items would be expected to remain as sound as you receiving them.

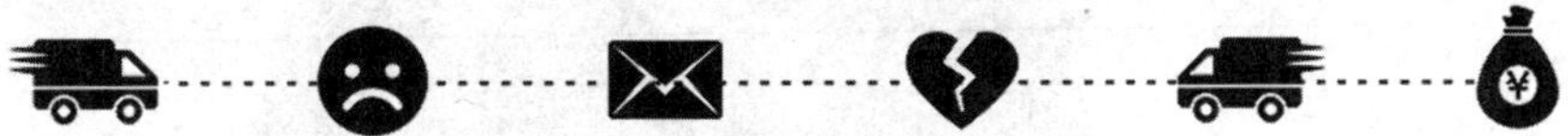

图 8-37 售后服务承诺说明

（十）生产实力展示

在商品详情页可以把店铺的实力展示出来，主要是指实体店、工厂和生产线的图片展示等，还可以将产品包装加入其中，这些都有助于提高买家对产品的认可度，如图 8-38 所示。

图 8-38 生产实力展示

（十一）买家好评秀

买家更愿意相信买家，将买家的好评截图展示出来，有助于提高买家对商品的认同感，如图 8-39 所示。

100% CUSTOMERS' VOICE

ALI PEARL HAIR & 100% HUMAN HAIR

图 8-39　买家好评秀

（十二）FAQ

在详情页的末尾需要列出一些 FAQ，这样除了可以省去一些回复询盘的时间外，还有助于提升卖家的专业性和在买家心中的可靠程度，如图 8-40 所示。

Q:How to buy through Aliexpress?
A: 1- Payment is due at time of purchase. To purchase the item use the" Buy Now" button. You will be directed to checkout through alipay.
2- After you complete your purchase for this item, we'll prepare the goods your order and make shipment as soon as possible(1-2days).
3- To avoid delays, please make sure to provide us with correct, precise,and detailedshipping Address.(include: name, postal code, telephone number and address used for shipping, user name) on file with aliexpress.
Q: How can I maitain the hair ?
A:1- Don't allow your hair to be free if you live in a windy climate.
2- Use a moisturizing conditioner and always comb the conditioner through.
3- Use a detangling, leave-in conditioner before you begin to style your hair.
4- Before going to bed, always detangle your hair and apply a light moisturizer.
5- Remember to pin you hair up (or roll it or wrap it). Wear a satin scarf or sleep on a satin pillowcase.
6- Keep your hair moisturized. Dry hair is more prone to tangles.
7- Wash and condition your regularly. Dirt and styling products accumulating on your h air can lead to tangles.
8- Finally, you can prevent hair tangles by wearing your hair up.
Q: How to stop the hair tangle ?
A:1- Slather a deep conditioning treatment all over your hair, from root to tip
2- Allow the conditioner to sit on your hair for five minutes.
3- Begin pulling the big tangles apart using your fingers .
4- Comb over the tangled areas with a wide-toothed comb .
5- rinse the hair completely with warm water.
6- Squeeze it dry with a clean towel and allow it to air dry.
7- Brush your hair using a bristled paddle brush. also evenly distribute moisture and natural oils through the strands of your hair.
Q: How many pieces of Hair Do I Need?
A:If you are getting a full weave the average person needs about 2 packs of hair, although it is advised to go for 3 packs.For weave it is best to buy two packs to make sure you have enough. You can always use the leftover hair later. If you areusing hair over 18" long you might need another pack. If you are getting tracks one pack is enough for four to five tracksup to 18" hair length. If you are getting the hair bonded one pack is enough for four to five tracks up to 18" hair length. If you are getting fusion or micro then you will need to consult your stylist.
Q: How long does it last?
A:This hair can last for a very long time depending on how you maintain it. Treat it like your own hair and take very good care of it for it to last longer. Many hair extensionist prefer Brazilian because it is beautiful and unprocessed which makes it last longer than any other kind of hair.
Q: Can the hair be colored ?
A:It is the 100% human virgin hair , then you can dye and bleach the hair yourself . but in most cases , we don't suggest our client to process the hair by themselves . if you hope the color come out perfectly , we suggest you to ask the help for the professional hair stylist . especially for the color 66 and color 613 ,we totally don't advise our client to color the hair by themselves .
Q: how many bundles for a full head?
A: here are the pictures in the length below different textures.

图 8-40　FAQ

（十三）关联搭配

在商品详情页中，如果不做关联搭配，就等于白白浪费了展现和销售店铺其他产品的机会，故建议尽可能把店内其他宝贝合理地展现给买家浏览，这样才能达到更好的营销效果。如果不想太多挤占本商品详情页面，可以在末尾处添加本店铺/品牌的链接进行关联。图 8-41 所示即为关联搭配。

图 8-41　关联搭配

本章小结

本章主要介绍了产品图在各跨境电商平台上的相关要求，产品图在拍摄前的准备、拍摄过程中的注意事项及后期处理。在店铺装潢与优化中，卖家不仅要针对海外消费者的品位设计店铺布局，还应将产品推广策略融入店铺的设计中。此外，要注意产品详情页的打造，避免因误导或未提供完善的产品信息，导致客户的流失或纠纷。在跨境电商平台维护中，要充分利用视觉冲击、色彩搭配、页面布局等吸引消费者的注意，提高产品的转化率。

知识测试与能力训练

一、选择题

1. 商品图片拍摄前的准备工作包括（　　）。

A. 背景陈设　　　　B. 选择合适的拍摄环境、灯光和道具

C. 拍出清晰的照片　　D. 照片的风格定位

2. 目前，各大跨境电商平台产品总体的拍摄风格有（　　）。

A. 简洁风格　　B. 小清新风格

C. 时尚风格　　D. 情景创意风格

3. 在对跨境网店进行装修时，需要考虑的因素包括（　　）。

A. 外籍消费者的审美和语言　　B. 计算机语言

C. 文化差异　　D. 软件命令

4. 卖家在店铺装修时选择主色调的方法有（　　）。

A. 配色越丰富越好　　B. 两色搭配是用色的基础

C. 激烈又稳定的对比色搭配　　D. 三色搭配成规律

二、简答题

1. 简述在产品图片拍摄过程中需要注意的问题。

2. 在店铺装修中，卖家需要掌握哪几点原则？

3. 产品详情页上通常包含哪些内容？

三、实训题

1. 利用 Photoshop 软件为自己的商品制作一张主色调为蓝色和红色搭配的 Banner 横幅广告图。

2. 在敦煌网的店铺中进行店铺装潢设计。

第九章

跨境电商交易管理

学习目标

(1) 掌握回复跨境平台客户询盘、还价等邮件技巧。

(2) 熟悉 B2B 跨境电商交易管理的相关知识。

(3) 掌握跨境电子商务发货、出口清关流程。

素质目标

通过跨境店铺运营，要求学生踏实肯干，团结合作，培养诚实守信的品质，并培养创新意识、创业能力。

案例导入

跨境电商订单管理的“核心秘密”

订单管理是后台系统中较为重要的一部分，它记录了所有的交易数据，可以对订单进行监控和操作，与用户、运营、财务等都有着密切的关系。

最好的跨境电子商务在程序功能上必须把处理订单的流程针对产品和用户特性做好打磨，源自 ERP 但不终结于 ERP。其包括自动发送订单确认和进度的电子邮件、管理库存、允许客户追踪物流信息和随时取消不必要的订单。客户满意度越高，复购率就会越高，这是每个跨境电商的追求。

订单管理功能的“核心秘密”功能项如下。

(1) 自动确认：程序会通过多种途径比如邮件、SMS、社交平台账户等自动通知客户订单生成、付款状态及物流等环节的核心信息，时间轴的前瞻性和准确度是永远需要优化的。

(2) 取消订单：无论是支付前还是收到货物后均允许客户取消订单。

(3) 库存管理：及时更新商品的存量状态以便更好地满足订单需求。

(4) 订单处理：可以单独或批量处理订单，包括打印发票和采购清单。

(5) 退货管理：电商残酷竞争的结果是服务质量不断提升，非特殊商品的无条件固定周期内退换货势在必行。能够设置退货管理系统的网店，会让服务商和客户免去“推皮球”的时间成本损耗，轻松地办理退货。

(6) 发货跟踪：客户能够跟踪他们任何渠道的物流信息，比如美国邮政、联邦快递、UPS或其他物流公司。

以上基本概括了类ERP形式的订单管理核心要素。国外跨境电商市场萎缩严重，经济形势是一方面，其次是大部分公司的服务意识确实缺乏，市场信任度被损害殆尽。同类产品泛滥的情况下，好的订单系统能让卖家在拥有多重选择的客户面前脱颖而出，唯快不破也体现于此。

(资料来源：https：//www. cifnews. com/article/43982)

案例思考

跨境电商订单处理的流程是什么？

第一节　订单处理

一、处理客户订单邮件

(一) 处理客户的询盘函

一般来说，国外消费者看到合适的产品会直接下单，即静默下单。当遇到一些无法自己解决的疑问时，会通过站内信的形式向卖家咨询，或针对产品价格、折扣等提出询盘。下面以鞋子为例说明卖家如何处理询盘。

在跨境电商平台销售鞋子、衣服、消费电子等产品时要注意每个地区不同的尺码及当地的电压等因素。在产品详情页中应包含不同地区尺寸、电压标准介绍。例如客户询问鞋子尺码问题时，部分国家客户的脚长等测量标准是英寸，而中国使用的是厘米。

处理客户的询盘函的步骤如下。

1. 客户的询盘函

例如：

Dear friend, my foot is 24. 5 cm.

Which shoe size should I order?

Greetings!

2. 回复客户邮件

例如：

Dear ×××,

Thank for your inquiry. Based on your foot lenght 24. 5cm, you can choose the US size 8. After receiving your order, we will arrange the shipment to you as soon as possible.

If you have any question, please contact with us.

Thanks and best regards.

3. 回复站内信 2～3 天后再次发邮件联系买家

当站内信发出后没有得到客户的反应，那么卖家可以给客户再写一份站内信，询问是否需要其他帮助，进而催促其下单。

例如：

Dear ×××,

Did you rececive the e-mail several days ago? How about the size 8 recommended for you? You can place an order then we will send the product to you as soon as possible. If you have any question, please come back to us.

Thanks and best regards.

（二）接受订单，拟写感谢函

接受订单，拟写感谢函的步骤如下。

1. 选择后台的新订单

查看订单的资金审核状态，如果呈现“客户未付款订单”状态，卖家可以邮件给客户，委婉地提醒其付款。

例如：

Dear Buyer,

We have got your order, but is seems that the order is still unpaid. If there's anything we can help with the price, size, please feel free to contact with us. After the payment is confirmed, we will process the order and ship it out soon. Sooner payment will help you get the product earlier.

Thanks.

2. 检查库存

卖家应根据客户订单检查库存，如果发现没有库存，应及时向国内下订单补充货源。很多跨境电商卖家不会提前准备库存，销售的商品都是从淘宝网或 1688 批发网站随时购买的，但卖家要定期查看采购商铺的销售状况，以免国外用户下单后没货的情况发生。

3. 写感谢信给客户

例如：

Dear ×××,

Thanks for your order. The order number is ×××××××.

We are now preparing the shipment for you. We will ship out the products in 2～3 working days by China Post Air Mail to you. We will keep you noted by the shipping tracking number sooner.

Keep in contact.

Thanks and best regards.

4. 发货后发信给客户告知已经发货和物流查询的单号

例如：

Dear ×××,

The item××××× you ordered has already been shipped out by China Post Air Mail. The tracking number is RJ2252795656CN. We will also keep you noted of the shipping status. We hope you will get it soon. If you have any question, please contact with us.

Thanks and best regards.

二、平台订单处理流程

下面以全球速卖通为例进行说明。

（一）等待买家付款

等待买家付款意味着买家已经下单，但还没有付款成功。通常系统会给客户 20 天时间进行付款，在该期间可以通过两种方式争取订单付款：第一，可以选择给客户留言，提醒其下单；第二，也可以适当地调整价格，给客户一点优惠，提高其付款的概率。

（二）等待发货

（1）买家付款之后就是等待资金审核，审核好之后订单自动跳转成等待发货的状态。

（2）在“商品详情”中查看订单的详细情况。单击“发货”按钮，进行线上发货操作，如图 9-1 所示。

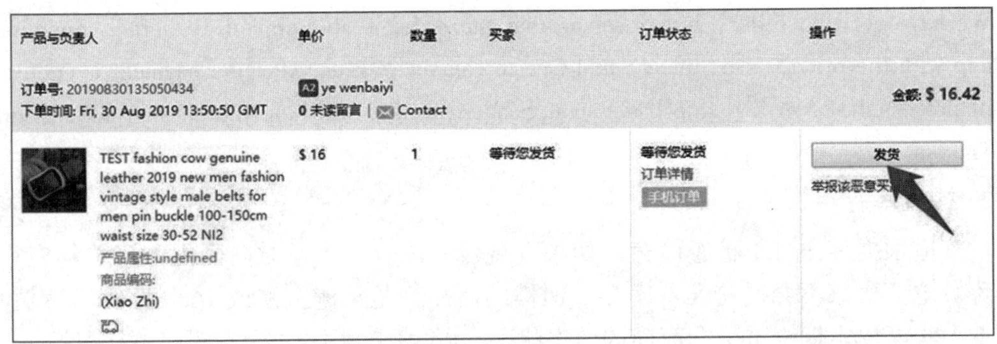

图 9-1　发货操作

（三）在线发货，选择物流方案

填写物流单号提交后，5 天之内可以修改单号，每个订单可以有两次修改机会。如果卖家发货的物流与买家下单时选择的物流方式不一致，最好在发货时给客户写站内信告知对方，避免后期纠纷。如果超过了 5 天的修改期，而后期物流有新变动，应该通过站内信告知客户，并要重点跟踪。

（四）设置物流

设置物流时，需要确定揽收方式，如图 9-2 所示。

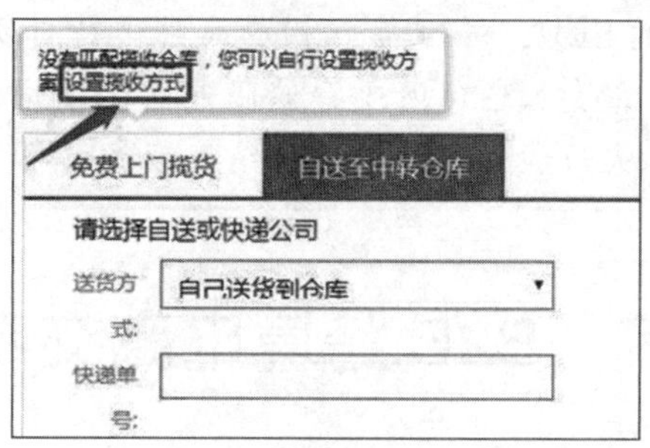

图 9-2　设置揽收方式

（五）完成物流订单

全部设置完毕后，单击“提交发货”按钮，创建物流订单。

（六）打印发货标签

选择“物流服务→国际小包订单”命令，单击“打印发货标签”按钮。

（七）填写发货通知

填写发货通知，并补充相关信息。

（八）完成订单发货

进入“卖家发货”状态，完成订单发货工作，接下来只需要等待买家确认收货或自动收货期限抵达即可完成订单。

拓展阅读

亚马逊海外卖家：我是这样布局今年 Prime Day 和“黑五”的物流

亚马逊 2020 年宣布了几项新的库存限制，许多产品的补充库存不能超过 200 件/次。除此之外，亚马逊还提高了库存绩效指标（inventory performance indicator，IPI）门槛分，大大限制了许多卖家的存储空间。这意味着卖家需要向亚马逊仓库量更少，也更频繁地进行库存补充。随着旺季到来，亚马逊仓库变得更加繁忙，收货时间会继续往后延长，这意味着在年终旺季，卖家可能会面临高昂的缺货成本。以下是针对物流问题的几点建议。

（1）避免 LTL（less truck load，卡车零担货运）。虽然 LTL 通常比小包裹（通过 UPS 与亚马逊合作发货）便宜，但会影响亚马逊的入库时效。比较推荐卖家利用平台合作小包裹或 FTL（full truck load，整车包车运输）进行货物运输。

（2）减少 SKU 数量，如果卖家的库存总量有限，可以考虑减少店铺 SKU 数量。这样可以缩短相关时长，为剩下的 SKU 争取更多的时间，提高店铺评分。

（3）将 MFN（merchant fulfillment network，是指由卖家自行完成配送的方式）作为退路。在 Prime Day（亚马逊会员促销日），对所有产品都提供优惠促进销售是建议做法，但卖家也可以准备一个 MFN 的 SKU，并准备好相应库存进行自发货或从第三方物流合作伙伴发货。这样一来，万一产品受入仓延迟或存储限制而无法通过 FBA 进货/销售时，MFN 就能在第四季度派上用场，从而最大化全年的总销售额。

（资料来源：https：//www. cifnews. com/article/79232）

第二节　B2B 跨境电商交易管理

一、形式发票的制作

（一）形式发票的定义

形式发票（proforma invoice，PI）是指出口商有时应进口商的要求，发出一份列有出售货物的名称、规格、单价等的非正式参考型发票。在跨境电商中，PI 通常用于替代报价单，很多出口企业直接用 PI 向客户报价；用于订单确认，客户下订单后，由出口商填写 PI 给客户；用于买家申请相关业务的凭据，如进口许可证、外汇许可、银行信用证等。

（二）形式发票和商业发票的区别

形式发票不能替代正式的商业发票（commercial invoice，CI），不能用于托收和议付；一般小额贸易很少签正式销售合同，部分商家将形式发票加盖公章后替代商业合同，一旦出现争议，形式发票并不能作为法律依据；买家使用形式发票申领信用证时，信用证上的信息应与形式发票一致。形式发票和商业发票的区别详见表 9-1。

表 9-1　形式发票和商业发票的区别

发票	形式发票	商业发票
相同点	内容大致相同，均由出口商向进口商出具	
不同点	无法律效力	有法律效力
	格式相对自由	格式相对规范
	在商业合同前出具	在商业合同后出具或替代商业合同

（三）形式发票的内容

（1）抬头。抬头包含卖家公司的英文名、地址、电话、传真、邮箱等信息。

（2）商户信息。商户信息包括进出口双方的基本信息，分布在抬头下方，主要包括公司名、地址、电话、联系人、日期等，要求进口商（买家）信息在左边，出口商信息和日期在右边。

（3）商品信息。对于商品信息，应根据商品特性增减内容，目的是清晰无误地说明商品，一般包括商品名称、型号、描述、数量、单价、总价等。

（4）其他订单信息。可相对自由地增加交货期、付款方式、银行信息等。

形式发票样本如图 9-3 所示。

Beijing Bodao QIAN CHENG CO.,LTD

Address: Building 6, No. 38, Shangdi East Road, Haidian District, Beijing

Tel: 010-60667162 Email:user@bjbjbodao.com Fax: 010-60667162

PROFORMA INVOICE

TO:Abby Fajayan	From： sophia	Date :June 28,2020
ADD:7028 147 St,back basement,Surrey,British Columbia,Canada	Email: sophia li@hotmail.com	
Tel: +1-7788688275	Skype：	
Attn :	wechat: 18640234798	
Email:abby666@gmail.com	moblie/whatsapp: 18640234798	

NO	Item#	Ref.Pic	Description	Product Size	Colour	Unit Price(US$) FOB	Qty (pcs)	Amount (US$)	Remark
001	BJBO0001-001		women print dress	S	Blue	10.58	200	$2,116.00	
002	BJBO0101-002		women casual tee shirt	XXL	White	8.87	100	$887.00	
Total								$3,003.00	
							30% deposit:	$634.80	

1.Payment Terms:	TT:30% deposit,balance payment against BL copy
2.Shipping Terms:	Within 25 days after both receipt of deposit and confirmation of the mass production
3.Port of Loading:	Xiamen,China
4.Port of Discharging:	Vancouver
5.PI Number:	BJBO06280045

图 9-3 形式发票样本

二、签署商业合同

以阿里巴巴国际站为例，起草意向合同。卖家可直接选择起草意向合同给买家，可以加速买卖双方整个订单达成的过程，加强买家下单的意愿，节约时间。

阿里巴巴国际站意向合同起草步骤为：选择客户—填写产品信息—选择运输方式—确定付款方式—合同条款说明。

三、阿里巴巴国际站信用保障服务

阿里巴巴根据每个供应商在国际站上的基本信息和贸易交易额等其他信息综合评定并给予一定的信用保障额度，用于帮助供应商向买家提供跨境贸易安全保障的一种服务。

（一）信用保障服务的交易价值

（1）彰显交易实力，帮助卖家快速成单，积累数据，获得买家信任，转化更多商机。

（2）提供安全、低成本和高时效的收款渠道，轻松收款，提升资金周转效率。

（3）平台作为中立的第三方，无论是恶意纠纷、信用卡拒付还是其他情形的恶意欺诈都有专人团队处理，竭力保障供应商的合法权益不受侵害。

（二）信用保障服务的开通条件

（1）公司法人或实际控制人及关联公司无其他不良诚信记录。

(2) 网站累计违规扣分不大于24分。若同一公司合作多个主账号，一个账号违规扣分大于24分，则所有账号不能开通信用保障服务。

(3) 网站严重侵权行为累计被投诉少于3次。若同一公司合作多个主账号，一个账号累计不小于3次，则所有账号不能开通信用保障服务。

(4) 免费会员需要进行企业或者法定代表人的支付宝实名验证。

(5) 无其他潜在风险。

(三) 信用保障服务开通步骤

方式一：在我的阿里巴巴（My Alibaba）后台首页选择“信用保障”板块，单击“免费开通”按钮。

方式二：直接登录信用保障服务的运营页面（http：//bao. alibaba. com），单击“立即开通”按钮，如图9-4所示。

图9-4 信用保障服务开通页面

四、阿里巴巴一达通外贸综合服务

阿里巴巴以集约化的方式，为外贸企业提供快捷、低成本的通关、外汇、退税及配套的物流、金融服务，以电子商务的手段，解决外贸企业的服务难题。

阿里巴巴一达通服务的内容如下。

(一) 外贸综合服务

作为中国外贸综合服务平台，阿里巴巴一达通颠覆了传统的外贸代理模式，开始打造外贸领域开放式生态圈，引入社会上中小出口代理企业、物流服务商和财税公司等作为合作伙伴（一拍档），为平台上的客户提供专业化、个性化、本地化服务。

(二) 出口基础服务

出口基础服务包括快捷、安全的一站式出口基础服务和通关服务（以一达通名义完成全国各口岸海关、商检的申报)。

(三) 退税服务

退税服务是为企业与个人正规快速办理退税，加快资金周转，同时提供个性化的退税融资服务，满足不同类型企业的退税融资需求。

(四) 外汇服务

中国银行首创在一达通公司内设置外汇结算网点，提供更方便快捷的外汇结算服务。客户直享外管 A 级资质待遇，可灵活选择结汇时间。也可为客户提供外汇保值服务，提前锁定未来结汇或者购汇的汇率成本，防范汇率波动风险。

(五) 金融服务

金融服务可满足外贸各环节的融资需求。

(六) 超级信用证

超级信用证是针对出口企业在信用证交易中面临的风险和资金问题推出的综合服务。该服务覆盖信用证基础服务、打包贷款（出货前)、交单后贷款（包含出货后的买断和融资)，可按需灵活选择。

(七) 一达通流水贷

一达通流水贷是面向使用阿里巴巴一达通出口基础服务的客户，以出口额度积累授信额度的无抵押、免担保的纯信用贷款服务。该服务由阿里巴巴联合多家银行共同推出，真正地实现了“用=财富”。

(八) 结算宝

结算宝是由阿里巴巴和银行合作，提供安全、省心的高收益企业活期理财服务。

(九) 保单贷

保单贷是通过备货融资、尾款融资等一揽子金融服务，解决国际贸易结算中的融资问题，最大化地利用产能，赢得订单，并在激烈的市场竞争中赢得先机。

第三节 货物发货

一、对货物进行合适的包装

为保证买家收到满意的货物，在货物运输前应完成以下工作。

（一）确认货物符合运输的相关规定

包装前应与邮政速递或货运代理确认，所运输的货物符合跨境物流及运输公司的规定。例如液体、烟花类商品在运输途中可能会发生危险，是被责令禁止跨境运输的。同时，一些体积较大、包装材料有特殊要求的物品，可能会产生额外的费用，需要提前与货运公司沟通好，达成协议。

（二）选择合适的安全包装

使用坚固的箱子、缓冲材料（如气泡膜）把空隙填满，但不能让箱子鼓起来，如果是旧箱子则要把以前的标签移除，并确保其足够坚固。气泡膜重量轻、富有弹性，具有隔声、防震、防磨损的性能，是电子类产品、化妆品、音像制品防护包装的首选。

常用的跨境货物包装材料有纸箱、泡沫箱、牛皮纸袋、文件袋、编织袋等；常用的包装辅助材料有封箱胶带、气泡膜、气泡垫等，如图 9-5 所示。

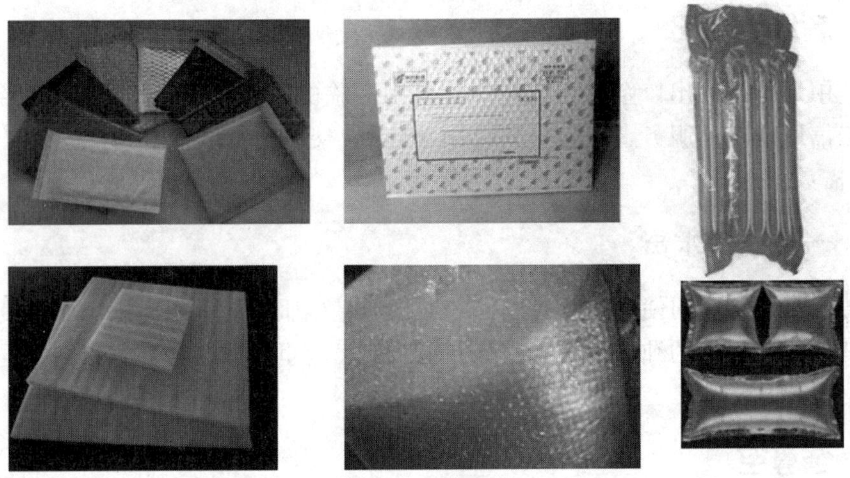

图 9-5　常用的跨境货物的包装材料和辅助材料

（三）封装

卖家应用宽大的胶带进行封装，不要用玻璃胶；胶带至少要 6 cm 宽，借助薄膜超强的缠绕力和回缩性，将产品紧凑、固定地捆扎成一个单元，确保在不利的环境下产品也无任何松散与分离，而且没有尖锐的边缘和黏性，以免造成损伤。

（四）贴物流面单

用透明胶带将面单平整地贴在外包装的表面，尤其要注意面单上的物流条形码不能有褶皱，以便通过海关时顺利通过扫描，卖家能跟踪到全面的物流信息。跨境物流面单不同于国内快递面单，不能使用不干胶的打印纸，只能用透明胶带贴好，这是防止在国际运输中淋湿等情况下面单受损。图 9-6 所示为物流面单。

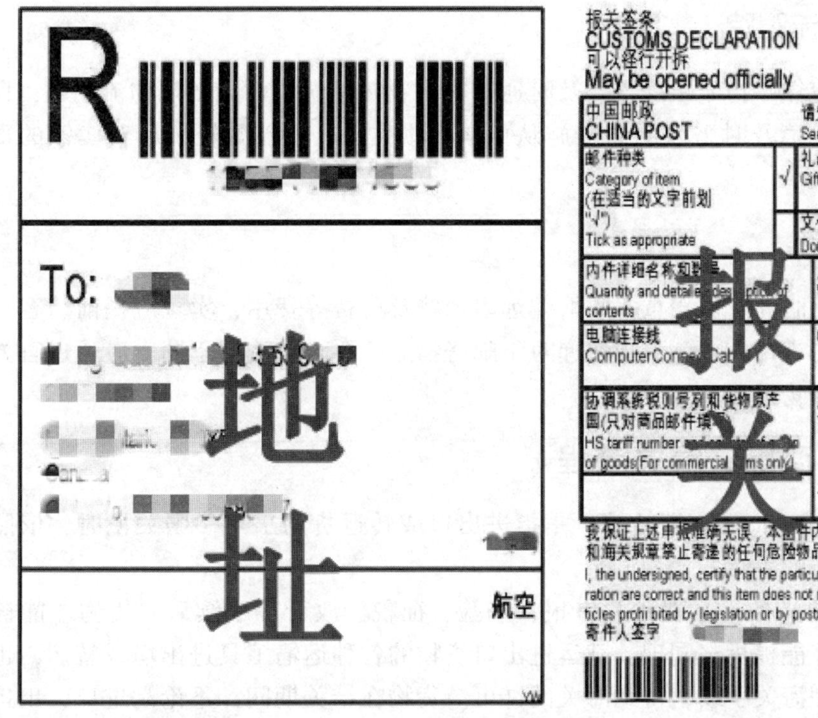

图 9-6　物流面单

二、跨境电商发货的注意事项

（一）海关条例

不同国家的海关条例是不一样的。某个产品在一个国家通过了，在下一个国家可能就会被挡在海关处。因此，在发产品时，一定要检查过往国家的海关条例，多准备一点产品资料，如产地证书等。产品包装上，有些国家有特殊要求，如果没完全了解就发货，产品很容易被扣留。

（二）检查地址

因为地址填错而送错地点造成的损失每年都在发生，卖家应在发货之前与买家再次核对地址。跨境电商中发错地址，再返回重发，不但比正常步骤额外花费更多时间及运费，还容易引发售后纠纷。

（三）选择发货公司

卖家在发货时要考虑多种发货方式和运输公司，以便应对不同区域和不同要求的客户。一些运输公司的运输范围和客户所在的地区不重叠，这时就要及时替换运输公司。很多情况下，卖家会选择便宜的运输方式，但如客户有要求，应选择符合运输要求的快递方式。

（四）做好物流跟踪

货物被寄出后应做好物流跟踪，并及时通知客户物流情况。一旦出现物流问题，良好的物流跟踪除了能保障及时采取应急措施从而减少损失外，还能减轻事后对卖家的责任追究。

（五）发货细节

对于商品在发货时计算体积重、收取偏远附加费及税费等费用，卖家应提前与客户进行沟通，确定费用的支付方式。不同快递对于邮寄物品的要求及费用不同，应通过官方网站提前咨询及计算货物运费。

三、跨境电商出口清关流程

清关（customs clearance）即结关，是指进出口或转运货物出入一国关境时，依照各项法律法规应当履行的手续。

只有在履行各项义务，办理海关申报、查验、征税、放行等手续后，货物才能被放行，货主或申报人才能提货。同理，载运进出口货物的各种运输工具进出境或转运，也均需向海关申报，办理海关手续，得到海关的许可。货物在结关期间，不论是进口、出口还是转运，都处在海关的监管之下，不准自由流通。

（一）申报

需要委托专业或代理报关企业向海关办理申报手续的企业，在货物出口之前，应在出口口岸就近向专业报关企业或代理报关企业办理委托报关手续。接受委托的专业报关企业或代理报关企业要向委托单位收取正式的报关委托书，报关委托书以海关要求的格式为准。准备好报关用的单证是保证出口货物顺利通关的基础。一般情况下，报关应备单证除出口货物报关单外，主要包括托运单（下货纸）、发票（1 份）、贸易合同（1 份）、出口收汇核销单及海关监管条件所涉及的各类证件。

出口货物的报关时限为装货的 24 小时以内。对不需要征税费、查验的货物，自接受申报起 1 日内办结通关手续。

（二）查验

查验是指海关以接受报关单位的申报并已经审核的申报单位为依据，通过对出口货物进行实际的核查，以确定其报关单证申报的内容是否与实际进出口的货物相符的一种监管方式。

（1）通过核对实际货物与报关单证来验证申报环节所申报的内容与查证的单、货是否一致，通过实际的查验发现申报审单环节所不能发现的瞒报、伪报和申报不实等问题。

（2）通过查验可以验证申报审单环节提出的疑点，为征税、统计和后续管理提供可靠的监管依据。海关查验货物后，均要填写一份验货记录。验货记录一般包括查验的时间、地点，进出口货物的收发货人或代理人名称，申报的货物情况，查验货物的运输包装情况（如运输工具名称、集装箱号、尺码和封号），货物的名称、规格型号等。对需要查验的货物，自接受申报起 1 日内开出查验通知单，自具备海关查验条件起 1 日内完成查验，除须缴税外，自查验完毕 4 小时内办结通关手续。

（三）征税

根据《中华人民共和国海关法》的有关规定，进出口的货物除国家另有规定外，均应征收关税。关税由海关依照海关进出口税则征收。需要征税费的货物，自接受申报 1 日内开出税单，并于缴核税单 2 个小时内办结通关手续。

（四）放行

（1）对于一般出口货物，在发货人或其代理人如实向海关申报，并如数缴纳应缴税款和有关规费后，海关在出口装货单上盖“海关放行章”，出口货物的发货人凭此装船起运出境。

（2）出口货物退关：申请退关货物发货人应当在退关之日起 3 日内向海关申报退关，经海关核准后方能将货物运出海关监管场所。

（3）签发出口退税报关单：海关放行后，在浅黄色的出口退税专用报关单上加盖“验讫章”和已向税务机关备案的海关审核出口退税负责人的签章，退还报关单位。

本章小结

本章介绍了客户询盘时应及时回复邮件及相关的技巧、B2B 跨境电商交易管理的相关知识，以及各国对出口产品的发货要求及清关流程。

知识测试与能力训练

一、选择题

1. 下面哪个国家的跨境货物可以发 e 邮宝物流？（　　）

A. 美国　　B. 新西兰　　C. 冰岛　　D. 南非

2. 下面哪种货物不能发中国邮政小包？（　　）

A. 衣服　　B. 鞋子

C. 带有电池的玩具　　D. 游泳护臂

3. 全球速卖通平台上不能出售哪种产品？（　　）

A. 衣服　　B. 手机　　C. 邮票　　D. 玩具

4. 下面哪种材料不适用于跨境物品的包装？(　　)

A. 纸箱　　B. 快递袋　　C. 纸盒　　D. 信封

二、判断题

1. 重量在 2 kg 以内的小包都可以发中国邮政小包。(　　)

2. 中国邮政小包不能发带有电池的产品。(　　)

3. 全球速卖通平台上可以随便出售食品类的产品。(　　)

4. 跨境物流可以有很多选择，如中国邮政小包、e 邮宝等，卖家可以自由选择。(　　)

5. 跨境电商卖家只要看到后台的新订单，就要马上准备发货，填写发货通知。(　　)

三、实训题

1. 假设你的敦煌店铺销售服饰、亲子装等类目产品。一位俄罗斯客户给你发了站内信，询问店铺中一款亲子连衣裙的尺码。请你根据下面的信件写一封回复信。

Hello,

My size is bust 92 cm, hip 90 cm, my daughter is 5 years old. Can you suggest me what size to order?

2. 你的店铺有一笔新订单，产品名称为服装，重量为 0.5 kg，国别为美国。试计算使用中国邮政小包和 e 邮宝的运费分别是多少，并说明选择哪种跨境物流。

第十章

跨境电商客服

学习目标

（1）了解跨境电商客服的特点及工作范围。
（2）理解跨境电商客服工作的思路。
（3）掌握跨境电商客服工作的技巧。
（4）掌握客户关系管理的相关理论知识。

素质目标

树立爱岗敬业职业操守和诚实守信的良好职业道德。

案例导入

跨境电商客服的重要性

1. 优质客户服务的重要性

（1）70%的客户旅程是基于他们如何被卖家对待和服务的评价。

（2）90%的美国人把客户服务作为是否与公司开展业务的一个因素。

（3）投资于新客户的成本是保留现有消费者的5倍到25倍。

（4）90%的消费者认为，当他们遇到客服问题时，“秒回”是非常重要的。60%的消费者认为“即时”回应的时间是10分钟以内。

2. 优质客户服务的力量

（1）73%的消费者因为友好的客服代表而爱上一个品牌并保持忠诚。

（2）68%的消费者表示，客服人员是积极客服体验的关键。62%的人认为，这在一定程度上取决于他们的专业知识或智谋。

(3) 消费者愿意为一家拥有出色消费者服务的公司多花17%的钱。

(4) 77%的消费者在有过一次正面体验后会向朋友推荐一个品牌。

(5) 93%的消费者可能会选择提供优质客服的公司进行重复购买。

3. 客户服务质量差的代价

(1) 消费者转向其他品牌的首要原因是该品牌的客服质量差。

(2) 由于客户体验到糟糕的客户服务而转向竞争对手，曾有一家美国公司损失了1.6万亿美元。

(3) 消费者需要12次积极的体验才能弥补一次未解决的消极体验。

(4) 50%的客户离开某个品牌而转向其他竞争对手，该竞争对手能够保持更大的针对性并更好地满足他们的需求。

4. 分享客户服务经验

(1) 满意的美国消费者将与大约11个人分享他们的积极经历。

(2) 不满意的美国消费者会与大约15个人分享他们的负面经历。

(3) 35%的美国消费者会在社交媒体上发表对公司的差评，但53%的客户表示会发表好评。

(4) 只有1/26的客户会向企业讲述他们的负面经历。

5. 客户服务的商机

(1) 80%的美国消费者对他们公司目前提供的客户服务感到满意。

(2) 64%的消费者认为在决定购买一个品牌时，客户体验比价格更重要。

(3) 仅仅增加5%的客户保留率就可以增加25%到95%的利润。

(4) 当企业优先考虑更好的客户体验时，他们的收入可以比市场高出4%到8%。

(5) 通过客服解决问题的不满意客户中，有70%愿意再次购买该品牌的产品。

（资料来源：https：//www. cifnews. com/article/58497）

案例思考：

(1) 跨境电商客服工作的范围是什么？

(2) 跨境电商中纠纷处理的流程是什么？

第一节　跨境电商客服概述

跨境电商客服与传统的外贸销售员、国内电子商务客服在原理上相通。跨境电商可以说是传统外贸的升级，但还是存在差别。例如传统外贸销售主要是通过线下见面，产品的品质和价格成为主要竞争力。国内电商客服服务系统较为完善，并且买家相对成熟，而跨境电商客服要面对全世界各个地区的客户，复杂性、碎片化及沉默下单的习惯使得售后存在较大的风险，由此呈现出跨境电商客服业务范围及工作特点的独特性。

一、跨境电商客服的业务范围

（一）客户咨询信息处理

客户通过各种交流方式对产品进行相关咨询。不同的跨境电商平台会提供站内信、电子邮件、即时通信软件等形式的交流方式。跨境电商客户问题大多集中在产品专业信息、产品规格差异（如服装尺码、电器电压规格等），以及产品运输方式和时间、海关申报上。客服需要完成针对客户的问题给予处理并进行分类汇总。此外，客服还要提醒相关部门作好产品质量、货运质量等发货前的准备，出现客户纠纷时，应主动、及时沟通并努力消除误会，对不良的评价及时作出解释。

（二）客户资料管理

客服需要对所有客户（包括潜在客户）信息进行登记，并与历史记录进行对比。例如分析客户的信誉度、客户对其他商户的评价及其他卖家对其评价，进而分析客户的特点而进行区别对待；汇总客户购物信息，按照购买频次或金额，判断客户重要等级，以便于进行有针对性的营销和客户服务。

（三）客户维护与二次营销

依据整理好的客户资料，客服人员要及时补充更新，做好信息储备。对于高级客户，客服人员还应定期进行线上回访，做好二次营销。根据“二八”原则，将80%的精力集中在20%的主要客户上。维护好主要客户、激活休眠客户、挖掘潜在客户是客服人员进行客户关系管理的重要工作内容。

（四）全程跟踪产品服务

客服作为客户的直接接触人，可以获取大量的信息。客服人员从售前的询盘到售后服务的整个过程都要聆听和解决客户提出的问题。客户下单前，客服人员要根据买家提出的需求，基于产品属性、运输条件、买家偏好等综合因素考虑，提供最佳的购买推荐。发货后，要及时借助沟通工具通知客户产品已发出，提醒客户注意签收，定期反馈货物的物流情况，尽可能降低纠纷的发生率。一旦出现问题，积极主动寻找解决方案并化解纠纷，提高客户的购物体验感。

二、跨境电商客服的工作目标

（一）保障账号安全

跨境电子商务面向不同国家、地区的客户进行经营，各个国家或地区政策存在差异，跨境电商卖家要维持较高的信誉及服务能力，难度明显大于国内电商。一般而言，跨境电商平台会设置等级评价机制来评估卖家的服务和信誉水平。在此机制下，等级越高的卖家越能得到平台推送的推广资源，相反，评级低的卖家会在产品曝光率和推广活动等方面受到很大的负面影响。因此，卖家要想在跨境电商平台上得到不断的发展，就要提升自身的产品质量和服务水平，提升评定等级。而客服人员恰恰在运营团队中最能发挥管理监督和提升卖家等级的作用。客服人员应借助各种工作方法和沟通技巧，维护并提升店铺的各项评价指标。评价指标越高，账户的安全度就越高，卖家的评价等级也就越高。

（二）降低售后成本

相对于国内电商，跨境电商售后成本较高，跨境卖家在处理售后服务时大多数采用“免费重发”或“买家不退货、卖家退款”的高成本方式。一位富有经验并善于沟通的客服人员使用多元化的方案解决买家的投诉，做到合理、巧妙搭配、因地制宜的售后服务，会在很大程度上降低售后服务成本。例如在一些消费类电子或智能家居产品的售后问题上，往往投诉发生在缺少详细的英文说明书，客户无法明确产品的正确操作，这时客服如能用简洁、准确的语言向客户说明，则可实现零售后成本。

（三）促进再次交易

首先，客服人员帮助客户完美地解决各类问题，会增强客户对商家的信任，进而转变成忠实客户。其次，跨境电商平台上存在大量的海外批发商，对于此类客户，客服应积极地跟进并给予售前、售中和售后服务，解决他们的疑惑或犹豫，促成批发商的订单成交。最后，客服人员要与营销人员配合，使用邮件群发等方式，及时、精准地定制营销邮件和信息，通过推广信息让客户参与到店铺的促销活动中，增加客户的黏性，提高其回购率。

三、跨境电商客服的特点

（一）参与跨境电商企业的整个运营过程

跨境电商客服人员代表企业形象，是企业与客户沟通的重要接触点，承担着客户咨询、投诉、业务受理（新增、补单、调换货、撤单等），借助各种沟通渠道参与客户调查和联系等一线业务。作为承上启下信息的传输者，客服人员要及时地将客户反馈的意见传递给相关部门。

（二）面对两大客户群体

传统贸易的沟通对象大多集中在专业的批发商，而跨境电商的特点决定沟通对象主要有专业的批发商和终端消费者两个群体。

专业的批发商对应企业对企业跨境电商平台（B2B），如阿里巴巴 1688 批发平台。按工作内容，B2B 类型的客服可分为两种：一种是回复业务咨询、解答日常客户问题；另一种是销售型客户服务，负责新客户开发。按职务，B2B 类型的客服可分为两种：文职型客服，主要提供可供客户选择的方案，对客户提出的问题进行解答、记录；技术型客服，针对客户在操作方面的疑难问题进行解答和引导，提供技术支持。

终端消费者对应企业对消费者跨境电商平台（B2C）。终端消费者大多有一定的网上购物经验或愿意尝试，购物主要用于自身使用。此类客户对产品质量及价格的要求与传统贸易中批发商占主体消费的情况会有很大的差异。因此，客服应抓住该类型消费者的特点进行有针对性的沟通。

（三）更加注重人性化服务

传统贸易往往批量较大，强调产品的标准性而非个性。而跨境电商中，强调以人为本，满足客户的需求是跨境电商客服的核心内容。伴随激烈的全球化竞争，企业间的竞争已超越了价格、质量的竞争，而更多强调服务的竞争。要为客户提供最人性化的服务，就必须从订单的各个环节入手，时刻关注客户的购买需求。表 10-1 为订单各环节的客户服务内容。

表 10-1　订单各环节的客户服务内容

订单环节	客户服务内容	目的
平台资金未到账	发送邮件，解释平台验款与客户付款之间可能存在延时及其原因	防止资金审核时间较长引起的客户误会
发货前的准备	确认收获地址、联系方式、个人税号或公司税号，进行海关易收税商品提醒与确认等	减少货物丢失和被扣关的可能
货物在途	主动告知包裹状态，定期发送包裹更新状态	避免客户没有看到客户服务信息而引发纠纷
包裹运输可能超时	主动为客户延长收货时间	避免客户因临近最后收货确认日期而引发纠纷
包裹成功投递	让客户确认收货，建议客户留好评	缩短回款周期

（四）工作方式灵活多变

跨境电商的灵活性主要体现在个性定制方面，为不同国家或地区的客户提供个性化服务，迎合消费者追求品质和个性的心理。跨境电子商务面向全球客户，订单碎片化和在线化的特点使得客户需求也呈现出标准不一、层次多样的特点。在与客户交流的过程中，客服人员要抓住客户的特点有针对性地提供个性化服务。以客户为中心的经营理念需要提供个性化产品和服务作为支撑，也是商家得以成功的必经之路。

四、跨境电商客服的岗位需求

规模较大的网店会根据客户服务人员所负责的不同工作，将客服分为售前、售中和售后三类，一般由 2～6 名客服组成团队。大中型网店订单较多、咨询量大，如果客服工作没有流程化、系统化，很容易出现订单错误的情况。流水化客服工作模式不仅易于管理和考核，还能降低客户的投诉率，使客服人员各司其职、有条不紊地工作。规模较小的网店则不会有较细的分工，一般由1～2名客服人员兼顾售前、售中和售后各阶段的客服工作，以保障店铺的正常运行。

从市场需求角度看，跨境电商客服人员应具备以下素质。

（一）职业素质

企业看重的职业素质是合作沟通和组织协调。作为企业迫切需求岗位之一的客服，从业人员要具备这两点职业素质，即善于与客户沟通并建立良好的合作关系，将客户的问题反馈给相关部门，积极组织协调各部门间的关系，最终将问题解决等一系列体现沟通与协调能力的职业素质。

（二）学习能力和创新能力

为了更好地完成工作，跨境电商客服人员应具备较强的学习能力，如电子商务、产品知识、外语、国际物流、网络营销、国际贸易、计算机技术等多种专业知识，只有结合市场发展和顾客需求灵活地运用相关知识，才能满足工作需求。

（三）诚信负责的工作态度

能够胜任跨境电商客户服务工作，除了有熟练的业务知识和技能外，还应具备诚实守信的工作态度，对于企业来说，更为看重员工吃苦耐劳、认真负责的态度。

第二节　跨境电商常见争议处理

在跨境电子商务模式下，售后服务是衡量卖家服务质量、提升产品附加值、赢得买家信赖的主要标准和途径。而在实际业务中，各国政策的差异性、物流信息更新不及时、交易信息的不准确以及其他不确定因素都会引发买家对收货不及时或对交易的不满，如果售后沟通不及时或不准确，非但解决不了问题，还会引起不必要的纠纷，从而招致差评，带来负面影响。本节将选取跨境电商售后中具有代表性的问题加以分析并结合实践提出相应的解决方案，以供参考。

一、买家因额外费用导致不满

以支付关税为例，因各国进口政策的差异，在关税缴纳上容易产生争议。例如在美国，当产品申报价格超过500美元时，须按其重量缴纳进口关税；而加拿大、澳大利亚收取关税的标准定在产品货值高于20美元；欧洲一些国家则实施阶梯税率，进口产品的价值高于25美元时，将按照较高的税率缴纳关税。通常情况下，买家要按照规定支付关税后才能从海关领取货品，如果客户不熟悉本国的进口政策，很容易在支付额外关税问题上与卖家产生分歧。因此，卖家在申报货值时，对于价格高的产品应提前通过邮件与客户沟通，让买家作好准备，避免因不知情的额外费用引发矛盾。

如果争议已经产生，则需向客户解释进口国的相关海关政策，并协商解决方案。此情况下的解决方案可归纳为以下三种：

一是在卖家已提前通知买家进口国的相关海关政策，无任何责任的前提下可说服客户认可本国税收条例，承担关税并签收货品。

二是当卖家未提前告知相关政策时，须承担部分甚至全部责任，可与客户协商分摊或全部承担关税费用。需要注意的是，此方案只适用于利润高于关税额，但低于退货成本的产品。

三是当卖家无责而沟通失败时，可酌情按照方法二解决，如卖家承担关税费用超过退货成本，则可让买家直接申请退货。需要注意的是，即使进入退货阶段，卖家也要及时向买家表示歉意和遗憾，求得其谅解，这关系到客户的评价、卖家口碑及信誉度。在交易前期为避免纠纷及卖家相关责任，可在邮件中注明"According to our regulations，buyer has to pay for import tariffs or customs clearance fees. Please consult local customs for specific rates，thank you for understanding"（按照公司规定，买家须承担进口关税及相应的清关费用，具体税率您可以联系当地海关部门进行咨询，感谢您的理解）。这样一来，从一开始就提醒了买家注意税费问题。

二、买家未收到商品

（一）商品配送途中买家频繁催促

由于跨国运输情况复杂、耗时较长，货物的物流状态经常会显示在途中或一些偏远地区，物流信息更新不及时，这导致一些心急的顾客感到焦虑，担心货品丢失或不能按时到货，从而不断地向卖家询问，如果卖家回复不及时或态度不耐烦，就很容易产生纠纷。在这种情况下，卖家应保持足够的耐心与买家沟通，安抚买家的情绪并积极与物流公司联系查询货物递送情况，如果确实因某些原因影响快件送达日期，卖家可采取的解决方案是允许买家延期付款，并及时与快递公司联系，通知买家包裹去向，以积极的态度赢得客户信任。

"dear ×××，due to bad weather problem，your order sent by EMS will take 15 days（16 JUN，2018）to your destination. Sorry for the inconvenience and thank you for your patience. If you have any problems，please contact me freely."（"尊敬的顾客，由于天气的原因，您的订单由 EMS 承运将 15 天到达，预计 6 月 16 日，给您带来的不便深感抱歉，同时感谢您的耐心和谅解，如果有任何问题，请随时与我联系。"）

（二）货物被海关扣留

货物可能会涉及以下原因被进口国海关扣留，导致买家无法收货。

（1）货物为进口限制类商品。

（2）货物未缴纳关税，被扣留海关。

（3）商品为仿冒劣质品，由海关直接销毁。

（4）产品申报货值与实际不符，须交纳罚金。

（5）买家或卖家未提供完备的进口报关材料，包括商品单据及相关文件。当货物滞留海关时，物流状态将会显示为“Handed over to customs or Clearance delay”（移效给海关或清关延误）。

为防止出现上述情况，卖家应做到以下几点：首先，卖家应熟悉自己主营市场的海关政策，在交易之初就告知买家相关法律法规，在确保客户完全理解后再开展贸易；其次，卖家负有向海关提供商品的真实数据和清关文件的义务，同时也应协助客户提交相应文件；再次，卖家还应帮助客户计算产品的进口关税，进而确定税款支付方，避免延误清关；最后，如果发生海关扣货纠纷，卖方除积极与货运公司、海关及买家沟通外，还应收集下列信息证明自己并非过错方，如追溯货品物流轨迹、货品扣关原因、卖家以往与买家告知信息等，为跨境平台裁决纠纷提供相关证据，使自身损失降到最低。当然，卖家还是要以解决问题为目的，积极地联系买家，安抚对方情绪，尽快将货物提出来。

According to the transportation record, your order has arrived at ××× customs. You could contact the customs to check the clearance status. If you need any assistance, please let me know directly.（按照运输记录，您的订单已到达×××海关，您可以联系当地海关部门，查询货物清关状态，如有需要协助的地方，请直接与我联系。）

在邮件中的这种叙述表明卖家积极配合解决问题的态度，并没有推卸责任。

（三）包裹被退回或被投递到非客户地址

由于客户邮寄地址不准确造成的邮件无法正常投递，包裹可能被退回或被寄往非买家地址。如果是因为卖家失误使客户未及时收到货，应第一时间向买家承认错误，除诚恳道歉外，还要承担再次发货的运费和成本，尽快安排快递发货或全额退款。如有需要还应给予买家一定的折扣或赠品，弥补顾客时间上的延误，修复其对商家的信任。

“Due to our mistakes, the order has been delayed for long-time, we will arrange new shipment at once or if you do not want to wait any longer, we also could offer refund you. As same time a coupon will be given to you as our sincere apology.”（“由于我们的原因，造成订单没有顺利递送，我们会尽快安排新的货运，又或您不想再等，我们也会把全额货款退还给您，同时会赠予一个打折券以示歉意。”）

如果是买方原因导致投递失败，卖方也应马上与对方联系，修正地址并与运输公司沟通是否可以重新发送至正确的地址，减少运输损失。同时向买家出示相关证据表明此次失误并非卖家责任，并协商解决方案，在此过程中须耐心沟通，避免给人得理不让人的感觉，进而激怒买家对店铺给予负面评价。

（四）显示已妥投，但买家否认收货

货运显示已妥投，但买家表示没有收到货物并要提起投诉或退款申请时，卖家无法判断买家是否真的没有收到包裹还是另有目的，往往比较难处理。这时，卖家的做法应该是一方面与客户积极地沟通，查找货物，寻求双方都可接受的方法；另一方面，收集货物已

妥投的证明材料，如物流公司提供的货物跟踪、妥投证明、快递人员的证词等，为平台处理纠纷仲裁作好准备。

We just checked the logistics information of order ××, which shows the parcel has been delivered. You can also log in and check website：×××××. Could you ask your family members, neighbors or local post about the package? We hope to find the parcel as soon as possible. Let us know if you have any questions. （我们刚刚核对物流信息，您的订单显示已经签收。您自己也可以登录×××××网站进行查询。是否可以问一下您的家人、邻居或附近的邮政部门为您代签了快递？我们衷心地希望可以尽快找到包裹，如果您有任何问题请随时联系我们。）

这样写既提醒买家是否有别人代收包裹的可能，同时也表明卖家有相关妥投的依据。

三、货物与约定不符

（一）商品实物与描述不符

在跨境电商平台上，如果图片由于光线、显示器差异，甚至修图等因素，使买家对产品的色泽、材质乃至尺寸等产生了与商品不符的期望，在收货后买家会第一时间提出疑问。这也是卖家最需要警惕的时刻，因为买家可以对产品、店铺作出评价，同时也有权提出退款申请。这时卖家应该做的是：如果是微小的偏差，并且买家态度不太强硬，卖家可以主动沟通，通过积极合理的解释来换取买家的谅解，从而小事化无，并赢得客户的正面评价。如果买家态度非常坚决，卖家可以给予一定的折扣或同意退款处理。此时也要拿出诚恳解决问题的态度，安抚买家，避免差评或投诉。此外，卖家应上传多角度的产品细节图或者在自然光下未经处理的产品图，避免类似问题发生。

（二）商品质量出现问题

对于单纯因质量问题引起的差评或纠纷，是容易解决的。当买家给予差评或提出投诉后，卖家及时与客户取得联系，调查其对商品不满意的主要原因并要求其提供相关证据。之后，卖家应根据买家提供的描述、图片，分析商品质量问题是发生在运输过程中还是生产环节中。如果是运输过程中，则可追究物流公司的责任；如果是生产环节中，则应检查同一批次产品是否也存在同样的质量问题。只要客户反映的情况属实，则应尽快按照客户的要求换货或退款，从而获得客户的谅解，消除负面评价及其他不良影响。

We are sorry for the inconvenience that the good was not satisfied with you. if you insist on returning it back, we will send you a replacement or give you full refund. The other choice is that you keep the product and we will give a discount as compensation. （对于商品没有得到您的满意，我们深表歉意。如果您坚持退回，我们会为您替换全新的产品或全额退还货款。另一种选择就是您保留现在的产品，我们会给予一定的折扣作为补偿。）

四、买家原因引发的其他问题

对于因客户个人原因（如使用不当）导致产品损坏、恶意挑起纠纷、无理由拒签或者没有满足客户需求等而导致的纠纷，解决起来有一定的难度。与这类买家沟通，卖家可采取以下两种方式：

第一，以消除差评及负面影响为目的。与买家沟通，了解买家的真正意图，在卖家可以接受的范围内给予一定的让步，找出双方均认可的解决方式，消除负面影响。

第二，如果买家要求不合理，卖家无法接受，协商未果，卖家也可以采取“差评营销”方式，在买家差评留言下进行回复说明。这种解释并不是针对该笔交易客户，而是面对其他产品浏览者，从而让其他顾客了解事情真相，并明白主要责任不在卖家，更与产品属性无关，不影响购买。

此外，对于某些恶意引发纠纷的买家，卖家还可以收集相关证据，提交平台申请仲裁。目前，世界各国跨境电商平台都有一套相对于买方、卖方都公平公正的纠纷处理规则，卖家可以借此维护自己的权益。

第三节　跨境电商客户识别

一、识别客户的内涵

识别客户是通过一系列技术手段，根据客户的特征、购买记录等可得数据，分析出企业客户（包括潜在客户）的需求、哪些客户最有价值等，并把这些客户作为企业客户关系管理主要实施的对象，从而为企业成功实施客户关系管理提供保障。

二、识别客户的意义

（一）保住老客户

客户保持是企业实施客户关系管理的主要目标，对企业的利润有重要的影响。美国营销学者弗里德里希·赖克赫尔德和厄尔·赛斯对美国 9 个行业的调查数据表明，客户保持率增加 5%，行业平均利润增加幅度为 25%～85%。企业利润很大程度上受客户保持影响，是因为维持老客户的成本要比争取新客户所花费用低得多，一般能节约 4～6 倍。当然，在现有客户中，并不是所有的客户都会与企业保持长久的合作关系，维护住老客户也需要成本。但如果不加区别地满足所有客户的需求，势必会造成客户关系成本的浪费。

（二）获取新客户

客户关系管理尽管强调老客户的维持，但客户关系是一个动态的过程，吸引新客户也是企业的工作重点。另外，新客户开发成本之所以比维护老客户成本高，主要原因在于反馈率低，无法有效识别哪些客户可能成为公司的潜在客户而有针对性地进行营销，营销的盲目性使得成本居高不下。如果能提升识别客户的准确性，就会减少因争取客户投放的无效成本，进而为企业创造更多的竞争优势。

三、挖掘并识别有价值的客户

（一）挖掘潜在客户

目前，跨境电商企业主要是通过网络来挖掘潜在客户的。客服人员可以登录一些企业发布供求信息的网站，寻找有相关需求的客户；也可以在网上发布产品信息，吸引客户。网络寻找法的实施步骤见表 10-2。

表 10-2 网络寻找法的实施步骤

阶段	名称	主要内容
1	登录专业网站查找/发布信息	根据自己的经营范围登录专业网站，浏览国内外的需求信息，并与有需求的客户联系，还可以发布产品的供应信息，吸引客户，挖掘客户资源
2	借助网络公共空间发布信息	通过多种网络渠道（如网络聊天室、SNS 社交工具），广交朋友，寻找客户或通过朋友介绍客户
3	网站宣传	企业在公司网站上设计产品详情页，吸引潜在的客户与自己联系

（二）识别有价值客户

美国学者威廉·谢登的 80/20/30 法则认为：在顶部的 20%客户为企业带来了 80%的利润，但其中一半的利润被底部的 30%非盈利客户消耗掉了。也就是说，一些优质客户为企业创造的超额价值，被某些“假客户”破坏了。由此可见，企业主要客户不再是用数量来衡量，客户的质量是主要的评定指标，在很大程度上决定企业的盈利大小。企业的首要任务是维持好与主要客户（价值客户）的关系，而无须与所有客户建立关系。

企业要对不同的客户区别对待，根据不同的客户级别采取有针对性的管理策略。图 10-1 所示为根据客户目前及未来的价值分类。

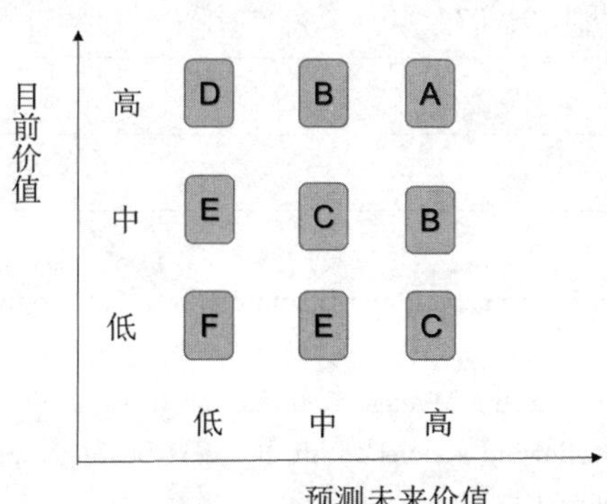

图 10-1 根据客户目前及未来的价值分类

A 类客户：首要客户。应尽最大努力维护好的客户。

B 类客户：潜力客户。对于该类客户的维护，企业应有相当的投资保障。

C 类客户：核心客户。企业应逐步加大对该类客户的投资。

D 类客户：没能争取的客户，由于一些原因企业即将要失去的客户。客户对于企业的价值即将结束，应减少对该类客户的投资。

E 类客户：低级客户。应缩小对其投资力度。

F 类客户：无吸引力客户。企业应考虑撤资，停止对该类客户的服务。

总之，对于不同层级的客户应实施不同的服务策略。A 类客户对企业市场战略具有重大影响，给公司带来最大的利润。对其进行客户关系管理的目标是建立长期稳定的战略关系。B、C 类客户是企业盈利客户，能给企业带来可观的利润，对于这类客户，企业应想办法提高他们对产品的购买份额。D、E 类客户对企业的贡献度不大，企业仅提供标准化服务加以维持即可。F 类客户可能会给企业带来损失，不仅占用企业资源，还不会给公司创造利润，企业应尽早放弃，剔除企业客服人员对该类用户的工作量。

第四节　跨境电商纠纷案例

一、亚马逊卖家处理纠纷案例

买家在亚马逊上订购了一件印花女童装，收到后发现印花错误。

（一）买家提出投诉

接到买家提出“发错款式”的投诉后的回复如下。

Return Requested for order 106-0412257
发件人：
已发送：20×5 年 11 月 11 日星期六 0：07
收件人：
订单编号：1212-12154
Dear ×××, This email is being sent to you by Amazon to notify and confirm that a return authorization has been requested for the item (s) listed below. ×××, please review this request in the Manage Returns tool in your seller account. Using the Manage Returns tool, please take one of the following actions within the next business day: Authorize the customer's request to return the item. Close the request.

Contact the customer for additional information（through Manage Returns or the Buyer-Seller Communication tool）. ×××the information below is confirmation of the items that you have requested to return to ×××. No additional action is required from you at this time. Order ID：1212-12154 Item：××× Qty：1 Return reason：Wrong itme was sent Customer comments：Just arrived today. The item I received is not the same print as the one shown here. Not what I ordered. Totally different. I would like to exchange for the correct print. Request received：November 11，2020 Sincerely， Amazon Services.

（二）卖家对投诉的处理

卖家经仓库核实，确实将相似款式发错，于是第一时间与客户沟通解决，回复客户，提出三套方案，供客户选择。回复内容如下。

关于：Return Requested for order 106-0412257
发件人：
已发送：20×5 年 11 月 12 日星期日 5：00
收件人：
订单编号：1212-12154
Dear ×××， Have a nice day Firstly，we feel very sorry sending wrong print. But please don’t worry，we give some solution for you： No need to return it，we will give 50% claim code（ZRHT-VY65SR-H4S6WP）for you. You can buy any liked color for lovely baby again. No need to return it，we will return half money of the cloth for you. You can send it to us. We will refund this cloth’s money to you. Sorry bring this trouble to you again. Hope to get your kind understanding. ×××Customer Service Center.

（三）买家与卖家沟通

买家提出，希望得到优惠折扣，他非常喜欢这个款式，想再次购买，内容如下。

Re：关于：Return Requested for order 106-0412257
发件人：
已发送：20×5 年 11 月 12 日星期日 11：00
收件人：
订单编号：1212-12154
Hi， Thank you looking forward to getting the right color this time. They are very cute. Sent from my Ipad.
Re：关于：Return Requested for order 106-0412257
发件人：
已发送：20×5 年 11 月 12 日星期日 12：00
收件人：
订单编号：1212-12154
×××， I forgot to mention，I will chose option 1. 1. No need to return it，we will give 50% claim code（ZRHT-VY65SR-H4S6WP）for you. You can buy any liked color for lovely baby again. Sent from my Ipad.

卖家根据相关情况回复客户，如可以下单购买，会马上发货，具体内容如下。

关于：Return Requested for order 106-0412257
发件人：
已发送：20×5 年 11 月 12 日 星期日 21：00
收件人：
订单编号：1212-12154
Dear ×××， Thank you for your kindly understanding.
You can place a new one for your lovely girl. We will send it tomorrow. Hope our cloth fit your baby. Best wishes. ××× Customer Service Center.

最终，客户取消前期退款申请，同时用折扣券又新订了两件衣服。

（四）投诉解决

客户最终给了卖家五星好评。

Top Cusstomer Reviews		
Five Star		
By：×××		
Size：S/O Months	Color：Pink Flower	Verified Purchase
Great dealing with seller，would definitely purchase again		
Comment	Was this review helpful to you?	Yea/No
订单信息 订单号 8095646623321（查看详情） 订单金额 US＄10.99 订单创建时间 Dec 12.2023 订单留言 收货地址 ××××××××××××××××××××		

（五）案例分析

在该案例中，客服收到投诉后第一时间联系了买家，并提出了三种解决方案供买家选择，最终商家妥当地解决了纠纷，避免了损失并赢得了用户的好评。客户回复模板如下。

模板一

Dear Customer,

The photos were received with thanks. Sorry that we failed to check out the problem and we would pay more attention on this part.

Anyway，we will refund you ＄3 for compensation or may you just accept this time and we would like to provide bigger discount for your next order?

So sorry about the trouble. Please feel free to let us have your comment.

Thanks!

Best Regards

(Your name)

模板二

Dear Customer,

We sincerely regret that you haven' t received your parcel yet. We can confirm that we sent your order on January 10，2016；however，we were informed by the shipping company that the package has been delayed due to problems on their end.

We can arrange reshipment or full refund to you. Please let us know what is your preferred option and we' ll resolve this matter as quickly as possible.

We apologize for the inconvenience. Your understanding is greatly appreciated.

Best Regards

(Your name)

解决投诉常用句型

(1) You can also consider the solution that we send you a new one with 50% discount and you cancel the dispute without pay for the hightly returning shipping fee.

您也可以考虑另一种解决方案：我们以五折方式重新寄给您一件全新的产品，您取消纠纷，也不需要支付高额的寄回费用。

(2) We will refund you 3 dollars for compensation or may you just accept this time and we would like to provide bigger discount for you next order?

我们将赔偿您 $3，或者如果您这次接受货物，我们将在下次的订单中给您更大的折扣。

(3) We sincerely regret that you haven' t received your parcel yet.

很遗憾您没有收到包裹。

(4) We can arrange reshipment or full refund to you. Please let us know what is your preferred option and we' ll resolve this matter as quickly as possible.

我们可以重新安排发货，也可以全额退款。请告诉我们您选择哪种处理方式，我们尽快解决。

二、全球速卖通卖家处理纠纷案例

由于卖家的产品有瑕疵，买家提出诉讼，卖家通过及时、有效的沟通，最终以退款的方式成功处理纠纷。

（一）买家提出投诉

买家购买了一套儿童餐具，收到货后因产品有瑕疵对卖家进行投诉，并按照卖家要求上传图片。执行“我的全球速卖通→纠纷列表→纠纷详情”命令，可得到以下内容。

订单号：××××××××××××××

纠纷原因：产品有瑕疵

20×5-11-12 23：15：40

Buyer　I posted photos of the broken glass. Can we find a different solution? You can send me a new set at a discounted price.

20×5-11-12 19：15：50

Seller　This is a set of five baby tableware. We can not replace that cup. We are very sorry.

20×5-11-12 19：01：40

Seller　As you say the product is defective, could you give me a picture? Thank you.

（二）卖家投诉处理

经图片核实，产品确实存在质量问题。此时，卖家第一时间向客户道歉，通过与买家的沟通，表示愿意赔偿部分产品的价值，具体内容如下。

订单留言 20×5-11-14 04：40：10 Seller Then you put the program, the program is changed to only a refund of 7 dollars. Thank you. 20×5-11-13 04：20：15 Buyer Okay for partial reimbursement. You can repay 7 dollars? 20×5-11-13 04：10：10 Seller We are really sorry. The goods were accidentally off the shelf. Your goods damaged because of the logistics. We will refund you. 20×5-11-13 03：50：10 Buyer Why have the goods been pulled from the shelves? We proceed with partialreimbursement at this point. 2022-12-13 03：34：15 Seller Hello, the goods have been pulled from the shelves. You cannot place the order again. You will get partial refund. I' m very sorry.

（三）投诉解决

纠纷最终得到解决，执行“我的全球速卖通→纠纷列表→纠纷详情”命令，可看到如下内容。

订单号：××××××××××××× 纠纷原因：产品有瑕疵 纠纷状态：纠纷结果 仅退款 US＄7.00，由卖家出资 提醒：了解处理流程

（四）案例分析

该案例中，在确认质量问题是由自身原因产生的情况下，客服积极与买家沟通，并向买家解释问题发生的原因，一般最终以赔偿的方式解决纠纷，买家也比较满意。客服回复的邮件模板如下。

模板一

Dear Customer,

We sincerely regret that the items you' ve received in order ******* were not as described. Our goal is to resolve any disputes as quickly and conveniently as possible.

Since you have claimed the items did not work/work properly, could you please make a video recording to illustrate this issue and send them directly to our email：××××××. This will allow us to verify the problem and help resolve it to your satisfaction.

Best Regards.

(Your name)

模板二

Dear customer,

We are sorry for the quality problems and would pay more attention on product quality check in the future.

We will accept your requirement and please kindly return the goods to the following address: ××××××

However, some customers will accept the second solution that we send you a new one with 50% discount and you cancel the dispute without pay for the highly returning shipping fee. Hope you consder it. Thank you!

Best Regards.

(Your name)

解决纠纷常用句型

(1) We sincerely regret that the items you' ve received in order ××××××××× were not as described.

您收到的货物（订单号×××××××××）与描述不符，我们为此真诚地道歉。

(2) Since you have claimed the items did not work properly, could you please make a video recording to illustrate this issue and send them directly to our email: ×××××××××.

由于您投诉我们产品运转不正常，能否请您录制视频以说明此问题，并将其直接发送到我们的电子邮箱×××××××××吗?

(3) We will accept your requirement and please kindly return the goods to the following address: ×××××××××.

我们接受您的要求，请将货物寄回到以下地址：×××××××××。

(4) The photos were received with thanks. Sorry that we failed to check out the problem and we would pay more attention on this part.

非常感谢，图片已收到。很抱歉我们没有检查出问题，我们以后会更加注意这方面。

拓展阅读

实战：跨境电商客户服务全攻略

一、跨境电商在线客户服务应该具备的能力

1. 传统外贸人的专业技能

如外语能力，对外贸行业的理解能力，有丰富的外贸专业知识（支付、物流、关税、退税等）。

2. 对于产品供应链的理解能力

无论做传统外贸还是跨境电商，作为一个在线客户服务，对产品非常熟悉了解，才可能履行一个在线客户服务基础的功能，与客户沟通，引导客户下单交易。对于供应链的理解可以在后期的运营中更多地体现核心竞争力。

3. 对于跨境电商平台的熟悉程度，对于跨境贸易整个流程的理解

很多小型的跨境电商创业团队的在线客户服务是一兼多能，不仅在线与客户沟通，还需要兼顾平台运营。要成为一个合格的跨境电商在线客户服务，首先应对跨境电商平台的规章制度熟悉运用，如 2017 年全球速卖通的招商门槛政策、速卖通的大促团购玩法等。熟悉平台，才可以顺应平台的发展。其次，跨境电商的在线客户服务因为直接面对客户，所以在线客户服务应对跨境电商的整套流程都非常熟悉，如物流、各国的海关清关等。

4. 语言能力

有语言优势的客户服务更能解决客户的问题，同时要做好生意，还应该了解目的消费国的风土人情。例如在全球速卖通平台，就应该熟悉俄罗斯和巴西人的性格，与俄罗斯人聊天应避免谈及苏联问题等；巴西人比较爽快、幽默，但在性格上有比较直的特点。掌握这些，就可以更好地与客户沟通，最终促进销售。

5. 一流的销售能力

好的跨境电商客户服务应该善于分析客户的能力，有些客户是单纯的零售买家，有些是小额批发商，有些甚至是潜力无限的大 V 客户。跨境电商的在线客户服务应该通过站内信进行沟通，及时判断发现这些客户，进行区别、差异化的对待。在线客户服务通过专业度以及对跨境流程的理解和与客户的真诚交流，最终促成订单成交；如果客户不下单，在线客户服务还应该通过持续的订单跟进能力，持之以恒，最终使订单成交。其中的原理与传统外贸是相通的。

6. 引导客户二次多下单的能力

在线跨境电商运营要成功，核心还是靠用户的下单黏合度。一位老客户的重复下单次数决定了店铺的成功与否，客户会二次或多次下单的前提应是对于第一次订单的高度满意，这与跨境电商在线客户服务专业度和耐心是分不开的。专业的跨境电商卖家会在第一次销售过程中真正解决客户的争议，如产品、跨境物流、销后等问题。客户的二次开发包括确定第二次的优惠幅度、打折、建立客户关怀档案等内容。

二、跨境电商在线客户争议解决建议方案

跨境电商现在最大的痛点是客户体验差，其中的深层次原因包括跨境物流、售后有难度、沟通成本大等，而跨境电商发生争议后往往对于卖家的压力和损失非常大，很难像境内电商退货那么简单，所以解决在线客户订单争议的能力尤为重要。解决客户争议一般的流程如下。

1. 让客户体会到卖家解决争议的诚意

西方消费者非常看重卖家的态度，因为西方消费理念非常成熟，买家认为卖家感恩买家的购买是理所当然的事情，这也是为什么西方的消费者更强调购物的维权主张。因此，遇到客户对产品不满意、物流体验差，要求退款的争议，首先要做的是体现卖家解决争议的态度，对客户表示感恩，对客户的遭遇表示理解，并且承诺会积极地解决问题。

2. 真正地了解订单争议的来龙去脉

跨境电商的争议性最容易集中在物流环节，如丢件、产品破损。遇到客户争议，首先应冷静地分析事情的来龙去脉，注意电子格式和证据、聊天记录、物流记录，明确应承担

的责任方。电子数据证据应该是解决订单争议的核心工具。

3. 消除客户的负面情绪

客户如对订单有争议，对产品不满意，肯定会有很多负面的情绪，表现形式包括给予差评、进行社交媒体的曝光等。这时是最考验在线客户服务的业务能力的时候，好的客户服务会以自己的专业度、语言能力，通过站内信、手机 App、电话等与客户进行充分的沟通，并且理解、认同客户，最终让客户再次信任卖家，使客户的负面情绪化解，为争议的解决打下基础。

三、跨境电商的争议解决方案选择

1. 全额退钱

很多时候物流价值其实比产品本身价格高得多，很多跨境电商的新人考虑到店铺运营的满意度、店铺好评率和评分，也为了快速解决客户争议，就直接、草率地告知客户货不要了，钱全部退还。这表面看上去很豪爽的争议处理方式恰恰证明了在线客户服务的不专业和不成熟，这对于客户的成本损失是最大的，很多时候客户反而会感觉卖家没有诚意，因为更多的客户花钱是希望得到真正想要的产品的，简单的货白送、全额退钱不能挽回客户的体验感。

2. 二次免费发货

解决争议的第二方式是免费再给客户发一次货。在这里其实有一个沟通处理技巧：可以在客户充分理解的基础上，建议客户承担一次货物的部分价值，如一件产品的价值为 100 美元，因为破损或者有其他令客户不满意的地方，可让客户承担 70 美元，其实大部分客户都会愿意接受的，同时二次发货，加上产品的利润率，基本上可以挽回卖家的损失。

3. 给予客户折扣

这是最倡导的一种方式。例如产品破损时，直接给客户扣除交易金额，一般来说客户都愿意接受，但是这里会有一个沟通技巧的问题，在线客户服务沟通技巧的能力直接决定客户退让的幅度。

（资料来源：编者自编整理）

本章小结

本章介绍了跨境电商客服管理的特点、工作内容和工作性质，列举了跨境电商常见的争议及解决方案，进而帮助相关从业人员更好地完成跨境电商客服工作，及时催促买家付款、处理退货及其他纠纷。

知识测试与能力训练

一、选择题

1. 有买家提起纠纷，我们应该（　　）。

A. 不管他，让平台处理　　B. 联系买家，及时沟通，合理处理纠纷

C. 退款　　D. 重新发货

2. 以下（　　）不是卖家分项评分标准。

A. 商品描述准确　　B. 沟通质量及回应速度

C. 物品运送时间合理　　D. 商品纠纷率

3. 对于信用评价，买家可在评价生效后 30 日内对做出的评价进行修改，但修改仅限于中差评，修改次数仅限（　　）次。

A. 1　　B. 2

C. 0　　D. 不限

二、实训题

1. 买家下订单后发来邮件：Can you send this item as a gift?（你能把这个作为礼物送出去吗?）查看库存之后，发现这款产品断货了，卖家应该怎样回复?

2. 收到来自巴西客户的邮件：I didn't receive this item, I need it is my birthday gift, please refund me.（我没有收到这个，我希望他能作为生日礼物送给我，请退款给我。）但是查看该客户的订单详情，是 12 天前发货的，目前包裹跟踪信息显示已经发往目的国。卖家应该怎样回复?

第十一章

跨境电商支付

学习目标

（1）理解跨境电商的支付方式。
（2）了解跨境移动支付的概念。
（3）掌握西联汇款、国际信用卡、PayPal、国际支付宝的支付方式。

素质目标

了解资金结算风险，树立资金安全意识。

案例导入

蚂蚁金服区块链在跨境支付领域的应用

2018年6月25日，全球首个基于区块链技术的电子钱包跨境汇款服务在我国香港上线。香港版支付宝AlipayHK的用户可以通过区块链技术向菲律宾汇款。

在发布会现场，马云回忆起多年前收到的一个来自菲律宾的求助："我们什么时候可以用支付宝把钱汇回家？现在汇款太贵。"他说，过去一年他至少问了蚂蚁集团董事长井贤栋10次什么时候能够解决这个问题。

巧合的是，AlipayHK和菲律宾电子钱包GCash也一直在寻找办法解决汇款难题，直到他们遇到了蚂蚁金服的区块链团队。2017年，蚂蚁金服是全球拥有区块链专利最多的公司，正在不断探索区块链应用的边界。

在各方的共同努力下，AlipayHK成为全球首个在跨境汇款全链路使用区块链的电子钱包，并由渣打银行负责日终的资金清算及外汇兑换，使得跨境汇款也能像境内转账一样秒到账，7×24小时，不间断、省钱省事、安全透明。

（资料来源：http：//www. sohu. com/a/239480464_ 208700）

案例思考

(1) 跨境电商支付与传统的国际汇款有何区别?

(2) 国际支付宝的交易流程是什么?

第一节 跨境电商支付概述

一、跨境电商的主要支付方式

在跨境电子商务中，会根据业务模式选择不同的结算方式，业务会涉及资金结售汇与收付汇。从资金流向看，跨境电商进口业务涉及跨境支付购汇，购汇途径一般有第三方购汇支付、境外电商接受人民币支付、通过国内银行购汇汇出等。跨境电商出口业务涉及跨境收入结汇，其结汇途径主要包括第三方收结汇、通过国内银行汇款、以结汇或个人名义拆分结汇流入等。

二、跨境电商的主要支付模式

目前，跨境支付行业已形成多渠道并存的格局，包括银行电汇、快汇公司、国际卡组织、第三方支付及香港离岸账户 5 种模式，各种渠道优劣并存，具体见表 11-1。

表 11-1 常用的跨境支付渠道

跨境支付模式	主要支付工具	特点
银行电汇	银行电汇	传统外贸付款方式，一般通过 SWIFT（一种编程语言）传递数据
快汇公司	西联汇款、速汇金	到账速度快，但手续费相对较高，网店不足
国际卡组织	万事达（MasterCard）、维萨（VISA）	用户人群庞大，与信用体系挂钩，费用较高
第三方支付	PayPal、Payoneer、ClickandBuy、Qiwi wallet 等	使用方便，种类繁多
香港离岸账户	香港账户、离岸账户（内资）、离岸账户（外资）	境内操控，境外运作，资金调拨自由

我国跨境转账汇款渠道主要有第三方支付平台、商业银行和专业汇款公司。相关数据显示，我国第三方支付平台用户使用率占比最高，商业银行使用率次之。其原因在于，第三方支付平台不仅满足用户对跨境汇款便捷性的需求，而且费率较低。此外，跨境转账汇款用户使用在线跨境支付方式较多。

三、跨境电商的主要支付机构

从目前支付业务发展情况看，我国跨境电子支付机构主要有境内外第三方支付机构、银联和银行。从跨境电商支付影响力看，境内外第三方支付机构成为用户的首选。目前，

PayPal 作为全球最大的在线支付公司，在第三方支付机构中占据重要地位。PayPal 支持全球 190 个国家和地区的 25 种货币交易，尤其在欧美普及率极高。同时，PayPal 还是在线支付行业标准的制定者，在全球支付市场中获得认可，拥有很高的知名度和品牌影响力。中国跨境交易的用户也受此影响，更多地选择使用 PayPal。尤其个人海淘用户和跨境 B2C 出口，其使用率很高。

支付宝凭借国内第三方支付的良好基础，逐步进入跨境电商支付行列。2007 年 8 月，支付宝与中国银行等银行机构合作，推出跨境支付服务。从 2009 年开始，支付宝先后与 VISA 和 MasterCard 进行合作，这两大全球发卡机构在我国港澳台地区的持卡用户都可通过支付宝在淘宝网进行购物，从而完成双向的跨境支付服务。目前，支付宝的跨境支付服务已覆盖 34 个国家和地区，支持美元、英镑、欧元、瑞士法郎等十多种外汇结算。

财付通与美国运通（American express）合作，其网络支付服务能够借助美国运通，实现在美、英两国的全球商店（Global Shop）等热门购物网站进行跨境在线购物和支付。

快钱则从 2012 年初推出适合外贸电商用户的一揽子跨境支付、国际收汇服务方案，通过与西联汇款的合作，实现自动化的汇款支付处理，帮助外贸电商消除烦琐的结汇流程与规避风险。目前，快钱能够支持总量达 15 亿张信用卡的 VISA、MasterCard、American Express、JCB 等国际卡支付，为外贸电商提供一体化结汇服务和专业化的风控服务。

汇付天下则专注于小微企业市场，重点在航空产业链等 B2B 商务市场，特别是在航空机票支付领域，汇付天下的市场份额近 50%。

银联的跨境支付起步也较早。目前，银联卡可在我国境外的 125 个国家和地区实现跨境支付。

第二节　跨境电商支付工具

跨境支付按是否需要去柜台现场办理业务可分为两个大类：一种是线下支付，适用于金额较大的跨境 B2B 交易；另一种是线上支付，包括各种电子账户支付和国际信用卡，由于线上支付手段通常有交易额的限制，所以比较适用于小额的跨境零售。

一、线下支付工具

（一）信用证

信用证（letter of credit，L/C）是指由银行（开证行）依照（申请人的）要求、指示或自己主动，在符合信用证条款的条件下，凭规定单据向第三者（受益人）或其指定方进行付款的书面文件。信用证是一种银行开立的有条件的承诺付款的书面文件。

在信用证结算方式中，以银行信用代替商业信用，为交易双方提供信用保证，从而促进交易的顺利达成和资金的安全交付。信用证成为传统国际贸易中常见的结算方式，是银行有条件保证付款的证书。

其基本业务流程为：买方先提交信用证申请书，支付保证金和银行费用，由银行开立信用证，再由异地卖方银行通知卖方，卖方按合同和信用证规定的条款发货，开证银行在审单无误的条件下代买方先行付款。如图 11-1 所示。

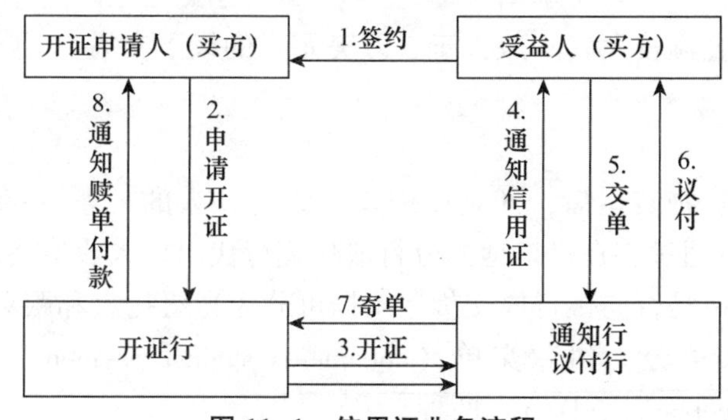

图 11-1　信用证业务流程

1. 费用

信用证涉及的银行费用可以分为以下几类。

（1）开证：开证费、改证费、撤证费。

（2）信用证传递：信用证预先通知费、通知费、转递费。

（3）信用证交单：邮递费、电报费、审单费。

（4）信用证收汇：议付费、承兑费、保兑费、偿付费、付款手续费、转证费、无兑换手续费、不符点费、不符点单据保管费。

（5）信用证中可能涉及的罚款项等。

同一银行对不同费用项的收费方式也不一样，有些是额定收取的，如通知费、不符点费等，按每笔收取；有些则是按比例收取的，如议付费、兑换费等；还有按时间循环收取的，如承兑费、保兑费等。另外，不同银行间的收费标准也是不一样的。

2. 优点

（1）有银行参与，相对安全、风险较低。

（2）在买卖双方不了解的情况下，从事大笔金额交易且进口国或地区进行外汇管制时，信用证的优势就会凸显。

（3）受 UCP600（跟单信用证统一惯例）的约束，贸易双方交易谨慎度较高。

（4）相较于电汇、托收方式，信用证方式中交易双方资金负担较平衡。

（5）买家开立信用证需要交纳一定比例的保证金，保证金比例取决于买家的资信和实力，资信越高比例越低，卖方可以从中粗略了解买家的资信状况。

（6）即使买方拒付，卖家也可以控制货权，损失相对较少。

3. 缺点

（1）信用证是独立的文件，银行只审单不管货，因此容易产生欺诈行为，存在假单。

（2）信用证方式手续繁杂，环节较多。

（3）对单据要求较高，容易出现不符点拒付。

（4）费用较高，影响出口商利润，如果信用证金额较小，各项银行费用总和将超过1%。

（5）遭遇软条款陷阱，审证、审单等环节需要较强的技术性。

4. 适用范围

主要适用于成交金额较大（一般大于5万美元）的线下交易。

（二）托收

托收是出口方在货物装运后，开具以进口方为付款人的汇票（随附或不随附货运单据），委托出口地银行通过它在进口地的分行或代理行代出口人收取货款的一种结算方式，属于商业信用。托收按是否向银行提交货运单据可分为光票托收和跟单托收两种。跟单托收按交单条件不同又可分为付款交单（documents against payment，D/P）和承兑交单（documents against acceptance，D/A）两种。

托收属于商业信用。银行办理托收业务时，既没有检查货运单据是否正确或是否完整的义务，也没有承担付款人必须付款的责任。托收虽然是通过银行办理，但银行只是作为出口人的受托人行事，并没有承担付款的责任，进口人不付款与银行无关。出口人向进口人收取货款靠的仍是进口人的商业信用。如果进口人拒绝付款，除非另外有规定，否则银行没有代管货物的义务，出口人仍然应该关心货物的安全，直到对方付清货款为止。

托收对于出口人的风险较大，D/A比D/P的风险大。跟单托收方式是出口人先发货，后收取货款，因此对于出口人来说风险较大。进口人付款靠的是商业信誉，如果进口人破产，丧失付款能力或货物发运后进口地货物价格下跌，进口人借故拒不付款，或进口人事先没有领到进口许可证，又或没有申请到外汇，被禁止进口或无力支付外汇等，出口人不但无法按时收回货款，还可能蒙受货款两空的损失。虽然出口人有权向进口人索赔所遭受的损失，但在实际业务中，在进口人已经破产的情况下，出口人即使可以追回一些赔偿也难以弥补全部损失。在市场竞争激烈的环境下，出口人为了拓展业务有时会采用托收方式。如果进口方信誉较好，出口方在境外有自己的办事机构，则风险相对较小。

托收对进口方比较有利，可以免去开证手续及预付押金，还可以预借货物。当然也存在一定风险，如进口方付款后才取得货运单据，领取货物，此时发现货物与约定不符或者有假货，也会因此蒙受损失。但大体上，托收对进口方比较有利。

1. 费用

托收所发生的正常银行费用有托收费和寄单费。

2. 优点

（1）相比信用证，托收的操作比信用证简便很多，单证要求相对简单，费用相对较低。

（2）先发货后收款，对进口商有利，容易促成交易。

3. 缺点

（1）托收是建立在商业信用基础上的一种结算方式，卖方承担了较大的风险。

（2）对出口商不利，因为出口商能否按期收回货款，完全取决于进口商的资信。

（3）相较于电汇等方式，托收手续较繁杂，费用较高。

4. 使用范围

对于出口商来说风险较大，只适用于金额较大、来往多年、彼此熟悉且信誉较好的客户。

（三）电汇

电汇（telegraphic transfer，T/T）是付款人将一定款项交存汇款银行，汇款银行通过电报或电话传给目的地的分行或代理行（汇入行），指示汇入行向收款人支付一定金额的一种交款方式。跨境电汇是汇款人通过所在地的银行将所汇款以电报、电传的形式划转境内各指定外汇银行，同时由境内银行通知收款人就近存取款项。相对于信用证、托收等方式而言，电汇适用范围广，手续简便易行，中间程序少，灵活方便，因而是一种应用极广泛的结算方式。

1. 费用

一般来说，电汇的费用包括两部分：一是与电汇金额有关的手续费；二是与汇款金额无关，与汇款笔数有关，即每次汇款都要收取的电信费。具体费用根据银行实际费率计算，不同银行收费标准差距较大，在选择汇款银行时要做好比较。汇款手续费一般有最高限额，超出最高限额，以最高限额为限。

2. 优点

（1）电汇没有金额起点的限制，多少款项均可使用。

（2）汇兑结算手续简便易行，单位或个人均可办理。

（3）收款迅速，快速到账；可先付款后发货，保证商家不受损失。

3. 缺点

（1）需要去银行柜台办理业务，受限于银行网点分布。

（2）先付款后发货，买方容易产生不信任感。

（3）买卖双方都要支付手续费，相对于一些线上支付工具而言，费用较高，对比第三方支付方式，电汇手续较为烦琐。

4. 适用范围

电汇是传统 B2B 付款常用模式，适合于跨境电商较大金额的交易付款。

（四）西联汇款

西联汇款是西联国际汇款公司（Western Union）的简称，是世界上领先的特快汇款公司。西联汇款拥有全球最大最先进的电子汇兑金融网络，代理网店遍布全球近 200 个国家和地区。中国建设银行、中国农业银行、中国光大银行、中国邮政储蓄银行、浦发银行等多家银行是西联汇款中国合作伙伴。

1. 费用

收款人不需要支付任何费用，汇款人需要按照一定比例支付汇款金额的手续费，如有其他额外要求，则加收附加服务费。西联国际汇款资费见表 11-2。

表 11-2　西联国际汇款资费　（单位：美元）

汇款金额	手续费
500.00 及以下	15.00
500.01～1 000.00	20.00
1 000.01～2 000.00	25.00
2 000.01～5 000.00	30.00
5 000.01～10 000.00	40.00
超过 10 000.00	每增加 500 或其零数，加收 20.00

2. 优点

（1）汇出金额等于汇入金额，无中间行扣费。

（2）西联全球安全电子系统保障每笔汇款的安全，有操作密码和自选密码共同核实，使汇款安全交付指定收款人账户。

（3）手续简单，利用全球最先进的电子技术和独特的全球电子金融网络，收款人可在几分钟内如数收到汇款。

（4）手续费由买家承担，卖家无须支付任何手续费。

（5）国际汇款在国外的代理网店遍布全球各地，代理点包括银行、邮局、外币兑换点、火车站和机场等代理网店，方便交易双方进行汇款和收款。

3. 缺点

（1）汇款手续费按笔收取，小额收款手续费偏高。

（2）买家难以在第一次交易时信任卖家，在发货前打款，容易因此放弃交易。

（3）买家和卖家需要去西联汇款线下柜台操作。

（4）属于传统型的交易模式，不能很好地适应跨境电商的发展趋势。

4. 适用范围

1 万美元以下的中等额度支付。

（五）速汇金

速汇金国际汇款是国际速汇金 MoneyGram 公司推出的国际汇款方式，是通过其全球网络办理的一种境外快速汇款业务，为个人客户提供快捷简单、安全可靠、方便的国际汇款服务。速汇金汇款公司在全球 200 多个国家和地区拥有总数超过 300 000 个代理网点，是一家与西联汇款相似的汇款机构。目前，中国银行、中国工商银行、中国交通银行、中信银行代理速汇金收付款服务。

1. 费用

速汇金汇入汇款业务无收费，卖家无须支付手续费；速汇金汇出汇款业务费用包括佣金和手续费两个部分。佣金按办理汇款业务时国际速汇金公司速汇金系统自动生成的金额为准扣收；手续费根据速汇金公司提供的费率收取，具体见表 11-3。

表 11-3　速汇金国际汇款资费　　（单位：美元）

汇款金额	手续费
0.01～400.00	10.00
400.01～500.00	12.00
500.01～2 000.00	15.00
2 000.01～5 000.00	23.00
5 000.01～10 000.00	30.00

2. 优点

（1）汇款速度快，在速汇金代理网点（包括汇出网点和解付网点）正常营业情况下，速汇金汇款在汇出后十几分钟即可到达收款人账户。

（2）收费采用的是超额收费标准，汇款金额不高时，费用相对较低。

（3）无其他附加费用和不可知费用，无中间行费，无电报费。

（4）手续简单，无须填写复杂的汇款路径，收款人无须预先开立银行账户，即可实现资金划转。

3. 缺点

（1）仅在工作日提供服务，节假日不提供相应的服务，而且办理速度缓慢。

（2）汇款人及收款人必须为个人。

（3）必须为境外汇款，不提供境内汇款业务。

（4）客户如持现钞账户汇款，还须交纳一定的现钞变汇的手续费。

（5）速汇金合作伙伴银行对速汇金业务部不提供 VIP 服务。

（6）买家和卖家需要去线下柜台操作，不能很好地适应跨境电商的发展趋势。

4. 适用范围

速汇金适用于境外留学、旅游、考察、工作人员，也适用于年汇款金额不超过 50 000 美元的中等交易付款。

（六）香港离岸账户

离岸账户也称 OSA 账户，在金融学上是指存款人在其居住国家（地区）以外开设的银行账户。相反，位于存款人所居住国家（地区）的银行则称为在岸银行或境内银行。境外机构按规定在依法取得离岸银行业务经营资格的境内银行离岸业务部开立的账户属于境外账户，如内地的公司在我国香港开立的账户，即香港离岸账户。卖家通过在我国香港开设离岸银行账户，接受境外买家的汇款，再从香港账户汇到内地账户。离岸账户只针对公司开户，个人开户是不支持的。离岸账户相较于境内外汇账户受外汇管制更少些，从资金的安全性角度来看，离岸账户要安全些，受国家外汇管理局监管没那么严格。

1. 费用

香港离岸账户的费用主要包括香港离岸账户开户费用和后续维护费用。

不同银行的香港离岸账户开户费用略有不同，亲临香港办理费用约为 1 150 港元，内地视频开户费用为 1 750～3 150 港元，如不方便可以选择委托代理。

后续维护费用包括年审费用（不包括雇员申报等费用）、香港公司满 18 个月保税费用、汇款的费用及资金量不到会员每月最低标准时的账户管理费。

2. 优点

（1）资金调拨自由，离岸账户等同于在境外开设银行账户，可以从离岸账户上自由调拨资金，不受内地外汇管制。

（2）存款利率、品种不受境内监管限制，特别是大额存款，可根据客户需要，在利率、期限等方面量身定做，灵活方便。

（3）中国政府对离岸账户存取款实施免征存款利息税。

（4）可加快境内外资金周转，降低资金综合成本，提高资金使用率。

（5）利用一个离岸账户来收款，企业在税务方面可以合理安排，对企业以后的发展具有极大的好处。

（6）接收电汇无额度限制，不同货币可直接自由兑换。

3. 缺点

（1）开设离岸账户的起点储蓄金额一般较高，至少有 1 万港元激活资金。

（2）若低于规定的资金量，每月须缴纳一定的账户管理费。

（3）香港银行账户内的资金还需要被转到内地账户，较为麻烦。

4. 使用范围

传统外贸及跨境电商都适用，适合已有一定交易规模的卖家。

二、线上支付工具

（一）PayPal

PayPal 是美国 eBay 公司的全资子公司，总部在美国加利福尼亚州。PayPal 与许多电子商务网站合作，成为跨境电商平台的线上支付方式之一。PayPal 是账户模式，需要交易双方都注册有 PayPal 账号，买家必须在 PayPal 账户上绑定信用卡账号，用信用卡充值到 PayPal 账号中，才可以进行付款。PayPal 交易不经过银行网关，如果买家拒付，在线操作即可，对其信用没有任何影响。

PayPal 是目前全球使用最为广泛的网上交易工具。它能帮助人们进行便捷的外贸收款、提现与交易跟踪；从事安全的国际（地区间）采购与消费；快捷支付接收包括美元、加元、欧元等 25 种国际主要流通货币。用 PayPal 支付方式转账时，需要支付一定数额的手续费。

1. 支付流程

通过 PayPal 支付一笔金额给商家或收款人时，可以分以下几个步骤：

（1）付款人首先要有一个电子邮件地址，登录邮件地址开设 PayPal 账户，通过验证成为其用户，并提供信用卡或相关银行资料，增加账户金额，将一定数额的款项从其开户时登记的账户转移到 PayPal 账户下。

（2）在付款时，付款人先进入 PayPal 账户，指定特定的汇出金额，并提供收款人的电子邮件账号给 PayPal。

（3）PayPal 向收款人发出电子邮件，通知其有等待领取或转账的款项。

（4）如果收款人也是 PayPal 用户，在决定接收款项后，付款人所指定的款项即汇入收款人的 PayPal 账户。

（5）如果收款人没有 PayPal 账户，收款人要根据 PayPal 电子邮件内容指示连线站进入网页，注册取得一个 PayPal 账户。收款人可以选择将取得的款项转换成支票寄到指定的处所，转入其个人的信用卡账户或转入另一个银行账户。

2. PayPal 限制

关于 PayPal 账户的限制主要类型及应对措施如下：

（1）新账户 21 天低限。新账户的限制很频繁，这是 PayPal 对新账户的审核。不需要提交任何资料，PayPal 会在审核结束后自动解除限制，遇到这种情况时，只需耐心等待即可。

（2）临时审查限制。如在多次收款之后的某一天突然被限，出现这种情况，PayPal 需要了解卖家经营模式和产品信息，卖家需要作出积极回应，提供相应的资料使 PayPal 了解卖家所经营的产品，常见的解除限制资料包括信用卡证明、地址证明、供应商信息、发票等。

（3）风险审查类限制。此类限制是由账户风险的审核引发的。账户的风险包括两个方面，如果来自买家风险，买家账户风险过高，PayPal 会自动退款，交易无法进行；如果来自卖家风险，就需要找原因，如是否投诉率过高、是否短期内收款过多等。

（4）高限。高风险、高限的账户不能收款、不能付款，产品违规、投诉率都会导致高限的产生。另外，账户出现限制情况，如没有及时回应，限制会自动升级到高限，直至被封。因此，若账户出现限制情况，要第一时间在账户中作出积极回应，按要求提交资料。

3. PayPal 冻结

PayPal 账户冻结是指账户的某笔交易被临时冻结，账户使用者不能对这笔交易进行退款、提现等操作。一个账户从注册到收款再到提现，PayPal 公司从来没有从用户手里得到过任何的资料，所以每个账户从开通到提现的过程中肯定要被冻结一次，然后要求账户使用者递交身份证明、地址等资料来证明使用者是真实存在且遵纪守法的公民。出现以下情况时，账户也会被冻结：

（1）收款后立刻提现。如账户收了 1 000 美元，马上提现 900 美元。但如果卖家收了款，货还没发出就提现，难免引起怀疑，导致账户被冻结。

（2）提现金额过高。例如收款 1 000 美元，发货后，卖家需要资金周转，把 1 000 美元全部提现，这种情况就比较危险。PayPal 一般提现金额在 80%以内是比较安全的，留 20%是为了防止买家退单，也是让 PayPal 公司放心。

（3）被客户投诉过多、退单过多。一般投诉率超过 3%，退单率超过 1%，就会被 PayPal 公司终止合作。

（4）所售产品有知识产权问题。境外非常重视知识产权保护，如果出现仿牌或假货，PayPal 将禁止其交易，一旦国际品牌商向 PayPal 投诉，后果非常严重，卖家将难以再使用 PayPal 进行支付。

4. 费用

（1）国际汇款：在不兑换货币的情况下进行国际汇款，需支付 5%的交易费，最高不超过 4.99 美元。

（2）在线支付：客户通过 PayPal 支付页面使用信用卡或借记卡完成购买，收取 2.99%的交易费用加 0.49 美元手续费；客户直接通过网站结账购买商品，收取 3.49%的交易费用加 0.49 美元手续费。

（3）货币兑换费用：使用 PayPal 进行货币兑换交易时，需支付 4%的交易费用。

（4）提现费用：向中国或美国的银行账户提现，每笔手续费 35 美元。

5. 优点

（1）无开户费用。

（2）符合大多数国家或地区人群的交易方式，在国际上知名度较高，拥有大量的用户群。

6. 缺点

（1）不支持仿牌收款。

（2）偏向保护买家利益，相对于卖家来讲比较没有保障。

（3）交易费用主要由卖家提供。

（4）提款等后续限制和费用较多，而且账户容易被冻结，如果有交易存在争议，买家和卖家意见不统一，支付公司则会冻结卖家账户，用来保护买家利益不受损失。

7. 适用范围

适用于跨境电商零售行业几十到几百美元的小额交易。

（二）国际信用卡支付

国际信用卡收款通常是指国际信用卡在线支付，目前国际信用卡收款是支付网关对支付网关模式（类似于网银支付）。信用卡消费是当今国际流行的一种消费方式，尤其在欧美，信用体系成熟，人们习惯用信用卡刷卡进行提前消费，基本是人手一张卡。用信用卡在线付款购物早已成为主流。

1. 支付流程

信用卡支付的风险来自“先用钱，后还款”。其支付流程如下：

（1）买家从自己的信用卡上发出支付指令给发卡银行。

（2）银行先行垫钱支付给卖家银行。

（3）银行通知持卡人免息期满的还款日期和金额。

虽然卖家已经完成交易，但只有买家完成以下行为时货款才保证支付完成：买家在还款日到期之前还款，交易完成，卖家收款成功；买家先还部分，一般大于银行规定的最小还款额，其余作为向银行贷款，并同意支付利息，以后再逐步偿还本息，最终买家得到融资便利，银行得到利息收入，卖家及时得到货款。

2. 优点

（1）客户群巨大，国际 VISA 卡、万事达卡的用户量超过 20 亿人次，特别是欧美地区，使用率很高，符合境外买家的提前消费习惯，使支付更方便。

（2）扩大潜在客户。信用卡支付是只要买家持有信用卡就能完成付款。信用卡持有人相较在支付公司注册的人数要多，在欧美几乎每个人都有信用卡，是使用率很高的消费模式。

（3）减少拒付。信用卡支付属于银行对银行的操作模式，买方拒付需要到发卡行操作。发卡行会对拒付核查是否属于恶意拒付（如果是恶意拒付，银行会在持卡人的信用记录上有所记录，给买家带来很大的不便，所以一般情况下持卡人不会随意拒付）。账号对账号拒付对持卡人的信用记录不会有影响，所以信用卡相比账号对账号拒付的概率要小得多。根据国际卡组织统计，使用信用卡消费拒付概率不超过 5‰。

（4）不会冻结账号。用信用卡支付时，如果有笔交易存在交易争议，则会冻结该笔交易的金额，不影响整个账户。信用卡通道注重买家和卖家双方的利益，会根据货品的发货情况及买家的态度来进行处理，不会关闭通道，造成卖家的资金冻结，因此对拒付的处理无疑更加公平。

（5）买家付款过程简单方便。在买家页面选定相应的物品后直接进入信用卡验证页面，从而减少付款步骤（付款仅需 3～5 秒），方便买家付款。

3. 缺点

（1）需要开户费和年服务费，门槛有点高。

（2）仍可能拒付。国际信用卡本身有 180 天的拒付期。所谓拒付，是指信用卡持卡人主动要求把钱要回去的行为。其原因有：买家没有收到货；货不对板；货物质量问题；黑卡、盗卡、商务卡交易；诈骗分子等。

4. 使用范围

一般用于外贸中 1 000 美元以下的小额收款，比较适用于网店零售，主要商品有鞋服、饰品、生活用品、电子产品、保健品、虚拟游戏等。

（三）阿里巴巴国际站 Secure Payment

为了买卖双方更清晰地了解及认知线上交易中资金安全保障的流程、支付方式及纠纷退款问题处理方法等，阿里巴巴国际站对原 Escrow（第三方托管）服务系统进行了升级优化，Escrow 服务将名称更换为 Secure Payment（安全支付）。Secure Payment 是阿里巴巴国际站针对国际贸易提供交易资金安全保障的服务。它联合第三方支付平台 Alipay 提供在线交易资金支付的安全保障，同时保护买卖双方从事在线交易，并解决交易中的资金纠纷问题。

1. Secure Payment 流程

Secure Payment 相当于国际支付宝服务，为在线交易提供资金安全保障，在交易双方的快递订单/在线批发订单中提供资金安全的担保服务。其业务流程如图 11-2 所示。

图 11-2 Secure Payment 的业务流程

（1）买家通过阿里巴巴国际站下单。

（2）买家通过阿里巴巴国际站 Secure Payment 账户付款。

（3）买家付款后，平台会通知卖家发货，卖家在看到买家的付款信息后通知 EMS、DHL、UPS、Fedex、TNT、SF、邮政航空包裹等七种运输方式发货。

（4）买家在阿里巴巴国际站确认收货。

（5）买家收到货物或者买家收货超时，平台会放款给卖家。

2. 费用

仅开通阿里巴巴国际站平台的 Secure Payment 服务不需要支付额外费用，但使用该服务过程中会产生交易手续费和提现手续费。

（1）交易手续费 5%，须包含在产品价格中，可根据交易手续费平衡交易产品价格。

（2）提现费用：美元提现每次需支付 15 美元手续费，银行收取；人民币提现无手续费。

3. 优点

（1）快速交易：支持起草快递订单或批发在线交易，买家线上下单，通过阿里巴巴国际站后台可实时查看订单进展。

（2）多种支付：支持信用卡、西联、银行汇款多种支付方式，方便买家支付。

（3）安全收款：买家支付货款成功后会通知卖家发货，买家确认收货或者已妥投且超时后，会放款至卖家国际支付宝账户，卖家不用担心收不到钱。

4. 缺点

Secure Payment 是针对国际贸易提供交易资金安全保障的服务，暂不能像支付宝一样直接付款或收款。

5. 适用范围

为降低国际支付宝用户在交易过程中产生的交易风险，目前支持单笔订单金额在 10 000美元（产品总价加上运费的总额）以下的交易。

第三节　跨境移动支付

一、跨境移动支付的概念

移动支付也称为手机支付，是指交易双方为了某种货物或服务，以移动终端设备为载体，通过移动通信网络实现的商业交易，就是允许用户使用其移动终端（通常是手机）对所消费的商品或服务进行账务支付的一种服务方式。单位或个人通过移动设备、互联网或者近距离传感直接或间接向银行等金融机构发送支付指令，产生货币支付与资金转移行为，从而实现移动支付功能。移动支付所使用的移动终端可以是手机、平板电脑、便携台式机等。移动支付将终端设备、互联网、应用提供商及金融机构相融合，为用户提供货币支付、缴费等金融业务。所谓跨境移动支付，是指用于跨境交易活动的移动支付方式，可以视为移动支付的一个分类。

移动支付业务是由移动运营商、移动应用服务提供商（mobile application service providers，MASP）和金融机构共同推出的、构建在移动运营支撑系统上的一种移动数据增值业务。移动支付系统为每个移动用户建立一个与其手机号码关联的支付账户，其功能相当于电子钱包，为移动用户提供了一个通过手机进行交易支付和身份认证的途径。用户通过拨打电话、发送短信或者使用无线应用通信协议（wireless application protocol，WAP）接入移动支付系统，移动支付系统将此次交易的要求传送给 MASP，由 MASP 确定此次交易的金额，并通过移动支付系统通知用户。在用户确认后，付费可通过多种途径实现，如直接转入银行或者实时在专用预付账户上借记，这些都将由移动支付系统（或与用户和 MASP 开户银行的主机系统协作）来完成。

二、跨境移动支付的特征

（一）移动性

移动设备一般在用户身边，其使用时间远高于计算机，可随身携带，消除了距离和地域的限制。用户只要申请了移动支付功能，便可随时随地完成整个支付与结算过程。移动支付的交易时间成本低，减少了往返银行的交通时间和支付处理时间，可随时获取所需要的服务、应用、信息和娱乐。

（二）安全性

移动支付作为电子商务最为重要的支付环节，直接涉及用户和运营商的资金安全，所以支付安全是移动支付的核心问题。移动设备用户对隐私性的要求远高于计算机用户。不同于互联网公开、透明、开放的特点，移动设备用户显然不需要让他人知道或共享自己设备上的信息，移动设备的隐私性保障了支付的安全。移动支付采用的高安全级别的智能卡芯片，与目前的银行磁条卡相比，具有更高的安全性。

（三）方便性

用户不受时间地点的限制，可方便地通过手机使用移动互联网，随时查询账户余额、交易记录，实时转账，修改密码，等等，及时获取信息，管理自己的移动支付账户。用户还可以通过手机客户端对离线钱包进行空中充值，减少去营业厅或充值点充值的麻烦，充分体现了移动支付方便、时尚的特点。

（四）定制化

先进的移动通信技术和简易的收集操作界面，用户可定制自己的消费方式和个性化服务，选择支付宝、微信、银联、易付宝、外币、近距离无线通信技术（near field communication，NFC）一体刷卡等方式，账户交易更加简单方便，可以融合多种金融资源。

（五）集成性

以手机为载体，通过与终端读写器近距离识别进行的信息交互，运营商可以将移动通信卡、交通卡、银行卡等各类信息整合到以手机为平台的载体中进行集成管理，并搭建与之配套的网络体系，从而为用户提供十分方便的支付及身份认证渠道。

三、跨境电商移动支付的种类

（一）iPayment MobilePay

iPayment MobilePay 支付系统是由 Flagship Merchant Services 和 ROAMpay 开发的。该系统可以接纳各种支付卡，同时可以记载现金交易记录。这款 App 可以通过顾客地址框，帮助用户建立顾客资料数据库。可以按月使用这一服务。App 和读卡机是免费的，服务价格为每月 7.95 美元。

（二）Square

Square 是一种简易的信用卡支付系统。Square 提供免费的 App，并为 iPhone 和 iPad 用户提供免费的信用卡读卡机。此外，Square 提供一系列的工具，帮助用户跟踪销售额、税金等数据，同时也可以显示顾客购买数据，从而知悉哪些顾客买得最多。Square 的价格算是比较高的，不提供按月支付的服务。但是如果使用移动支付的频率不高，Square 算是一个不错的选择。每刷一次的费用为交易额的 2.75%，每次“手动输入交易”费用为 3.5% 再加 0.15 美元。

（三）PayPal Here

PayPal Here 支持多种多样的支付方式，包括信用卡、PayPal、支票和发票等。使用 PayPal Here 可以清晰地罗列出销售额，也可以计算税金，提供折扣，管理支付邮件通知单等。PayPal Here 可以兼容 iOS 和安卓系统。App 和读卡机是免费的。每刷卡一次的费用为交易额的 2.75%，每次“手动收入交易”费用为 3.5%再加 0.15 美元。

（四）Google Wallet

谷歌钱包（Google Wallet）是一种虚拟钱包，可以帮助商家创立更具吸引力的购物体验。无论商家运营的是网店还是实体店，都可以使用谷歌钱包。谷歌钱包通过销售终端的近场通信（NFC）读卡机，使顾客在实体店可以使用手机进行支付。谷歌钱包还可以展示优惠商品。如果使用谷歌钱包的即时购买（Instant Buy）功能，顾客可以在商家的移动网站上快速地完成结算。谷歌钱包是免费的。

第四节　跨境电商支付风险及其控制

一、跨境电商支付中的风险

随着小额外贸零售（如全球速卖通和敦煌网）的兴起和境外易贝（eBay）的兴起，在线支付逐渐被卖家接受，但在线支付的风险也随之而来。如果第三方缺乏足够的风险控制系统，或者用户的风险防范意识不足，拒付、冻结、退款和盗卡支付等情况必然发生。

（一）交易信用风险

在跨境电子商务交易中，除跨境物流风险大、通关困难等严重制约跨境电商发展外，由于网络的虚拟性及开放性，参与者的信用问题成为阻碍行业发展的另一难题。信用风险本质上是交易对象没有按照约定履行承诺，而对交易方的收益或资产造成损失的风险。

跨境电商的交易双方由于时空差异、商业习惯不同，极易造成款项已付但货物未收或者货物已发而款项未收等现象。而在跨境电子支付服务中，由于没有完善的跨境信用协调体系，银行或者第三方支付平台不能充分地了解交易主体的信用及信誉状况，难以确定交易的实际情况。在不同信用状况的国家（地区），实现跨境信用保障还存在一定的阻力。另外，第三方的介入也很难改善，例如 PayPal 在针对境外贸易法纠纷时，往往会对买家有意偏袒，而使境内卖家企业在面对交易纠纷时处于被动地位，信用风险得不到控制。

（二）交易真实性的核实风险

交易的真实性是跨境电商运行和发展的生命线，是跨境电商平台必须守住的底线。交易真实性包括交易主体的真实性和交易内容的真实性。与一般跨境贸易相比，跨境电商支付的真实性更加难以把握。

首先，从跨境交易的对象来看，跨境交易双方难以进行交易对象的审查，难以真正了解客户。在当前环境下，还未出台相关、有效的法律法规，第三方交易平台及第三方支付机构缺乏有效的身份识别手段，极易导致交易主体提供虚假身份信息。

其次，跨境交易内容真实性的审核同样也存在一定的困难，难以判断客户实际财务状况、经营范围与资金交易情况是否与提供的信息相符，无法核实跨境交易金额和交易商品是否匹配。网上交易的部分商品或服务是虚拟产品，虚拟产品如何定价缺乏衡量标准，可能出现网络诈骗和欺诈交易。买卖双方基于邮件联系达成交易而产生付款请求，此邮件信息是否能作为认定交易真实性的材料尚不明确。支付机构难以通过比对订单信息、物流信息、支付信息等方式，确认现金流与货物流或服务流是否匹配，因为从信息获取渠道角度看，电商平台和支付平台是两个不同的主体，支付机构仅负责支付事项，并不掌握订单信息和物流信息。从信息质量角度看，支付机构从电商平台和物流公司获取的信息可能滞后，信息的准确性也受影响。总之，第三方支付机构审核跨境交易内容真实性和主体真实性都存在不少困难，跨境电商支付存在交易真实性识别风险。

（三）跨境支付的网络风险

随着跨境 B2C 与 C2C 的发展，迫切需要一站式跨境支付综合服务，开展线上支付、信用支付、移动支付等业务。作为跨境电商交易流程中的关键一环，跨境支付涉及交易双方资金的转账安全。跨境电商支付是通过互联网的渠道来进行款项收付的，在交易转账的过程中可能产生诸多网络安全问题，主要包括电子信息传输系统故障或计算机信息故障造成的支付信息丢失风险、跨境支付信息因遭黑客攻击而产生的支付信息的泄露、木马和钓鱼网站泛滥造成的资金流失等，严重影响消费者的跨境购物体验，进而阻碍跨境电商的发展。另外，跨境支付对支付信息的审核要求更高、时间更长、难度更大，因而相应的跨境支付需要更长时间，进一步加大了跨境支付的风险。

（四）跨境支付的法律（法规）风险

跨境电子商务支付涉及多个国家（地区），增加了跨境支付的法律（法规）风险。跨境电子支付中的法律（法规）风险具体包括以下方面：

（1）对不同国家（地区）之间风险监管法律（法规）制度冲突的风险、主权国家法律与国际电子支付风险监管规则之间的冲突，以及跨境电子商务中使用哪国的监管法律体系还存在有争议和模糊的地方。

（2）传统金融业务法律不能适应电子商务、电子支付发展的需要。在电子支付服务中出现了许多新的问题，如发行电子货币的法律（法规）界定及范围，电子支付服务主体资格的确定，电子支付服务活动的监管缺少技术性高、层次较高的法律法规等。

（3）洗钱的风险。犯罪分子利用互联网进行洗钱活动具有更强的隐蔽性，这给电子支付造成了法律（法规）上的连带风险。

此外，电子支付还面临客户隐私权、网络交易等其他方面的法律风险，在从事电子支付业务时必须对其面临的法律（法规）风险进行认真分析与研究。

（五）虚拟账户沉淀资金风险

虚拟账户沉淀资金的来源主要有以下三个方面：

（1）在跨境第三方支付方式中，客户选择利用第三方作为交易中介，将货款划到第三方账户。第三方支付平台要求商家在规定时间内发货，客户收到货物并验证后通知第三方，第三方将其账户上的货款划入商家账户中，交易完成。资金将成为沉淀资金在第三方的账户上停留一定时间。

（2）作为商家，不能将虚拟账户中的资金全部提现，需要留下部分资金用于货不对板、货损货差、恶意拒付等造成的退款。以 PayPal 为例，一般 PayPal 账户提现比例不能超过 80%，否则容易导致 PayPal 账号被限制，这些留待退款的资金同样成为沉淀资金。

（3）在诸多跨境在线支付方式中，将虚拟账户的资金提现需要缴纳金额不等的手续费。商家为了降低资金的提现手续费率，会在资金积累到一定金额时才进行提现，在此限额之前这些资金将停留在账户中成为沉淀资金。在跨境支付业务中，由于信息不对称及监管难度大，支付机构也无须缴纳存款准备金，支付机构可以轻易挪用虚拟账户中的沉淀资金。支付机构有可能因操作失误、结算周期长、调度不及时等发生结算资金不足的情况，引发流动性风险。另外，大量的沉淀资金容易引发洗钱、套现、赌博、欺诈等非法行为。

（六）外汇监管风险

跨境支付外汇管理监测风险主要体现在以下四个方面：

（1）部分跨境电商平台的参与者是个人用户，而在第三方支付平台中，没有对企业用户和个人用户进行区分，加大了外汇管理的监管难度。

（2）目前实行的资本项目下的外汇管制，经常项目基本可自由兑换。但对于个人结售汇实行年度限额管理，个人年度结售汇额不超过等值 5 万美元。为了规避个人结售汇超额，部分跨境电商商家开设香港离岸账户，以实现对账户资金更为自由的管控。

（3）第三方支付机构为了保护交易双方的相关信息，对交易双方的银行账号、信用卡账号等进行保密，屏蔽资金的真实来源及去向，影响跨境电商商家的收支申报和外汇监管部门对其收支的监管。

（4）第三方支付平台中沉淀资金的存在和不断积累，不仅会产生流动性风险等资金安全问题，而且会影响收支的统计及监管。

二、跨境电商支付风险控制

针对跨境贸易中主体的信息审核、支付交易的汇率变动等潜在风险问题，从企业、第三方机构和监管机构角度考虑，提出如下具有建设意义的对策和建议，以使其尽早发现跨境支付的漏洞和支付风险，保证跨境电商业务顺利进行、扩大规模。

（一）应对跨境电商支付中的信用风险

跨境电商发展的重要条件之一就是诚信。鉴于网络的虚拟性，卖家和买家没有面对面交流，大多数情况下都是通过沟通工具和视频进行交流，交易成功的关键取决于买家对于卖家公司、产品及交易安全性的信心。

从卖家角度，可以自己采取一些措施来识别交易欺诈行为，如通过搜索引擎 IP 地址来核实买家的送货地址；建立信用机制，将新的欺诈交易纳入信用黑名单，及时停止与其进行交易。

从跨境电商平台角度，建立健全客户身份识别机制，对客户实行实名制管理，向买家提供真实、可靠的卖家信息，鼓励卖家诚信经商，引入第三方诚信认证和自身诚信评价。

从政府层面，建立跨境电商出口信用体系，营造良好的交易环境，给境外买家提供更好的用户体验，也给境内信誉好的卖家提供一个公平竞争的环境，用以解决信用体系和市场秩序有待改善的问题。

（二）应对跨境电商支付中的网络风险

对于网络风险，卖家可以加强交易系统的维护，对交易数据加密，配置网络安全漏洞扫描系统，对关键的网络服务器采取容灾的技术手段。监管机构应定期检查跨境购物的网络环境，加大对妨害支付安全行为的处罚力度，为境内消费者营造一种和谐的跨境消费氛围。

（三）应对交易真实性的核实风险

交易真实性包括交易主体和交易内容的真实性。

针对交易主体，从跨境电商卖家的角度，通过买家购买行为分析、买家购买意图等多方面进行身份核实，以降低欺诈等情况发生的概率。

从平台方面，采取大数据信息技术实现核查，防范跨境贸易主体利用技术漏洞伪造个人身份信息，确保交易主体身份真实。

从政府方面，外汇管理局及央行应出台相关信息审核指导意见，要求第三方支付机构按照有关指导意见认真核实跨境支付业务中参与者的身份信息。

（四）应对跨境电商支付的法律风险

对于法律风险，应提高立法层次，加强电子支付服务交易立法。应结合境内电子支付服务实践，制定相应的法律，以规范电子支付服务中参与主体间的权利义务关系。同时，加强与不同国家（地区）之间电子支付服务监管的法律（法规）协调性，具体包括电子支付服务内容、风险责任认定及监管标准等方面的协调。

（五）应对跨境电商支付的沉淀资金风险

首先，应建立健全风险准备金制度。支付机构应在年监管报告中如实反映上述内容和风险准备金计提、使用及结余等情况。

其次，设计风险监控指标。针对不同风险指标等级采取警告、暂停交易或者冻结账户等措施。

再次，对监管部门来说，可考虑在借鉴境外经验基础上，结合境内金融改革的特色，逐渐尝试分层监管模式。

最后，厘清沉淀资金的持有人与第三方支付机构的关系。限制第三方支付沉淀资金的投资范围，严控风险。

（六）应对跨境电商支付中的监管风险

现行的国际收支申报制度及其主要规定是建立在传统贸易方式、货物贸易占主要比例基础之上的。随着线上贸易、服务贸易比例上升，虚拟产品出现，一些贸易找不到对应的国际收支统计项目。在外汇管理局的协调下，与工商部门、海关合作、建立跨境贸易共享平台，使跨境贸易和跨境交易的信息监测更加准确和细化，减少支付的风险。

拓展阅读

从跨境支付五大实例看全球跨境企业支付痛点

在跨境企业急速发展的时代，使用跨境支付平台时较高的支付费率成本、支付方式的丰富以及账户的安全，已然成为影响全球商家利润的重要因素。而跨境支付的一系列行业痛点也被越来越多地关注并期待解决。有业内人士认为，在跨境企业快速发展中难免留下空白，需要各方协调发展使行业更加规范。

1. 汇率损失

某跨境航旅企业业务遍及全球，在世界主要城市都有自己的办公点，全球性的业务涉及多国货币的结算，而长期以来其合作的支付机构仅仅结算单一货币，导致该企业在汇率方面的巨大损失。由于在汇率方面的长期损失，其企业本身发展正在受到严重制约，行业竞争力也在逐步下降。

针对该企业在货币结算方面的痛点，已有专门提供相应解决方案的企业，如艾贝盈（iPayLinks）的全球多币种结算、动态货币转换，以最大限度地降低汇率与手续费的成本损耗、增加企业的净利润为目的，从而提升了行业竞争力。

2. 本地化支付

某跨境服装企业专注于对欧服装在线清算，但整套流程下来，订单转化率非常低，且支付的成功率仅在60%左右，购物车放弃的现象非常普遍。

艾贝盈分析发现，原支付页面对客户付款的引导展示不足，未提供当地受欢迎的本地化支付方式，之后对支付界面进行了系统的修改，增加了欧洲常用的iDEAL简兰在线网银转账、Giropay德国在线网银转账、SOFORtbanking德国在线网银转账、SEPA欧洲直接借记支付、EPS奥地利在线网转账等本地化支付方式，客户接受度与支付效率均有显著提升，从而使订单转化率达到85%以上。

3. 跨境融资

某跨境3C轻资产企业，随着业务日趋成熟，加之“黑五”采购旺季的临近，订单和备货需求越来越多，一方面需要大量备货，另一方面也亟须招聘人手和扩大办公空间。但这些项目所需资金缺口近80万元。

作为跨境轻资产企业，向银行贷款难、三方贷款贵、销售旺季资金回笼慢成为他们极大的融资痛点。而传统金融机构却极少为他们提供合理的融资服务，因为传统金融机构绝大部分从本身利益出发，很少从客户利益出发提供创新型产品。同质化产品竞争加剧，客户很难获得个性化金融产品和服务。

针对这一问题，传统贷款和一些互联网企业提供了解决方案。例如针对特定跨境商户的授信产品艾贝盈跨境贷，利率可低至10%，简单4步即可完成贷款申请，最快3小时拿到贷款资金，普通授信最高100万元，项目授信最高1 000万元。

4. 跨境汇款

某跨境在线教育机构为增强不同语种外语的教学品质，聘请了各国顶尖的外教对学员进行远程在线授课。然而向这些教师支付薪水成了一大难题，原因如下。

(1) 跨境汇款受到国家法律法规的相关条款的限制。

(2) 汇款手续费与汇率的成本损失大。

(3) 汇款周期长，手续烦琐。

对于上述困难，市面上已经有多家公司提供解决方案，但客户首先要确保渠道合规，其次比较到款时间、币种、手续费、额度等因素，选择合适的解决方案。

5. 支付安全

某跨境游戏厂商长期以来支付欺诈率一直超标，原因在于有不法分子利用伪冒电子邮件和网络钓鱼，伪造来自银行或者供应商的电子邮件或者电话要求账户和密码信息。这些欺诈手段在他们的巧妙伪装下花样百出，从最简单的到最复杂的骗术，让人难以分辨真假，最终上当受骗；有时通过木马程序和网址嫁接使大量的人成为受害者。欺诈犯通常把目标定在最脆弱的链接上，由于支付环境改变，欺诈手段也在随之改变。这导致该企业的欺诈率居高不下，损失非常严重。

针对这一问题，各跨境支付平台提供了反欺诈解决方案。例如艾贝盈引入Cybersource网控引擎、强大的云计算能力、可疑订单识别，对整套支付流程进行风险监控；接入设备指纹，建立商户专属模板，风险分析师协助商户个性化定制、多维度组合规则及黑名单监控。

（资料来源：http：//www. baijingapp. com/institute/42）

本章小结

本章主要介绍了跨境电商的主要支付方式，需要掌握不同跨境支付工具的特点和支付流程，尤其要掌握西联汇款、国际信用卡、PayPal和国际支付宝的交易方式。同时，应关注到跨境电商支付伴随的风险，并采取有效的防控措施。

知识测试与能力训练

一、判断题

1. 从支付资金的流向来看，跨境电商出口业务涉及跨境支付购汇，购汇途径一般有

第三方购汇支付、境外电商接受人民币支付、通过国内银行购汇汇出等。 ( )

2. 跨境支付有两大类：一是网上支付，包括电子账户支付和国际信用卡支付，适用于大金额；二是银行汇款模式，适用于零售小金额。 ( )

3. 对于低于 1 万美元、高于 1 000 美元的交易，电汇是一种不错的支付方式。( )

4. PayPal 就是人们通常说的“贝宝国际”，是针对具有国际收付款需要用户涉及的账户类型，是目前全球使用最为广泛的网上交易工具。 ( )

二、简答题

1. 列举并比较国内外各大网上银行的跨境支付方式，同时比较跨境银行转账与第三方平台跨境转账的异同，并分析我国跨境银行转账的优劣有哪些。

2. 使用西联汇款时需要注意哪些问题？

三、实训题

试分析跨境电商支付时要注意哪些问题，目前如何解决这些跨境电商支付难题，并举例说明。

第十二章

进口跨境电商

学习目标

（1）了解进口跨境电商的参与主体。
（2）理解进口跨境电商的价值链。
（3）掌握进口跨境电商模式的分类。

素质目标

明确国民消费水平提高，正确认识中国在当今全球的经济地位，提升学生民族自豪感。

案例导入

随着全球化和互联网技术的快速发展，进口跨境电商行业近年来迅速崛起。中国作为全球最大的消费市场之一，其进口跨境电商行业的发展尤为引人关注。从 2023 年第六届中国国际进口博览会来看，来自天猫、盒马、叮咚买菜等平台的买手们纷纷签下大单，呈现出一些新趋势。整体来看，海外品牌和电商平台都在瞄准“进口消费”的商机。中国海关总署数据显示，2023 年前三季度，中国进口消费品总额达 1.46 万亿元，同比增长 3.1%。

天猫官方数据显示，双 11 开售 4 小时，天猫国际的 1 540 个海外品牌成交同比增长超过 100%。其中，联合利华旗下新品——美国养发保健品牌 nutrafol 4 小时成交超 150 万人民币，德国专业护肤先驱品牌 babor 成交同比月销翻 3 倍。

目前，中国进口跨境电商平台众多，其中较为知名的包括天猫国际、考拉海购、京东国际、全球购、洋码头、小红书等。这些平台各有特点，例如天猫国际和京东全球购主要依靠强大的品牌资源和供应链优势，洋码头则以海外直邮和个性化推荐为特色，小红书则以社交电商模式为主打。

中国进口跨境电商的用户以80后及90后人群居多，主要集中在年轻化、高学历、高收入的城市白领群体。这些用户对海外品牌和产品有着较高的认知度和追求，愿意为高品质、高性价比的商品付出更高的价格。同时，他们更注重购物体验和服务质量，更愿意通过跨境电商平台购买海外商品。00后也不容小觑，是生力军。

中国进口跨境电商的商品品类非常丰富，包括美妆个护、母婴用品、食品保健、家居用品、数码家电、服装鞋帽等。其中，美妆个护和母婴用品是最受欢迎的品类，其市场份额占比最大。此外，食品保健、家居用品等品类也在逐渐受到消费者的青睐。购买日韩商品的中国进口跨境电商用户最多，占比达到53.7%，购买欧洲进口品的中国跨境电商用户占比位居第二。

除了自身官网，进口跨境电商平台在营销方面主要依靠社交媒体、广告投放、KOL合作等方式。其中，社交媒体是最主要的营销平台之一，例如微信、微博、抖音等。这些社交媒体平台具有广泛的用户群体和强大的传播力，能够为电商平台带来更多的流量和用户。同时，广告投放也是重要的营销手段之一，通过在搜索引擎、社交媒体等渠道投放广告，能够提高平台的知名度和曝光率。此外，与KOL合作也是近年来逐渐兴起的一种营销方式，通过与网红、博主等合作，能够提高品牌的知名度和影响力。

（资料来源：https：//baijiahao. baidu. com/s？id=1782781607866440060&wfr=spider&for=pc）

案例思考

（1）试分析中国进口零售跨境电商发展迅速的原因。

（2）试总结中国进口零售跨境电商行业的发展特点及趋势。

第一节　进口跨境电商概述

一、进口跨境电商的生态圈

进口跨境电商的生态圈包括品牌商、一级代理商、贸易商、零售商和消费者，它通过线上和线下的途径，用代购和转运的手段，把商品送到消费者手中。

二、进口跨境电商的参与主体

（一）海外品牌商

品牌商的职责是定位客户、做好商品、提升品牌价值，然后根据商品特点和品牌值选择适合的分销模式和渠道。对于在中国已经有成熟的分销体系的海外品牌（通常都是一线品牌）而言，经过多年的品牌和渠道经营，中国消费者对其已经耳熟能详，其国内销售渠道也早已多元化和成熟化。而对于在中国没有分销体系的海外品牌商只能由代购推动。当前品牌商在跨境电商生态圈中仅为供应商角色，离贸易商很近，离零售商甚远。

（二）中间交易商

一级代理商、贸易商、分销商、供应链金融服务商等群体是真正卖货的，在品牌商缺位的情况下，他们是激活市场的重要力量，跨境电商的价值链中都有他们的存在，他们通过给电商供货、给代购供货、给微商供货等方式形成当下的跨境供应链体系。

因为互联网和电商天然就是“去中间化”的，在国内电商圈，品牌商和电商直接对接，中间商的地位显得并不重要。而在跨境电商中，中间商的地位非常重要，是海外品牌商和零售商的贸易润滑剂。例如海外品牌商不给买家账期或账期很短，而贸易商现金采购，并给跨境电商赊账。在这种情况下，贸易商承担了供应链金融的角色，从而促成了交易。不了解中国市场的海外品牌商需要通过中间商去推动品牌影响力和销售业绩，甚至需要引领需求和创造需求。

（三）物流服务商

物流服务商群体大致包括海外仓保税仓、空运海运、国内快递邮政、清关行、转运商和物流解决方案服务商，这些群体基本搭建起了跨境电商的物流服务体系。在该体系中，清关是最重要的环节，清关的重点在于关税。跨境电商阳光清关模式基本上包括 B2B2C（B2B2C 是一种电子商务类型的网络购物商业模式，B 是 business 的简称，C 是 customer 的简称，第一个 B 指的是商品或服务的供应商，第二个 B 指的是从事电子商务的企业，C 则是消费者）、B2C、个人物品和邮政包裹。

（四）零售商

线上电商、O2O 零售商统归为零售商，他们是真正接触消费者、促进消费者下单的群体。按零售商的规模或实力，零售商大致可以分为以下两类。

1. 零售巨头

现有国内电商“巨头”旗下的跨境业务板块有天猫国际、京东、唯品会、考拉等。这些“巨头”代表现有电商格局，目标是凭借现有的用户规模、流量和资金优势继续维持乃至扩大其在电商市场的份额和地位。

2. 创业者

创业者是跨境电商政策放开前后拿到风投的创业公司，代表有小红书、达令、蜜芽、洋码头等。面对市场的不确定性，零售巨头可以凭借其母公司源源不断的现金流生存下去，但创业者首要的任务却是为生存而战。中国在线零售几乎格局已定，对零售这一强调规模效应的商业模式而言，市场份额、用户规模、公司实力产生的规模效益让新进入者感觉门槛极高。创业者的毛利率很低，只有通过创新产生差异化才能生存，机会也可能出现在其中。

三、进口跨境电商的价值链重构

传统的贸易模式通常包括产品的生产、分销、销售和售后服务等环节，而跨境电商在这些环节中引入了创新，实现了价值链的重构。

（一）供应链重构

跨境电商通过引进海外直购、跨境代购等方式，实现了商品在全球范围内的采购和供应链优化。消费者可以通过电商平台直接购买来自世界各地的商品，而不再需要通过中间商或进口商。

（二）物流与配送重构

传统贸易中的物流环节往往由进口商负责，而跨境电商则推动了全球物流合作的深入发展。电商平台与物流公司合作，构建全球物流网络，实现了商品的快速配送，缩短和降低了传统贸易中距离所带来的时间和成本。

（三）渠道拓展和销售模式创新

传统贸易中，产品销售往往通过线下实体店铺进行，而跨境电商则将销售模式转移到了线上平台。通过搭建全球化的电商平台，跨境电商将消费者与全球商品连接，实现了无缝的交易和交流。

四、进口跨境电商的驱动力

跨境电商终究是中国零售领域的一个方面，基于中国零售的发展趋势、需求端结构的变化、技术条件以及跨境电商自身的影响因素等都会给进口跨境电商带来重大的变化。

（一）“中产阶级”的形成和壮大促进了跨境电商的发展

我国人口基数大，中产阶级的数量相比其他国家庞大，截至 2024 年底已达到 3000 万户家庭，总人口大约 1 亿人。该阶层价值观、消费观影响着我国经济、消费、文化等多个领域。中产阶级的消费更注重商品的品牌、品质、品位、健康，对进口商品的需求及结构都有很大的影响。

（二）移动互联网技术成为跨境电商规模化最强劲的驱动力

零售业态的不断演进发展一直伴随着先进技术的驱动，无论是线下沃尔玛还是线上亚马逊，都是零售业态新技术的倡导者和实践者。沃尔玛是第一家使用卫星的零售企业，目前在美国实践无线射频识别（radio frequency identification devices，RFID）；亚马逊的 FC 中心软件运用了大量的智能算法，现在该公司正采用机器人等最新技术用于提高订单履约效率。在我国，移动互联网是零售业态变革的最大技术驱动力。移动互联网硬件和软件迅速地以几乎覆盖所有人群的普及率影响着零售业的各个方面。

（1）消费者的购买习惯发生变化，如开始抛弃计算机，全面用手机下单；消费者的支付方式也发生了变化，如越来越多的商家支持移动支付，消费者更习惯于手机支付。

（2）微信、微博等 SNS 平台让线上流量变得更为碎片化。通过微信、微博，人人都可以是信息的生产者和消费者；人人皆有成为“网红”的潜力。这让打破渠道垄断、让渠道多元化成为一种可能与现实；品牌的推广和运营也多了一个新模式；小企业、小组织乃至个人都有机会创造小众品牌，消费者也越来越容易接受和青睐小众品牌。

（3）购物场景的多元化。微信的普及化、熟人关系等特征使购物场景层出不穷。代购、微信团购、拼团等都属于场景式购物，未来也会有更多的创新型场景式购物。

（4）线下融合线上零售 O2O 模式。移动互联网让线下的体验和服务优势与线上的便捷、用户无国界的优点更好地融合。对于零售 O2O 模式，线下与线上信息的打通、运营的创新与供应链一体化是能真正让上述两种优势结合成败的关键。

（三）物流渠道的全国覆盖驱动了跨境电商的发展

2019 年全国 55.6 万个建制村直接通邮，基本实现对农村投递服务网上实时监管。农村地区快递网点超过 3 万个、公共取送点达 6.3 万个，乡镇网店覆盖率提高到 96.6%以上，县乡村三级农村物流服务体系的邮政快递设施网络初步形成。全国农村地区收投快件量超过 150 亿件，带动农副商品进城和工业品下乡超过 8 700 亿元。快递网络全国性覆盖的意义在于，不但让农村农副商品走进城市，也让城市工业商品流通到农村。

五、进口跨境电商未来的发展

（一）政策动向

母婴、食品、低价化妆品类保税税率提高，直邮与一般进口利好。一段时间以来，按行邮税征收的模式对国家税收造成一定流失，并对一般贸易进口和国内商品销售造成影响。

我国将以新税制取代行邮税：取消 50 元以下免征政策，按增值税和消费税缴税，并减免 30%，这将对不同品类的税率造成不同程度的影响。其中，母婴、食品、100 元以下化妆品等品类税率将提高，保税模式下的这些品类相对于直邮和一般贸易进口的优势将减少。而轻奢服饰、100 元以上化妆品等品类税率将降低，其优势将进一步扩大。

此外，我国也将针对直邮模式发布更为严厉的监管政策，在邮政这种漏税较多的物流方式中采取信息联网监管，以进一步减少税收逃逸。这一政策将使部分海外直邮模式的电商及代购成本上升。

（二）物流发展

跨境物流将进一步信息化、多功能化和低成本化。未来，跨境物流将不断优化：流程方面，物流信息将更加全面地对接到系统，使电商平台、海关、用户实现物流信息共享，以便于海关监管并提升用户体验；模式方面，与物流仓储相关的配套设施将逐渐健全，保税物流中心除仓储配送外，还将提供商品分拣、贴标、融资、质押监管、退换货等多项增值服务，并将联合商家开展保税商品线下展示体验，形成 O2O 闭环以促进用户购买；在成本方面，各电商企业将加大海外建仓力度，以大宗运输代替小包，促进跨境物流成本不断下降。

（三）品牌打造

用户需求升级，电商需求从智能选品、社交等方面培养用户的忠诚度。随着跨境网购逐渐被消费者熟悉，用户的需求也将逐步升级。更多用户从对低价的追求升级为对品质的追求，时间也逐渐成为比价格更敏感的因素。因此，跨境电商将在解决用户基础需求、完善跨境电商基本设施的基础上，逐步培养用户对电商品牌的黏性和忠诚度。其在选品上将更加精准和有特色，利用大数据智能化选品等方式，进行有针对性的选品。此外，电商还将更加关注转化率，通过社区、社交等与电商结合的方式，提升用户对平台的信任度，促进下单转化、培养使用习惯，最终提高用户对电商品牌的黏性和忠诚度。

拓展阅读

自2013年后进口跨境电商平台逐渐出现，跨境网购用户也逐年增加，我国进口跨境电商市场规模增速迅猛。2015年由于进口税收政策的规范以及部分进口商品关税的降低，进口跨境电商呈爆发式增长。中国海关总署数据显示，2023年前三季度，中国进口消费品总额达1.46万亿元，同比增长3.1%。

由于国家及地方政策的支持推动，近年来进口跨境电商发展十分迅速，越来越多的消费者开始海淘购物，使得进口跨境电商行业用户规模进一步扩大。数据显示，2022年我国经常进行跨境网购的用户超过1.68亿人。随着用户基数日趋庞大，未来其增长率将会逐渐降低然后趋于缓和。

目前，我国跨境电商平台众多，市场竞争也十分激烈。总体来看，就目前跨境电商的市场而言，网易考拉、海囤全球、天猫国际位列跨境电商第一梯队；洋码头、唯品会、小红书等则位居第二梯队。

（资料来源：https：//m. read. qq. com/read/1030010194/13）

第二节　进口跨境电商的模式

进口跨境电商的模式按不同的标准有不同的分类。

一、按运营模式分类

按运营模式分类，进口跨境电商可以分为海外代购模式、直发/直运平台模式、自营B2C模式、导购/返利模式和海外商品闪购模式。

（一）海外代购模式

海外代购是指在海外的人或商户为有需求的中国消费者在当地采购所需商品，并通过跨国物流将商品送达消费者手中。价格差异、商品品质、商品选择丰富是消费者进行海外代购的主要原因。环节少、低税率造成海外与国内同类同款商品的显著价差，同时境外丰富的商品选择驱动着消费者进行海外代购。

传统的海外代购的商品采购货源是未经品牌渠道授权（多数以境外商场扫货为主），通过个人携带或转运公司以邮政“个人自用”物品的名义清关入境，从而规避进口税收

（出口电商也以个人物品名义躲避报关及缴税），在品质、售后、税收等方面存在较大的风险。

在业态上，海外代购可分为朋友圈海外代购和海外代购平台。

1. 朋友圈海外代购

微信朋友圈海外代购是依靠熟人或者半熟人的社交关系从移动社交平台自然生长出来的原始商业形态。虽然社交关系对交易的安全性和商品的真实性起到了一定的背书作用，但随着海关政策的收紧，监管部门对朋友圈个人代购的定性很可能会从灰色贸易转为走私性质。在海购市场格局完成未来整合后，这种原始模式恐怕将难以为继。

2. 海外代购平台

海外代购平台的运营重点在于尽可能多地吸引符合要求的第三方卖家入驻，不会深度涉入采购、销售以及跨境物流环节。入驻平台的卖家一般都是有海外采购能力或者跨境贸易能力的小型商家或个人，他们会定期或根据消费者订单集中采购特定商品，在收到消费者订单后再通过转运或直邮模式将商品发往中国。代购平台通过向入驻卖家收取入场费、交易费、增值服务费等获取利润，其优势和劣势如下。

（1）优势：为消费者提供了较为丰富的海外产品品类选项，用户流量较大。

（2）劣势：消费者对于入驻商户的真实资质报以怀疑的态度，交易信用环节可能是C2C海外代购平台目前最需要解决的问题之一；对跨境供应链的涉入较浅，或难以建立充分的竞争优势。

代表平台：淘宝全球购、京东海外购、易趣全球集市、美国购物网等。

（二）直发/直运平台模式

在直发/直运（drop shipping）平台模式下，电商平台将接收到的消费者订单信息发给批发商或厂商，后者按照订单信息以零售的形式对消费者发送货物。由于供货商是品牌商、批发商或厂商，因此直发/直运是一种典型的B2C模式。可以将其理解为第三方B2C模式（参照国内的天猫商城）。直发/直运平台的部分利润来自商品零售价和批发价之间的差额。

1. 优势

对跨境供应链的涉入较深，后续发展潜力较大。

（1）直发/直运模式在寻找供货商时是与可靠的海外供应商直接谈判签订跨境零售供货协议的。

（2）为了解决跨境物流环节的问题，这类电商会选择自建国际物流系统（如洋码头）或者与特定国家的邮政、物流系统达成战略合作关系（如天猫国际）。

2. 劣势

招商缓慢，前期流量相对不足；前期所需资金体量较大。

代表平台：天猫国际（综合）、洋码头（北美）、跨境通（上海自贸试验区）、海豚村（欧洲）、一帆海购网（日本）、走秀网（全球时尚百货）。

（三）自营 B2C 模式

自营 B2C 模式分为综合型自营和垂直型自营两类。

1. 综合型自营跨境 B2C 平台

（1）优势：跨境供应链管理能力强，拥有强势的供应商管理和较为完善的跨境物流解决方案，大部分后备资金充裕。

（2）劣势：业务发展会受到行业政策变动的显著影响。

代表平台：亚马逊、1 号店的“1 号海购”。

2. 垂直型自营跨境 B2C 平台

垂直是指平台在选择自营品类时会集中于某个特定的范畴，如食品、化妆品、服饰等。

（1）优势：供应商管理能力相对较强。

（2）劣势：前期需要较大的资金支持。

代表平台：中粮我买网（食品）、蜜芽宝贝（母婴）、寺库网（奢侈品）、莎莎网（化妆品）、草莓网（化妆品）。

（四）导购/返利模式

导购/返利模式是一种较轻松的电商模式，可以理解为引流和商品交易两部分。

引流部分是指通过导购信息、商品比价、海购社区论坛、海购博客以及用户返利来吸引用户流量。商品交易部分是指消费者通过站内链接向海外 B2C 电商或海外代购者提交订单实现跨境购物。为提升商品品类的丰富度和货源的充裕度，此类平台会搭配海外 C2C 代购模式。

从交易关系来看，这种模式可以被理解为海淘 B2C 模式与代购 C2C 模式的综合体。通常导购/返利平台会把自己的页面与海外 B2C 电商的商品销售页面进行对接，一旦产生销量，B2C 电商就会给予导购平台 5%～15%的返点。导购平台则把其所获返点中的一部分作为返利回馈给消费者。

（1）优势：平台定位于对信息流的整合，模式较轻，容易开展业务。引流部分可以在较短时间内为平台吸引到不少海购用户，能比较好地理解消费者的前端需求。

（2）劣势：长期而言，由于对跨境供应链把控较弱且进入门槛低，竞争优势建立困难，若无法尽快达到一定的可持续流量规模，后续发展可能比较难以维持下去。

代表平台：55 海淘、一淘网、极客海淘网、海淘城、海淘居、海猫季等。

（五）海外商品闪购模式

海外商品闪购是一种相对独特的做法，是以互联网为媒介的 B2C 电子零售交易活动。其以限时特卖的形式，定期定时推出国际知名品牌的商品，一般以原价 1～5 折的价格供专属会员限时抢购，每次特卖时间持续 5～10 天不等，先到先买，限时限量，售完为止。

顾客在指定时间内（一般为 20 分钟）必须付款，否则商品会被重新放到待销售商品的列表中。

闪购平台一旦确立行业地位，将会形成流量集中、货源集中的平台网络优势。聚美优品的“聚美海外购”和唯品会的“全球特卖”频道纷纷高调亮相网站首页。两家公司都宣称对海外供应商把控能力强、绝对正品、全球包邮、一价全包。

（1）优势：对货源、物流的把控能力高，对前端客户引流、转化的能力强。

（2）劣势：任何一个环节的能力有所欠缺都可能导致失败。

代表平台：蜜淘网、天猫国际的环球闪购、1 号店的进口食品闪购、聚美优品海外购、宝宝树旗下的杨桃派等。

二、按履约模式分类

按履约模式分类，进口跨境电商可以分为直购进口模式和保税进口模式。

（一）直购进口模式

直购进口模式是指国内个人购买者在指定的跨境电商网站订购境外商品，并进行网上申报和计税，商品由快件邮递等渠道直接从国外寄递进境，通过电商服务平台和通关管理系统实现交易。

（二）保税进口模式

保税进口模式是电商企业以货物申报进入海关特殊监管区域或保税场所，境内消费者网上交易后，区内货物以物品逐批分拨配送，按物品缴纳税费和监管。直购进口模式和保税进口货物模式主要区别在于：前者是先下单再从境外发货，后者是先从境外发货再下单。

直邮、集货模式一直以来是以个人快件或邮政包裹递送，按个人行李物品清关，所以一直按行邮税纳税。保税模式下的进口商品虽然是按货物清关，但根据优惠税收政策，也按行邮税率纳税。

行邮税纳税规则为：税额小于或等于 50 元免征税，超过 50 元时根据品类对应的行邮税税率缴纳，多数品类为 10%。相比一般贸易进口需要缴纳的关税 16%的增值税和 30%的消费税（部分品类缴纳），行邮税有着明显的税费优惠。

表 12-1 所示为直邮进口、保税进口和一般贸易进口的区别。

表 12-1　直邮进口、保税进口和一般贸易进口的区别

项目	直邮进口	保税进口	一般贸易进口
征税对象	（1）入境人员携带的行李物品 （2）邮递物品	跨境进口零售企业的物品	企业间线下贸易的货物
报关概率	有的报关，有的不报关，抽查	全部报关	全部报关
应缴税费	不缴税或仅缴纳行邮税		须缴纳增值税和关税，奢侈品、化妆品须缴纳消费税

续表

项目	直邮进口	保税进口	一般贸易进口
计算公式	（1）税额小于或等于50元时，免征税费 （2）税额大于50元时，应征税额=完税价格×商品税率		（1）进口关税=到岸价×关税税率 （2）消费税=［（到岸价+关税额）/（1-消费税率）］×消费税率 （3）增值税=（到岸价+进口关税额+消费税额）×增值税率
税率	享受行邮税税率，按品类分为15%、30%、60%		（1）对不同品类实行不同的税率 （2）增值税16% （3）消费税30%

三、按平台运营方分类

按平台运营方分类，进口跨境电商的模式可以分为平台模式和自营模式。

（一）平台模式

平台模式的运作模式较轻，重点在于售前的引流、招商、平台管理，售后方面在一定程度上介入物流和服务，以补充商家的不足。其优势集中在SKU丰富，能够解决用户多元化、长尾的需求，且选品灵活；劣势在于根据卖家不同，商品在质量、价格、物流、服务方面参差不齐。

（二）自营模式

自营模式更类似于传统零售商，需要介入售前的选品、供应商管理、运营，并深入管理物流与服务。优势在于货源稳定、商品质量有一定保障、服务到位、用户体验较好；劣势是SKU有限，且品类、品种的拓展难度较大。

表12-2所示为平台模式与自营模式的对比。

表12-2　平台模式与自营模式的对比

项目	平台模式	自营模式
选品	由众多卖家分别选品，商品能够较为灵活地根据用户需求调整	取决于电商自身的选品能力，部分选品能力强，能自造爆品；部分特色不足
商品品类	SKU较多，能够解决用户的多元化、长尾的非标品需求	SKU的数量上有一定的限制，拓展SKU的难度较大，在标品方面有优势
商品质量	大批量商品质量相对有保障；对小批量和零售端卖家的商品质量，平台较难把控	货源多来自品牌商及较大型代理商，由平台把控，能获得部分消费者的信任
价格	大供应商价格有一定优势；小供应商和零售端商家的货源偏末端，价格优势较小	价格有一定优势：一是大批量采购成本较低。二是部分平台补贴价格；但垂直类平台品类单一，价格受政策影响较大

续表

项目	平台模式	自营模式
仓储物流	模式较轻，成本较低；用户体验参差不齐	模式较重，成本较高；对仓储物流各环节把控能力较强，用户体验较佳
服务	不同卖家服务有差异	服务由电商提供，较有保障，用户体验较好

拓展阅读

2024 年最受欢迎的五大进口跨境电商平台

2024 年，进口跨境电商市场迎来了新的竞争格局。根据易观分析发布的《中国跨境进口零售电商市场季度监测报告》，总结出最受欢迎的五大进口跨境电商平台。

1. 天猫国际

市场份额：37.6%

天猫国际于 2014 年成立，目前已成为中国最大的国际品牌跨境电商平台。它专注于满足中国消费者对高品质商品的需求，吸引了众多海外高端品牌入驻。

2. 京东国际

市场份额：18.7%

京东国际于 2015 年推出，凭借京东在中国市场的庞大用户基础，迅速成为跨境市场的有力竞争者。它提供了丰富的商品选择，涵盖了从健康到家电的多个领域。

3. 抖音全球购

市场份额：12.3%

抖音全球购是 2021 年新上榜的平台，凭借其短视频平台的优势，迅速吸引了大量用户。它不仅提供了丰富的商品，还通过直播等方式为消费者提供了更直观的购物体验。

4. 拼多多全球购

市场份额：5.9%

拼多多全球购于 2019 年上线，旨在为用户带来更多来自世界各地的优质商品选择。它为海外商家提供了一个连接中国庞大消费市场的窗口。

5. 唯品会（唯品国际）

市场份额：4.1%

唯品国际虽然市场份额有所下降，但依然是中国消费者喜爱的购物平台。它以“名牌折扣+限时抢购+正品保障”的模式吸引了大量忠实用户。

（资料来源：https：//mbd.baidu.com/newspage/data/dtlandingsuper？nid=dt_ 2983693367363900158&sourceFrom=search_ a）

第三节　进口跨境电商的作业流程

一、调研市场，选择商品

选择商品即选品人员从供应市场中选择适合目标市场需求的商品。选品人员必须一方面把握用户的需求，另一方面从众多供应市场中选出质量、价格等最符合目标市场需求的商品。成功的选品是最终实现供应商、客户、平台多方面共赢的关键。选品要结合以下因素来考虑。

（一）公司的定位和网站定位

明确公司的整体定位和策略，是以建立品牌为主还是以追求销量为主。选品人员要考虑网站平台目标市场或目标消费群体，通过对网站整体定位的理解和把握，进行市场调研、同行分析等，选择适合的品类进行研究分析。

（二）目标客户定位

选品人员从客户需求的角度出发选品，要满足客户对某种效用的需求，如带来生活方便、满足虚荣心、消除痛苦等心理或生理需求。近年来的《跨境网购调查报告》显示，在消费者进行跨境网购品类偏好方面，集中度比较高、消费者最热衷购买的商品是服饰、母婴商品、护肤美妆、食品/保健品、电子商品五大消费品。

（三）商品的毛利

选品人员要了解物品的重量和体积，外贸中商品价格和重量/体积比例数值越大越好。考虑到碎片化销售，运费在总成本中的占比不容忽视。选品人员在选品时应该尽量选择单件重量轻、体积小而价值高的商品，实现高单价、高毛利率、高复购率，如前述的消费者跨境网购集中的五大类消费品。由于需求和供应都处于不断变化之中，选品也是一个无休止的过程。

（四）政策和法规

选品人员必须熟悉和了解国家法律法规。跨境零售商品应为个人生活消费品，国家禁止和限制进口的物品除外。

目前，试点保税进口模式的商品是部分品类，主要为民生日用消费品，如食品饮料、母婴用品、服装鞋帽、箱包、家用医疗保健、美容器材、厨卫用品及小家电、文具用品及玩具、体育用品等，酒类不包含在其中。很多贸易商认为，品类越丰富，经营越容易成功。尽管品类丰富会方便客户一站式购物，商品间也可能产生关联销量，但是商品线过广的弊端也很多。首先，保障所有商品的库存充足很难，偶尔的拆补在所难免，但常常拆补可能造成经营混乱，一旦缺货，电商企业可能会遭遇投诉、退单，影响客户体验；其次，商品太多，定价可能不够精准，缺乏竞争力；再次，非畅销商品滞销，临近过期产品难免被打折处理，影响利润率；最后，商品线过长，人力有限，对商品的熟悉和了解不够深入，可能造成商品描述缺乏吸引力、咨询解答不够及时准确等，从而影响销售。

商品线的选择不是一次性到位的，电商企业可以根据销售情况不断调整优化。随着对商品情况、行业情况等的理解加深，电商企业会更了解竞争对手品类的动态和价格变化，更重要的是，能够通过行业和店铺的热销品牌、飙升品牌、货品的综合对比，分析、布局商品线。

二、确定物流模式和选择支付方式

传统的国内跨境电子商务进口物流方式是中国境内贸易公司通过一般贸易方式将商品进口到中国境内之后，再通过自己的电商平台销售或交由其他电商平台销售。这是在跨境贸易电子商务服务试点推行前，绝大多数合法商家都采取的方式。除此之外，还有如下五种物流模式。

（一）旅客行李

旅客行李是指进出境旅客携带的全部行李物品。海关对行李物品的界定是自用合理数量，不以营利为目的，因此并不适用于跨境电子商务。

（二）个人邮递物品

个人邮递物品是指通过邮运渠道进出境的包裹、小包邮件以及印刷品等物品。通过邮运渠道到口岸邮局办事处监管清关的货品量较大，同时处理时效和服务质量有待提高。

（三）快件

快件是指进出境快件营运人以向客户承诺的、快速的商业运作方式，承揽、承运进出境的货物、物品。进出境快件监管一般都有信息化系统，因此处理能力和稳定性都比较好。

（四）跨境试点一般进口

2014 年增列的海关监管方式全称为跨境贸易电子商务，适用于境内个人或电子商务企业通过电子商务交易平台实现交易（保税电商除外），并采用“清单核放、汇总审批”模式办理通关手续的电子商务零售进出口。此种方式清关费用比邮件低，处理能力比邮件稳定。

（五）跨境试点保税进口

跨境试点保税进口，是指在跨境电商零售进口试点的背景下，商家通过大数据分析，提前将可能热销的商品批量购入并存储在自贸区、保税区等特殊监管区域内的保税仓库中。当国内消费者在这些跨境电商平台上下单后，商家直接从国内的保税仓库发货给消费者。

从 2013 年我国开始了跨境电商试点，保税进口逐渐成为跨境电商的主要物流模式之一。随后，跨境电商零售进口试点范围不断扩大，涵盖了更多的自贸试验区、跨境电商综试区、综合保税区等。

跨境试点保税的优点包括：物流速度快，由于商品已经存储在国内的保税仓库中，因此消费者下单后能够较快地收到货物。价格优势，保税进口模式享受税收优惠政策，且集中采购能够降低采购成本和物流成本，使得商品价格更具竞争力。质量保障，保税进口的商品在进口通关、仓储等各个环节都接受严格监控，保证了商品的质量。缺点包括：库存管理挑战，商家需要预测市场需求并提前备货，但市场需求往往难以准确预测，因此库存管理成为一大挑战。灵活性不足，保税备货模式对产品的量有较大的要求，无法灵活地根据市场动态做出细节调整，对于新兴、量少的货物覆盖率较低。

三、制订进口商品经营方案

企业应对进口商品价格趋势有一定的把握和预测、了解供应商的资信及明确适合的物流模式，之后可以展开进口成本核算、制订进口商品经营方案。进口商品的价格应以平等互利为基础，以国际市场价格水平为依据，结合企业的经营意图，制定进口商品的适当价格。国内销售价格和进口费用的计算公式如下：

国内销售价格＝进口价格+进口费用+进口利润

进口费用＝国外运费+国外保费+进口关税+进口消费税+进口增值税
+实缴增值税+国内费用

对于进口税，目前跨境零售实行不同于货物渠道的进口税，用行邮税代替征收进口关税和进口环节税。根据《中华人民共和国海关法》的规定，个人携带进出境的行李物品、邮寄进出境的邮递物品，应当以自用合理数量为限。行邮税的计算公式如下：

行邮税＝完税价格×税率

按照《进境物品关税、增值税、消费税征收办法》（税委会公告 2024 年第 11 号）中第六条，下列进境物品，经海关审核确属个人合理自用的，按照简易征收办法合并征收关税、增值税、消费税：（1）行李物品；（2）总值两千元人民币以内的寄递物品，或者总值超过两千元人民币的不可分割单件寄递物品。第十三条规定，对应征税额在五十元人民币以内的寄递物品，海关予以免税放行。

行邮税的计算公式如下：

行邮税＝完税价格×综合税率

根据海关总署公告 2024 年第 175 号（关于发布进境物品分类原则和计税价格确定原则有关事项的公告），进境物品的计税价格遵循以下原则确定：

（1）进境物品的计税价格以实际购买价格为基础确定。海关认为必要时，进境物品的纳税人应当在物品放行前，提供与进境物品相关的反映真实交易价格的购物凭证或资料，并承担相应的法律责任。海关可以根据纳税人提供的上述购物凭证或资料，依法审核确定应税物品计税价格；

（2）海关审核认为进境物品的实际购买价格存疑或无法确定，或者进境物品无实际购买价格的，海关依次使用以下价格确定计税价格：

①《计税价格表》列明的计税价格，但海关审核认为进境物品的价格是《计税价格表》列明计税价格的 2 倍及以上或是《计税价格表》列明计税价格的 1/2 及以下的除外；

②按其他合理方法确定的计税价格，优先使用相同物品、相同来源地最近时间的市场零售价格。

本章小结

本章主要介绍了进口跨境电商的生态圈及价值链，分析了进口跨境电商模式的不同特点，要求学习者能熟练掌握进口跨境电商的作业流程，了解跨境电商现存的问题和未来的趋势。

知识测试与能力训练

一、判断题

1. 进口跨境电商生态圈包括品牌商、一级代理商、贸易商、零售商、消费者，通过线上和线下的途径，以及代购和转运手段，将商品送到消费者手中。（ ）

2. 按照商业模式、供应链形态和清关模式的不同，可将跨境电商分为三个链条：一是电商链，二是代购链，三是现货链。（ ）

3. 未来跨境物流将进一步信息化、多功能化、低成本化。（ ）

4. 海外代购模式是消费者熟知的跨国网购概念，是身在海外的人或商户为有需求的境内消费者在境外采购所需商品并通过跨国物流将商品送达消费者手中的模式。（ ）

二、简答题

1. 简述进口跨境电商的生态圈。

2. 简述进口跨境电商的价值链。

3. 进口跨境电商模式的分类有哪些？各有什么特点？比较不同模式的进口跨境电商平台。

4. 以某一商品进口为例，简述进口跨境电商的作业流程。

三、实训题

以 PPT 的形式详细介绍某一种进口跨境电商平台。

附录

附录一　敦煌网：产品信息发布规范

第一章　总则

第一条　目的

为了确保平台产品信息的精准度，提高产品曝光率，从而提升买家体验以及购买转化率，特制定本规则。

第二条　适用范围

所有敦煌网卖家。

第二章　产品信息发布通用规则

第三条　产品标题的发布规范

• 产品标题最多可填写 140 个字符。

• 产品标题的前 10 个单词中须包含产品名称（如 cell phone），建议产品名称在前 5 个单词中展示；除产品名称外，产品标题中还需根据相关产品类型进行具体描述。包含但不仅限于品牌名、型号、款式、产品类目、热搜词、功能属性、促销词、适用范围等构成要素。

• 产品标题中建议每个单词的首字母大写，不建议每个单词全部大写或小写，介词除外。

• 产品标题中不能含有任何特殊字符或符号，除 . - ´ # % 符号。

• 产品标题中填写的关键词须与上传的类目相符，禁止使用与产品本身无关的搜索关键词。与产品无关的关键词包含但不仅限于包邮、特供等词语，其中属性词、长尾词除外。

• 产品标题撰写须使用半角字符（a-z、A-Z、0-9）。

• 产品标题中重复使用的关键词不得超过 3 个。

• 产品标题中不能包含产品价格、数量，珠宝、健康美容类目产品除外。

第四条　产品图片的发布规范

4.1　图片尺寸与大小

• 产品图片尺寸建议在 800×800 以上。

• 产品图片大小须在 5 M 以内。

• 产品图片须为正方形，即宽高比一致。

• 产品图片的 85%以上区域范围须进行产品主体的展示，以便买家清晰了解相关产品。

4.2　图片格式

产品图片格式须为 JPEG、PNG 格式，不得使用 GIF 动图。

4.3 主图质量

- 产品主图须无边框、无文字、无水印。
- 产品主图仅限展示产品本身，图片中不能含有产品描述、价格、数量等内容。部分行业的产品主图中可包含品牌 LOGO。
- 产品主图不可以使用拼接或合成图片。
- 产品主图背景颜色建议为白色或纯色。
- 产品主图建议使用原始图片。
- 产品主图需要完整地展示产品主体的正面信息，不可剪裁或修饰产品主体任何部分。
- 产品主图不建议展示产品包装或吊牌。
- 产品主图中仅限展示店铺中实际销售的产品，不建议展示不相关产品或配件。

4.4 辅图质量

- 产品辅图须无边框、无文字、无水印。
- 产品辅图仅限展示产品本身，图片中不能含有产品描述、价格、数量等内容。部分行业的产品辅图中可包含品牌 LOGO。
- 产品辅图的背景颜色建议使用白色或纯色。
- 根据不同产品类别，产品辅图建议包含产品正面图、背面图、侧面图、细节图。
- 建议使用产品辅图详细展示产品的不同角度，如展示正在使用中的产品状态、主图中未展示的各种产品细节。

第五条 产品描述的发布规范

产品详细描述

- 根据不同产品类型，产品详细描述中须包含产品尺寸说明。
- 产品详细描述中须使用正确的语法与完整的句子，禁止使用列表或列点的形式进行描述。
- 产品详细描述中建议包含多张产品细节图，禁止使用 GIF 动图。
- 产品详细描述中建议包含但不仅限于品牌、材质、剪裁、型号、准确尺寸、产品功能属性、售后服务、物流时效、护理方式等内容。
- 产品详细描述中禁止展示空白信息或只展示平台提供的描述模板。

第三章 产品信息发布限制规则

第六条 产品信息发布限制

- 产品信息中禁止包含色情文字、图片。
- 产品信息中禁止含有攻击性语言，如谩骂、诋毁、蔑视、嘲笑等侮辱歧视性的语言。
- 产品信息中禁止含有中文字符，除中文品牌名称、包装展示中文说明。
- 产品信息中禁止含有私人联系方式、外网链接，如 QQ、MSN、WeChat、Instagram、私人网址、电话、邮箱等联系方式。
- 产品信息中禁止使用合成或进行任何修饰的图片，如拼接图片、涂抹或打马赛克等。

附录二 国际贸易术语解析

2020 新版的国际贸易术语分成 2 类、4 组、11 个：

2 类：适用于任何运输方式（EXW、FCA、CPT、CIP、DAP、DPU、DDP）；仅适用海运（FOB、FAS、CFR、CIF）。

4 组：C 组、D 组、E 组、F 组。

11 个贸易术语：EXW、FOB、FAS、FCA、CFR、CIF、CPT、CIP、DAP、DPU、DDP 等。

1. EXW——工厂交货

由供应商在其工厂所在地或其他指定地点准备好货物并交付采购方。采购方承担货物交付后起至采购方工厂所在地期间的所有费用和风险。

交付地点：供应商所在地的工厂仓库或其指定地。

供应商承担：

费用：将货物装至采购方指定运输车辆上的搬卸费。

风险：无风险

其他文件手续：协助采购方办理出口、进口海关所需的一切文件，如商业发票、装箱单、原产地证明、有害物质清单等。

采购方承担：

费用：货物交付后的一切费用，如运输费、保险费、出口国和进口国的关税等。

风险：货物交付后的一切风险，如货物灭失被盗、限制出口或进口等。

2. FOB——装运港船上交货

由供应商将货物交付至采购方指定的船上。采购方承担货物交付后起至采购方工厂所在地期间的所有费用和风险。

交付地点：供应商所在地装运港的船甲板上。

供应商承担：

费用：工厂仓库至装运港的船甲板上期间的运输、装卸费。

风险：工厂仓库至装运港的船甲板上期间的一切风险。

其他文件手续：须准备出口所需的一切文件，如商业发票、装箱单、原产地证明、有害物质清单等。

采购方承担：

费用：货物交付后的一切费用，如运输费、保险费、出口国和进口国的关税等。

风险：货物交付后的一切风险，如货物灭失被盗、限制进口等。

3. FAS——装运港船边交货

由供应商将货物交付至采购方指定的船边。采购方承担货物交付后起至采购方工厂所在地期间的所有费用和风险。

交付地点：供应商所在国装运港的船边的装卸码头。

供应商承担：

费用：工厂仓库至装运港的船边装卸码头期间的运输、装卸费。

风险：工厂仓库至装运港的船边装卸码头期间的一切风险。

其他文件手续：须准备出口所需的一切文件，如商业发票、装箱单、原产地证明、有害物质清单等。

采购方承担：

费用：货物交付后的一切费用，如运输费、保险费、进口国的关税等。

风险：货物交付后的一切风险，如货物灭失被盗、限制进口等。

4. FCA——货交承运人

由供应商将货物交付至采购方指定承运人的仓库或其指定地点。采购方承担货物交付后起至采购方工厂所在地期间的所有费用和风险。

交付地点：供应商所在地指定承运人的仓库或其指定地点，承运人通常为第三方货运代理人。

供应商承担：

费用：工厂仓库至指定承运人的仓库或其指定地点期间的运输、装卸费。

风险：工厂仓库至指定承运人的仓库或其指定地点期间的一切风险。

其他文件手续：需准备出口所需的一切文件，如商业发票、装箱单、原产地证明、有害物质清单等。

采购方承担：

费用：货物交付后的一切费用，如运输费、保险费、出口国和进口国的关税等。

风险：货物交付后的一切风险，如货物灭失被盗、限制进口等。

5. CFR——成本加运费

由供应商将货物交付至采购方指定的船上，并支付工厂仓库至采购方目的港码头的运输费用。采购方承担货物交付后起至采购方工厂所在地期间的部分费用和风险。

交付地点：供应商所在地装运港的船甲板上。

供应商承担：

费用：工厂仓库至采购方目的港码头的运输费用。

风险：工厂仓库至装运港的船甲板上期间的一切风险。

其他文件手续：需准备出口所需的一切文件，如商业发票、装箱单、原产地证明、有害物质清单等。

采购方承担：

费用：货物交付后的一切费用，但不包含供应商已支付的运输费用，如部分运输费、保险费、进口国的关税等。

风险：货物交付后的一切风险，如货物灭失被盗、限制进口等。

6. CIF——成本加保险费加运费

由供应商将货物交付至采购方指定的船上，并支付工厂仓库至采购方目的港码头的保险费和运输费用。采购方承担货物交付后起至采购方工厂所在地期间的部分费用和风险。

交付地点：供应商所在地装运港的船甲板上。

供应商承担：

费用：工厂仓库至采购方目的港码头的保险费和运输费用。

风险：工厂仓库至装运港的船甲板上期间的一切风险。

其他文件手续：须准备出口所需的一切文件，如商业发票、装箱单、原产地证明、有害物质清单等。

采购方承担：

费用：货物交付后的一切费用，但不包含供应商已支付的保险费和运输费用，如部分运输费、部分保险费、进口国的关税等。

风险：货物交付后的一切风险，如货物灭失被盗、限制进口等。

补充说明：虽然供应商支付了至目的港的保险费和运输费用，但实际的交付地点并没有延长至采购方所在地的目的港，采购方需要承担交付后的一切风险和部分费用。

7. CPT——成本加运费付至

由供应商将货物交付至采购方所在的目的港，并支付工厂仓库至采购方所在的目的地的运输费用。采购方承担货物交付后起至采购方工厂所在地期间的费用和风险。

交付地点：采购方所在的目的港的卸货码头。

供应商承担：

费用：工厂仓库至采购方所在的目的港期间的运输费用。

风险：工厂仓库至采购方所在的目的港期间的一切风险。

其他文件手续：须准备出口所需的一切文件，如商业发票、装箱单、原产地证明、有害物质清单等。

采购方承担：

费用：货物交付后的一切费用，但不包含供应商已支付的费用，如进口国的关税等。

风险：货物交付后的一切风险，如限制进口等。

8. CIP——成本加运费加保险费付至

由供应商将货物交付至采购方所在的目的港，并支付工厂仓库至采购方所在的目的地的保险费和运输费用。采购方承担货物交付后起至采购方工厂所在地期间的费用和风险。

交付地点：采购方所在的目的港的卸货码头。

供应商承担：

费用：工厂仓库至采购方所在的目的港期间的保险费和运输费用。

风险：工厂仓库至采购方所在的目的港期间的一切风险。

其他文件手续：须准备出口所需的一切文件，如商业发票、装箱单、原产地证明、有害物质清单等。

采购方承担：

费用：货物交付后的一切费用，如进口国的关税等。

风险：货物交付后的一切风险，如限制进口等。

补充说明：CFR、CIF与CPT、CIP之间的区别在于不同的交付地点，CFR、CIF的交付地点在供应商所在地的装运港，CPT、CIP的交付地点在采购方所在地的目的港。另外，CFR、CIF的交付地点与船有关，因此仅适用于海、河的运输方式，CPT、CIP则适用于任何运输方式。

9. DAP——采购方所在地交货

由供应商将货物交付至采购方所在地。

交付地点：采购方所在地。

供应商承担：

费用：工厂仓库至采购方所在地期间的一切费用。

风险：工厂仓库至采购方所在地期间的一切风险。

其他文件手续：须准备出口所需的一切文件，如商业发票、装箱单、原产地证明、有害物质清单等。

采购方承担：

费用：进口国的关税、货物到达后的卸货费等。

风险：无。

10. DPU——采购方所在地的卸货码头交货

由供应商将货物交付至采购方所在地的卸货码头，并承担卸货费。

交付地点：采购方所在地的卸货码头。

供应商承担：

费用：工厂仓库至采购方所在地期间的一切费用，并承担卸货费。

风险：工厂仓库至采购方所在地期间的一切风险。

其他文件手续：须准备出口所需的一切文件，如商业发票、装箱单、原产地证明、有害物质清单等。

采购方承担：

费用：进口国的关税。

风险：无。

11. DDP——完税后交货

由供应商将货物交付至采购方的工厂所在地，并支付进口国的关税。

交付地点：采购方的工厂所在地。

供应商承担：

费用：工厂仓库至采购方的工厂所在地期间的一切费用。

风险：工厂仓库至采购方的工厂所在地期间的一切风险。

其他文件手续：须准备出口所需的一切文件，如商业发票、装箱单、原产地证明、有害物质清单等。

采购方承担：

费用：无。

风险：无。

补充说明：CPT、CIP 与 DAP、DPU、DDP 之间的区别在于 CPT、CIP 的交付地点仅限于采购方所在地的港口，空运或海运港口均可适用，而 DAP、DPU、DDP 的交付地点可以是采购方所在地的港口也可以是内陆城市。

参 考 文 献

[1] 叶鹏飞. 亚马逊跨境电商数据化运营指南[M]. 北京:中国铁道出版社,2020.
[2] 陆端. 跨境电子商务物流[M]. 北京:人民邮电出版社,2019.
[3] 易静,蒋晶晶,彭洋,等. 跨境电商实务操作教程[M]. 武汉:武汉大学出版社,2017.
[4] 叶杨翔,朱杨琼. 和我一起学做全球速卖通[M]. 北京:电子工业出版社,2017.
[5] 刘敏,高田歌. 跨境电子商务沟通与客服[M]. 北京:电子工业出版社,2017.
[6] 刘毅群,章昊渊,吴硕伟. 美欧数字贸易规则的新主张及其对中国的启示[J]. 学习与实践,2020(6):49-56.